두 개의 길

대한민국의 정체성 전쟁

도태우
이효령
박소영
이은혜
전혜성
이영풍

청진

두 개의 길
대한민국의 정체성 전쟁

초판 2쇄 인쇄 2023년 10월 24일
초판 2쇄 발행 2023년 11월 2일

저자 : 도태우 이효령 박소영
        이은혜 전혜성 이영풍

디자인 편집 : 청사진
발행 : 조성원
등록 : 제 2020-000173호
전화 : 032-276-6605
팩스 : 032-276-6606
이메일 : prodcsj@gmail.com
ISBN : 979-11-979851-2-6
정가 : 18,000원

* 잘못된 책은 구입하신 서점에서 교환 해 드립니다.

문의 : 032-276-6605 / 010-8360-0915

차 례

프롤로그   4

1. 두개의 나라   21
   도태우

2. 청년이여, 조국(祖國)을 개혁하라!   52
   이효령

3. 대한민국 교육 이대로 괜찮은가   77
   박소영

4. 코로나19 백신패스는 정당했나?   133
   이은혜

5. 페미니즘에 갇힌 대한민국   182
   전혜성

6. 반동과 저항 그리고 교훈   231
   이영풍

에필로그   285

프롤로그

전투적 자유민주주의자들의 출현

도 태 우

　문재인 정권 시기의 역설적인 공로는 대한민국에 비로소 〈전투적 자유민주주의자들〉을 뚜렷이 출현시켰다는 것이다. 이들은 자유민주주의와 헌법 가치의 적들이 지금 가지고 있는 강고한 네트워크와 위세에 비해서는 아주 작은 세력으로 보일 것이다. 그럼에도 천동설 패러다임이 지동설 패러다임으로 바뀌는 과정처럼 새로운 패러다임 전환의 깃발이 높이 들어 올려지는 것은 획기적인 의의를 지닌 일이다.

　이 서문은 문재인 정권 시기 극에 달했던 자유민주주의 전복과 법치 파괴에 맞서 치열하게 싸웠던 자유민주주의 수호 세력 중에서 이 책의 원고를 쓴 여섯 사람의 글과 인물을 소개한다. 그에 앞서 어쩌다 운동권 패러다임이 대한민국을 지배하게 되었는지와 이 망국의 패러다임에 맞서는 전투적 자유민주주의자들에 대한 시대적 요청, 또 그에 대한 응답을 책 전체의 배경으로 서술하겠다.

운동권 패러다임은 어떻게 대한민국을 지배하게 되었는가.

1987년 이후 현재까지 대한민국은 80년대 운동권 패러다임에 지배당해왔다고 해도 과언이 아니다. 1980년대 대학가를 장악했던 학생운동권의 패러다임은 한마디로 말해 대한민국 자유 체제와 국가 정통성의 부정이라 할 수 있다.

이러한 패러다임이 1987년 이후의 대한민국을 지배한 것은 매우 역설적인 일이다. 왜냐하면, 1987년 대통령 직선제 개헌과 함께 대한민국은 외양상으로 서구적인 자유민주주의와 법치에 가까운 사회로 발전했고, 1989년 이후 세계적으로도 동구권이 완전히 붕괴되어 자유민주진영과 공산진영 간의 체제대결은 결론이 난 것처럼 보였기 때문이다. 그런데 어떻게 대한민국에서는 여전히 자유 체제를 부정하고 남북한 중 오히려 대한민국을 부정하는 패러다임이 사회를 지배하게 되었을까? 아니, 과연 운동권 패러다임이 우리 사회를 지배한다는 것이 사실일까?

1987년 이후 대한민국에서 자유 체제와 국가 정통성을 부정한다는 것은 일반 시민들이 보기에 말도 되지 않는 일이다. 그래서 많은 국민들은 운동권 패러다임의 지배를 눈앞에 보면서도 이 현실을 인정하지 못하곤 한다. 그러나 운동권 패러다임의 대한민국 지배는 사실이다. 그 증거로 최근에 있었던 사례 하나를 살펴보자.

최근 윤석열 대통령이 일련의 발언을 통해 자유민주주의 대 공산전체주의의 세계적 대립을 제시하고 대한민국이 한미일 협력을 확고히 하여 자유민주주의 진영에서 글로벌 중추국가로 도약해야 한다고 주장했다. 그리고 간첩단 사건 등을 들어 반국가세력의 엄존을 경고했다. 그러자 당장 야당인 더불어민주당은 물론이고 여당인 국민의힘에서조차 이념적으로 너무 나가면 안 된다는 강한 반발이 일었다. 대통령과 함께 국정을 이끌어야 할 정당 핵심부마저 현재의 지배적 패러다임에 맞서는 것을 두려워한 것이다.

지금 우리 사회의 지배적 패러다임은 대한민국을 확고히 긍정하면 극우로 낙인찍고 있다. 대한민국이 한반도에서 유일한 정통성을 지닌다고 말하면, 자유인의 공화국을 건국하고 이를 지켜내며 한미동맹으로 안보를 굳건히 한 이승만 대통령을 국부(國父)로 높이면, 자유민주주의가 굳건하게 발전할 수 있는 경제적 사회적 토대를 구축한 박정희 대통령을 존경하는 지도자라 말하면, 1987년 6.29선언을 통해 평화적 민주화로 이행한 전두환·노태우 대통령의 공을 인정하면, 헌법 문구에 있는 그대로 자유민주적 기본질서에 입각한 평화통일 노선을 강조하면, 모두 영락없이 강성극우, 냉전수구 심지어 토착왜구라는 말을 듣는다. 건국헌법에 뿌리를 두고 1987년에 개정된 현행 헌법 정신을 충실히 따르는 태도가 어쩌다가 극히 비정상적이고 사회에 해를 끼치는 견해로 취급받게 되었을까.

80년대 운동권은 철학적으로는 유물론을 따르지만 목적 달성을 위한 정신 지배의 중요성을 간파했다. 반면, 자유에 바탕하여 번영을 추구했던 대한민국 긍정 세력은 정신적 전투의 중요성을 간과했다. 수많은 대학원의 석·박사과정, 각종 연구소, 대학교, 초·중·고등학교, 각종의 학원, 언론기관, 시민단체, 종교계, 문화계, 법조계, 정계 등 말과 정신에 보다 많이 관련된 곳일수록 운동권의 진출은 두드러졌고, 자유 세력의 정신적 가치 수호 노력은 극히 소극적이었다.

현실에서는 동구권이 몰락하고 북한의 말할 수 없는 참상이 전개되었지만 일단 구축된 패러다임은 그 속성상 현실을 오히려 우그려서 자기 기준에 맞추어 설명했다. 이 패러다임으로 무장한 세력에게 자본주의는 근본적으로 문제가 있는 체제이고, 방향은 언제나 중국 너머의 어떤 사회주의나 공동체주의이다. 따라서 '그날'이 올 때까지는 자본주의에 몸담고 살면서 그 시스템을 이용하여 누릴 것은 다 누리는 것이 마땅했다. 북유럽의 사민주의는 늘 양념처럼 입맛을 돋우고 북한에 대해서는 민족, 항일의 구호로 모든 허물을 덮었다.

1987년 이후 시간이 흐를수록 운동권의 이런 패러다임은 더욱 확장되고 공고해졌다. 운동권의 핵심이 학계, 언론계 등 사회 정신적 확산의 기구와 통로를 장악한 데다, 세월이 더해갈수록 이 네트워크에 얽힌 사람들의 관계가 더욱 촘촘해지고 굳어져서 자신들의 패러다임을 반성하고 전환을 도모할 가능성은 더욱 희박해졌다.

이런 배경 아래에서 문재인 정권이 출현했다. 그들은 돌이킬 수 없는 변화와 한 번도 경험하지 못한 나라를 공언하더니 적폐청산의 질주에 이어 준영구적인 집권을 선언하기에 이르렀다. 그제서야 상당수 사람들에게 운동권 패러다임이 대한민국을 지배하고 있는 상황이 뚜렷하게 보이게 시작했다.

전투적인 자유민주주의자들에 대한 시대적 요청과 저항의 쇄도

문재인 정권의 폭주는 우리 사회에서 자유민주주의와 법치를 지키는 사명을 받아 나름의 역할을 하고 있을 것으로 믿었던 웰빙 제도권의 취약성을 백일하에 드러냈다. 그들 대부분은 원칙을 놓치고, 대결을 피하고, 기회주의와 보신주의, 웰빙 추구와 타협적 태도로 시종 사태를 대했다. 이런 사익만 추구하는 웰빙 제도권은 자유의 적들에게 정말 다루기 쉬운 존재였을 것이다.

그러나 우리에게는 자유의 저항 정신으로 적들을 물리친 투사들이 있었다. 그 시작은 언론장악 시나리오에 맞선 강규형 교수의 다윗과 골리앗 같은 싸움이었다. 그다음으로 사회주의자임을 공언했던 극도록 위선적인 조국 법무부장관 사태를 맞아 '사회정의를 바라는 전국교수모임'이 출범했다. 뒤를 이어 각종 우파 시민단체들이 봇물처럼 터져나왔다. 기독교계도 차별금지법 제정 반대 등을 계기로 결기 어린 투쟁을 전개하기 시작했다.

2020. 4. 15. 총선의 부정선거 의혹으로 한 번도 시위에 나오지 않았던 시민들이 대거 거리로 쏟아져 나왔다. 기본권을 묵살하는 방역정책에 맞서 의료계와 학부모가 저항을 시작했다. 미래를 염려하는 청년들이, 혐오에 바탕한 사회 해체적 페미니즘에 반대하는 목소리들이 사회 곳곳에서 터져나왔다.

문재인 정권 시기는 한편으로 자유 레지스탕스들의 대분출기였다. 투쟁하지 않고 자유의 적들에게 모든 진지를 내어 준 기존의 흐름을 거부하고 과감히 자유의 적들과 투쟁을 시작한 전투적 자유민주주의자들이 문재인 정권에 맞서 대한민국 역사에 대규모로 출현하게 된 것이다. 문재인 정권과 그 주요 인물들의 역설적인 공로라 하지 않을 수 없다.

이념과 철학, 가치에 기반한 여섯 가지 투쟁 이야기

이러한 전투적 자유민주주의자들은 뚜렷한 이념과 철학, 가치를 기반으로 투쟁하였다. 자유의 적들이 구축했던 지배적 패러다임을 떠받치는 이념과 철학, 가치를 무너뜨릴 만한 정신적 무장이 있었기에 그들의 싸움은 때로 승리를 거두었고, 결코 쉽게 끝나지 않았다. 이 책은 그러한 투쟁의 과정과 내용을 서술하고 있다. 이제 글을 쓴 여섯 사람의 여섯 가지 투쟁 이야기를 각자의 말로 간략히 들어 본다.

도태우의 「두 개의 나라」는 자유 삭제 개헌 시도, 헌법 제3조와 제4조에 대한 대통령의 부정, 사실상 북핵을 용인하고 그 개발을 방조해 온 점, 9.19 군사합의의 반역성, 종전선언으로 유엔사 해체를 추진했던 점, 대공수사의 말살, 군 전투력의 약화, 가치동맹 파괴, 국가 정체성 파괴, 입법독재, 반헌법적 경제 운영에 따른 경제 파탄, 실질적 법치 파괴의 제 양상 등 문재인 정권 시기 운동권에 의한 대한민국 파괴상을 추적한다. 그리고, 헌법을 기준으로 용인 가능한 대립과 배제해야 할 대립을 구분하여야 한다고 역설한다. 즉, 헌법을 인정한 세력 간의 대립은 다양성을 가진 자유체제가 허용해야 할 생산적 갈등일 수 있지만, 문재인 정권 때의 운동권 세력들처럼 헌법을 부정한 자들이 부추기는 갈등은 제대로 배제해야 한다는 것이다.

박소영의 「대한민국 교육이 무너지고 있다!」는 현재 대한민국에서 벌어지고 있는 심각한 교육문제를 말하고 있다. 특히 숙명여고 쌍둥이 자매 시험지 유출 사건과 조국 전 장관의 자녀 입시비리 사건을 신랄하게 비판하고, 문재인 정부에서 추진했던 입시제도의 문제점과 교과서 무단 수정과 같은 사건이 벌어진 배경과 과정을 설명한다. 또한 좌파교육감 10년간 교육이 어떻게 무너졌는지 되짚어보며, 최근에 불거진 교권 문제의 원인을 추적한다. 대한민국 교육의 최대 위기는 왜곡된 역사교육이 지속적으로 진행되면서 국민들이 갈가리 찢어지게 된 분열에 있다고 진단하면서, 비전문가가 바라본 교학사 한국사 문제와 박근혜 정부가 추진했던 한국사 국정교과서 사태, 그리고 그 과정을 통해 본 좌파의 집요한 역사교과서 장악 노력을 서술한다. 그리고 이 모든 과정이 대한민국의 교육을 위기로 몰아넣고 있다고 말하고 있다.

이은혜의 「코로나19 백신패스는 정당했나?」는 질병관리청과 Our World in Data의 자료를 통해서 코로나19 백신이 기대했던 대로 효과가 있었는지를 검토한 글이다. 백신패스 정책이 정당화되려면 감염예방 효과가 있어야 한다. 그러나 절대 다수의 국민들이 코로나19 백신을 맞았음에도 불구하고 백신접종 후에 오히려 확진자가 폭증했으며 사망자도 현저하게 증가했다. 즉, 코로나백신은 감염을 예방하지 못했으며 중증 및 사망 감소 효과 역시 기대에 미치지 못했다. 코로나19 치명률이 높은 고위험군(고령층, 기저질환 등)은 백신접종으로 인한 중증이나 사망 감소 효과가 일정 부분 있었겠지만 초과사망률(특히 고령층)을 감안할 때 그 효과가 의문스럽다. 게다가 백신접종 이후 초과사망률이 지속적으로 증가하고 있는데 이를 설명할만한 다른 변수가 없으므로 초과사망과 백신접종의 연관성조차 의심된다. 방역당국은 백신패스를 내세워 비접종자를 2등 국민으로 취급하면서 청소년을 포함한 전 국민에게 백신접종을 사실상 강요했다. 하지만 백신접종이 코로나19 바이러스 감염을 예방하지 못했으므로 백신패스는 정당성을 인정받을 수 없다는 것이 이 글의 결론이다.

이효령의 「청년이여, 조국(祖國)을 개혁하라!」는 청년의 시각에서 바라본 문재인 5년간의 시민운동과 성평화, 청년의 의미를 담은 글이다. 우파에서 일어난 혁명적 시민운동의 파동 중 20대 청년이 참여하고 보았던 장면들에 대한 소회를 담았으며, 이는 저자의 개인적 경험을 넘어 그 시대의 청년 시민운동가라면 누구나 겪었을 법한 경험들이다. 또한 성평등이란 허울 좋은 폭력에 앞서 남성과 여성의 조화를 추구하고 성별의 자긍심을 일깨우는 성평화를 앞으로의 대한민국 사회에 대안으로 제시하였다. 본 글을 통해 페미니즘으로 인해 퇴색된 어머니와 아버지의 위대한 역사를 다시 한번 상기시키고 본 이슈가 젊은이들만의 가십거리가 아닌 대한민국의 남성과 여성의 화합을 저해하는 세력과의 전쟁임을 밝히며 경각심을 일깨우고자 한다. 마지막으로 지난 20대 대선을 피크로 가장 대두되었던 '청년'이란 키워드가 과연 어떤 의미인지에 대한 고찰을 제시하였다. 과연 청년이란 무엇인가와 어른이 없는 이 세대에 대한 비판을 담아두었다. 이 글이 함께 공정을 위해 투쟁했던 동지들과, 남성과 여성의 조화를 위해 지금도 전면에서 싸우고 있는 성평화 동지들에게 응원이 되기를 바란다.

전혜성의 「페미니즘에 갇힌 대한민국」은 여성 인권과 성평등을 내세워 대한민국 전체를 젠더 관점으로 혁명하려 했던 문재인 정부에 대한 고발이자 비판이다. 대한민국은 1948년 해방 후 실시된 첫 선거부터 여성이 참정권을 행사했던 세계사에 유례없는 국가이며, 정치·경제의 발전과 교육 기회를 기반으로 급속한 성평등을 이루었다. 그런데 지난 5년간 문재인 정부는 대한민국을 '가부장제에 기반한 젠더폭력' 사회로 규정하며 페미니즘에 가두어버렸다. 미래 세대인 학생들에게까지 페미니즘을 의식화하여 남성을 혐오하며, 여성들 자신은 피해자 의식에 사로잡히게 했다. 의무화된 페미니즘 강제 교육과 국가 전반에 걸친 젠더주류화 정책의 결과는 참담하다. 아버지를 한남이라 조롱하며, 4비(非, 비혼, 비출산, 비연애, 비섹스)를 외치는 여성에게 공동체라는 것은 아예 존재하지 않는 것처럼 보인다. 삶의 근원과 기반에 가정과 국가가 있다는 것을 아예 잊어버린 것처럼 말이다. 페미니즘의 광풍, 그 배후에는 여성 인권과 성평등을 앞세워 성의 자유와 해방·해체 등을 부르짖으며, 사회의 기본단위인 가정을 파괴하는 일을 조장해 온 반국가세력들이 있다. 반드시 청산하고 넘어가야 할 구시대의 잔재들이다.

이영풍의 「반동과 저항 그리고 교훈」은 민노총 노영방송(노동조합이 운영하는 방송)으로 전락해 국민적인 지탄을 받고 있는 대한민국 공영방송사의 실태를 현장 고발한 르포이다. 또 민노총 언론노조 세력이 마치 대한민국 언론 현업자 전체를 대표하는 듯한 행태가 곳곳에서 벌어지는 가운데 문재인 정권 5년 동안 공영언론사를 공포의 도가니로 몰아넣은 적폐 청산에 저항해 싸워온 투쟁기록이기도 하다. 스탈린식 전체주의적 언론관으로 공영언론을 기관지나 기관매체로 전락시켰다는 비판을 받는 민노총 언론노조 세력에 대항해 언론 소비자들의 주권을 지켜내며 공정보도를 신장하는 측면에서의 자유민주주의적 언론관을 현장에서 실천한 투쟁의 역사이다. 대한민국 언론시장은 현재 스탈린식 전체주의적 언론 세력과 자유민주주의적 언론 세력이 충돌하며 두 개의 전선을 형성하고 있다. 하지만 여전히 전체주의적 언론관을 가진 세력이 우세한 형국이어서 많은 국민들이 우려하고 있다. 이 책이 소개하는 두 개의 나라는 우리나라 언론 미디어 지형에서도 그대로 투영되어 있다.

무엇이 이들을 거리로 나서게 했는가?

저자들은 자유인의 공화국 대한민국이 체제 위기와 정체성 위기를 본격적으로 겪게 되기 전까지 대체로 각자의 전문 영역에서 맡은 바 책무를 다하며 묵묵히 살아오던 시민들이었다. 그러다 문재인 정권 시기를 전후한 거대한 역사의 역행을 맞아 이들은 공적 영역에서 과감한 활동들을 전개하게 된다. 다음은 저자들의 활동을 소개하는 글이다.

도태우는 소설가, 변호사로서 박근혜 전 대통령의 민사대리인과 형사변호인을 거쳤다. 1987년 서울대학교 공과대학 공업화학과에 입학하여 3학기를 수학하고 1989년 서울대학교 인문대학 국어국문학과에 다시 입학하여 졸업한 뒤 1999년 『문학동네』지의 신인 공모에 당선되어 소설가로 활동하였고, 2002년 서울대학교 사회과학대학원 정치학과에 입학하여 수학한 뒤 2009년 사법시험을 통과하여 변호사 업무에 종사해 왔다. 소설집인 『디오니소스의 죽음』과, 주체사상파의 이념을 본격 비판하고 대한민국 법치와 자유민주주의 가치를 수호하기 위한 저서 『도전』을 출간한 바 있다. 2018년 9·19남북군사합의서 발표 후 문재인 대통령을 여적죄로 최초 고발하였고, 방한 시도에 맞서 김정은을 반인도범죄자로 국내법원에 최초 고발하였다. 강규형 KBS 전 이사의 해임처분취소소송 대리를 맡아 문재인 전 대통령을 상대로 1·2·3심 모두 승소를 거둔 바 있다. 시화공단 지역에서 5년간 활동하며 에스콰이어 하청업체들의 집단 소송을 맡는 등 중소기업과 소상공인에 대한 법률적 조력에 지속적으로 노력해 왔다. 자유와통일을향한변호사연대의 정책위원장, 사단법인 법치와자유민주주의연대(New Paradigm of Korea)의 초대 대표를 역임하였고, 현재 대구에서 선진화아카데미 대표로 활동하고 있다.

박소영은 현재 대통령직속 국가교육위원회의 위원으로 숙명여자대학교에서 교육심리학을 전공하고 서강대에서 행정·정책 석사과정을 마쳤다. 두 자녀의 입시를 치르면서 대한민국의 입시현실을 깨닫게 되었고, 입학사정관으로 시작된 학생부종합전형이 사실상 왜 합격했는지 왜 불합격했는지 납득이 안 가는 깜깜이 전형이라는 문제를 지적하며 입시제도의 공정성을 위해 교육시민운동을 시작했다. 2018년 4월에는 MBC 100분 토론에 출연해 정시 확대의 필요성을 설득력 있게 전달하였다. 특히 문재인 정부에서 추진한 2022 대입공론화 과정에 참여하여 수능절대평가반대, 정시 45% 이상 확대를 주장한 의제 1안이 시민참여단에게 가장 많은 선택을 받도록 만드는 데 중요한 역할을 했다. 온 나라를 떠들썩하게 했던 숙명여고 쌍둥이 사건! 학부모들이 직접 나서서 진실을 밝히기 위해 100일간 촛불집회를 이어갈 때 조용히 동참했으며, MBC 100분 토론에 재출연해서 숙명여고 사건에 대한 문제와 입시제도의 문제를 지적하였다. 2019년 조국 전 장관의 자녀 입시비리 문제가 터졌을 때 앞장서서 조국 법무부장관 사퇴 및 수사 촉구 기자회견을 수차례 진행하였다. 교육시민운동을 하면서 입시제도의 문제뿐만 아니라 반국가세력이 주도해온 역사교육, 성교육, 학생인권조례, 전교조의 문제 등이 사실상 더 심각하다는 것을 깨닫게 되어 대한민국 교육을 바로 세우는 데 앞장서고 있다. 그밖에도 행동하는자유시민 상임대표로서 언론중재법을 막는데 동참했으며, 공영방송정상화운동과 대장동진상규명촉구운동, 국가보안법폐지반대운동, 특권폐지운동 등 대한민국 정상화를 위한 많은 활동에 열심히 참여해 왔다.

이은혜는 1987년 경북대학교 의예과에 입학하여 1993년 경북의대를 졸업했다. 당시는 여의사가 진단방사선과(영상의학과)를 할 수 있는 자리가 별로 없어서 기회를 찾아 상경했고 서울아산병원에서 인턴과 레지던트 수련을 받았다. 1998년 영상의학과 전문의가 된 후 첫 직장은 분당차병원이었고 산부인과영상을 전공했다. 2002년부터는 전문분야를 유방영상으로 바꾸었고 강릉아산병원으로 옮겼다. 그 후 서울시립보라매병원을 거쳐서 2008년부터 순천향대학교 부천병원에서 근무하고 있다. 조국 사태 전까지는 병원과 집을 무한 반복하며 진료, 연구, 교육에 몰두하던 평범한 의대 교수였다. 다른 교수들과 다른 점이 있다면 보건의료정책에 관심이 있어서 2013년부터 꾸준히 공부를 했다는 정도. 2019년부터 「사회정의를 바라는 전국교수모임」(정교모)에 참여했고, 이를 계기로 코로나19 방역정책을 비판하기 시작했다. 정교모의 의대 교수 19명을 모아서 「코로나는 살아있다

(북앤피플, 2021)」를 공동집필했으며, 백신정책의 불합리함을 비판하는 「아이들에게 코로나 백신을 맞힌다고?(북앤피플, 2021)」를 단독으로 출간했다. 보건의료정책과 관련해서는 「공공의료라는 파랑새(기파랑, 2021)」와 「건강보험이 아프다(북앤피플, 2023)」를 출간했다.

이효령은 여의도에서 태어나 서울여자대학교 사회복지학과를 졸업하였다. 여고, 여대를 졸업하여 다소 폐쇄적 분위기 속에서 성인이 되었지만, 조국 사태를 기점으로 점차 사회문제에 관심을 갖게 되어 아스팔트로 뛰어나갔다. 이후 청년포럼 '시작'의 공동대표직과 '행동하는 자유시민' 청년대표직을 역임하며 집회뿐만 아니라 공익고발을 시작하여 조국 일가, 대학생진보연합 등을 고소·고발하였다. 또한 본인의 신념인 '성평화'를 제도화하기 위해 제20대 대선에서 선대본 청년본부 양성평등특별위원회 부위원장직을 맡아 신지예 영입 반대, 여성가족부 폐지 공약 등의 활동을 이어나갔다. 현재에도 청년포럼 '시작'과 '행동하는 자유시민' 청년대표직을 역임하고 있으며 지역사회 내에서도 활발한 활동을 하고 있다.

전혜성은 서울에서 태어나 서울여자대학교와 서울대학교, 총신대학교에서 공부했다. 프랑스 문학과 프랑스 문화를 사랑했던 탓에 페미니즘에 매료되었던 과거가 있었지만, 다행히 스스로 정치에 무관심한 중도라 여기며, 지역 청소년에게 꿈과 비전을 심어준다고 바쁘게 돌아다니는 평범한 일상을 살고 있었다. 한 치 앞을 알 수 없는 인생! 박근혜 대통령의 탄핵과 문재인 정부의 탄생을 지켜보며 무언가 크게 잘못되고 있음을 직감하고 본격적으로 사회적 이슈에 관심을 갖기 시작했고, 인헌고 사태를 접하면서 괴물이 되어버린 페미니즘을 만나게 되었다. 2019년부터 문재인 정부에 반대하는 각종 집회 현장에 매일 출근하기 시작했고, 2020년 투쟁하는 유일한 우파 여성단체를 자처하는 '바른인권여성연합'의 공동대표 겸 사무총장으로 본격적인 시민단체 활동을 시작했다. 2020년 4차례에 걸쳐 윤미향 의원과 정의기억연대를 비판하는 기자회견과 국민감사청구를 진행하였고, 고 박원순 서울시장 성추행 관련 비판 기자회견, 이정옥, 정영애 여가부 장관 비판 기자회견을 비롯하여 여성가족부 폐지 운동을 주도하였다. 여성과 아동에 대한 역차별을 가져오는 '차별금지법 제정 반대'와 가정을 해체하는 '건강가정기본법 개정 반대', '낙태 전면 자유화 반대' 등 페미니스트들과 맞서서 자유와 생명·가정을 지키는 운동에 주력해왔다. 현재 사단법인 바른인권여성연합의 사무총장, 행동하는프로라이프 공동대표로 활동하고 있다.

이영풍은 부산항이 내려다보이는 금성고등학교에서 학창 시절을 보냈다. 부산대 경제학과와 한국해양대 해운경영학 석사를 졸업했다. 영국 외무성 주관 세브닝 장학생에 선발되어 웨일즈 카디프 대학에서 해양정책 (MSc in Marine Policy) 석사를 졸업했다. KBS에 입사해 평범한 기자의 삶을 살던 저자는 2001년 9.11 테러 이후, 한국에서는 만나보기 힘든 종군기자가 된다. KBS 종군 전쟁취재 특파원으로서 아프가니스탄 전쟁의 한복판에 뛰어들어 전쟁의 비극과 참상을 직접 목격했다. 이후 KBS 보도본부 시사제작

팀장, 국제팀장, 신사업기획부장 등을 거쳤다. 현장 기자 시절 군(軍) 폭력으로 식물인간이 되었다가 기적적으로 깨어난 훈련병의 사연을 특종 보도해 KBS 우수프로그램 상 보도부분 최우수상, 방송통신심의위원회의 이달의 좋은 프로그램상을 수상했다. 일본 전역을 돌며 후쿠시마 수산물의 방사능 실태를 밀도 있게 추적해 YWCA가 뽑는 좋은 TV프로그램상을 받았다. 청해부대 충무공이순신함에 승선하여 소말리아 해적의 실태를 보도한 공로로 KBS 우수프로그램 상 보도부분 우수상을 수상했다. 2023년 5월 30일 KBS 보도본부 간부의 겁박에 "KBS가 민노총 해방구입니까?" 라고 외치며 KBS의 편파, 왜곡, 불공정 보도를 비판하며 사장 퇴진 1인 농성을 벌였다. 그리고 농성 70여 일만인 8월 10일 최종 해고되었다.

이들은 20대 중반부터 54세까지 걸친 30-50 세대로서 우리 사회의 허리에 해당하는 연령대이다. 운동권 패러다임에 부대끼며 오랜 세월 잘못된 패러다임의 극복을 위해 몸과 마음을 바쳐 노력해 왔다. 이들은 미래 세대에 운동권 패러다임의 지배가 아닌 자유 체제와 대한민국 긍정의 패러다임 전환을 물려주고자 한다.

이제 시작이다! - 새로운 그러나 가장 오래된 이야기, 자유와 연대의 길

운동권 패러다임이 대한민국 사회를 속속들이 장악한 극치의 시점인 2022년 극적으로 당선된 윤석열 대통령은 자유 대한민국에 마지막 소생의 숨결을 불어넣을 막중한 임무를 띠고 있다. 특히 2023년 말부터 2024년 초까지는 가장 결정적인 시기라 할 만하다. 어떤 방향을 바라보며, 어떻게 흐름을 형성 확대하여 패러다임의 전환과 대한민국의 기적적 도약을 다시 한 번 이루어 낼 것인가.

사실 자유와 연대는 새로워 보이면서도 인류의 가장 오래된 이야기이기도 하다. 인간 사회가 존재하는 곳에는 거의 언제나 힘의 남용과 압제가 있었고, 그에 맞서는 자유의 정신과 연대의 정신이 분출해 올랐다. 자유와 연대의 정신이 문명사회로의 진전을 가속화했고, 인권, 평등, 법치와 같은 근대 문명의 보편적 가치 체계는 이 두 정신이 화려하게 꽃핀 것이라 할 수 있다.

전투적 자유민주주의자들과 함께 손을 잡은 자유 시민들이 망국적 패러다임을 극복하고 대한민국 자유 체제를 글로벌 중추국가로 힘차게 비상시킬 것을 믿어 의심치 않는다.

1. 두 개의 나라

도 태 우
서울대학교 국어국문학과 졸업
변호사, 선진화아카데미 대표

대한민국 vs. 운동권의 나라

　80년대 대학가를 지배한 이념은 '민주화'라는 외피 아래 대한민국의 정통성과 자유헌법 체제를 부정하는 체제 변혁적인 혁명 이념이었다. 소련을 모델로 삼은 마르크스-레닌주의, 중국공산당의 모택동주의, 라틴아메리카를 풍미한 제3세계발전론, 심지어는 북한의 김일성 주체사상까지 다양한 체제 변혁적 이념이 광범위하게 대학가를 장악했다. 그들 운동권은 언제나 민주화, 민족, 민중 등의 합법적인 말로 자신들의 외관을 포장했지만, 실제로 경험해 본 필자를 포함한 5·60대의 많은 이들이 알고 있듯이, 그 안쪽은 붉은 이념으로 완전히 물들어 있었고, 자본주의 체제 변혁과 같은 말이 속을 가득 채우고 있었다.

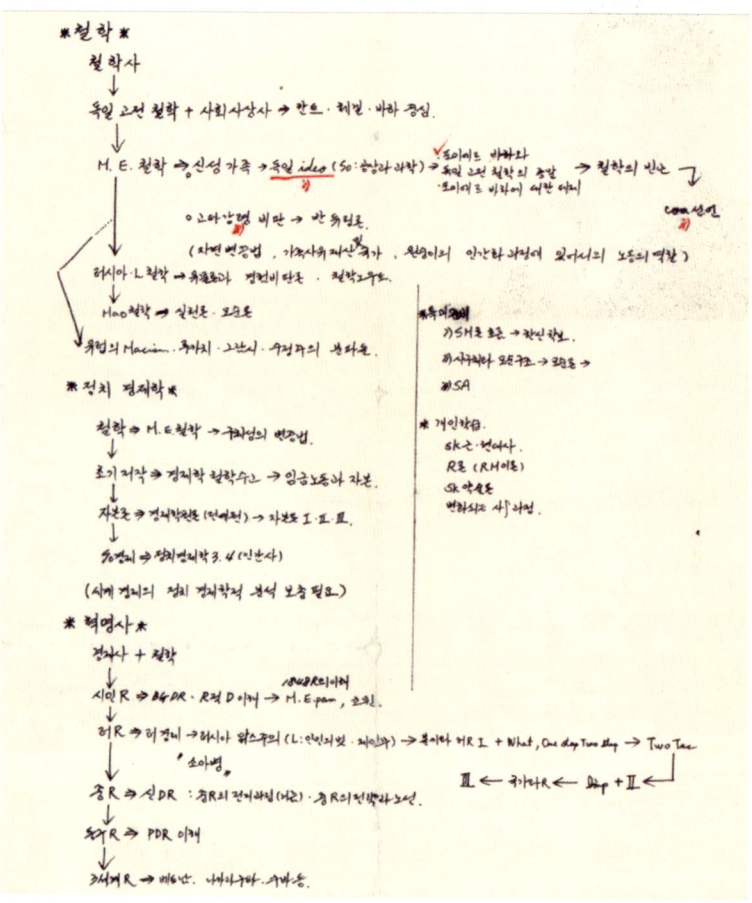

고(故) 이한열의 유고
마르크스 엥겔스 철학(M. E. 철학)과 러시아 유물론, 마오쩌둥의 철학(Mao 철학), 러시아혁명(R), 중국혁명, 동구혁명, 제3세계혁명 등 당시 대학 2학년이었던 이한열이 공산혁명적 정치철학을 깊이 학습했음을 보여준다.
(국가기록원 소장)

결코 자유민주적인 민주화, 자유민주적인 민족주의, 자유민주적인 통일을 추구했다고 볼 수 없는 80년대 운동권의 이런 인식틀은 80년대 중반을 거치면서 대학가를 넘어 노동계, 종교계, 문화계, 교육계, 학계 등 사회 전반으로 빠르게 확산되어 갔다.

1987년 우리나라는 6·10과 6·29를 거쳐 서구의 발달된 민주주의에 가까운 제9차 개헌을 이루어냈다. 한편 그 무렵 세계는 1989년 베를린 장벽 붕괴를 필두로 한 동구권의 몰락, 소련연방의 해체, 중국의 시장 확대, 구 공산권 정보의 개방 등 공산주의에 대한 자유민주주의의 승리를 알리는 획기적인 변화들이 일어났다. 이런 변화에도 불구하고, 80년대 운동권의 이념, 조직, 경제 네트워크는 해체되지 않고 오히려 지속적으로 강화되어 왔다.

이들 운동권의 이념은 한 마디로 우리나라 대한민국의 정통성을 부정하고, 1948년 7월 17일 제정된 헌법에 따른 건국과 건국이념을 부정하는 것이다. 우리나라의 체제를 부정하고 이들이 지향하는 곳은 어디인가? 이석기·통진당 류와 같이 김씨 일가 수령체제까지 받아들이는 자부터 국민의힘 하태경 의원 류와 같이 중국 유사의 체제를 음험하게 지향하는 이까지 그 내부의 스펙트럼에는 조금씩 차이가 있다. 그러나 기본적으로 운동권 이념의 세례를 받은 자들은 모두 자유문명 체제의 세 기둥인 '자유민주 정치체제 - 사유재산권의 존중과 시장경제질서 - 실질적 법치'를 온전히 긍정하지 못한다. 또한 이에 따라 1945년 일제 패망 후 우리 대한민국이 민족사적으로나 세계사적으로나 한반도에서 유일한 정통성을 가지고 건국되었으며, 그 유일정통성은 지금까지 굳건하게 견지되고 있다는 사실도 함께 부정한다.

그들은 대한민국 현행 헌법 체제를 변혁하거나 최소한 변성시키려는 지향을 가지고 80년대 이래 수십 년간 활동해 왔다. 그들 운동권 네트워크는 특유의 끈끈함을 바탕으로 확장되어 왔고, 그들의 경제력과 국가기관 장악 정도는 김대중 전 대통령과 노무현 전 대통령 시기를 거친 이래 비약적으로 커져 왔다.

2016년 탄핵 사태와 곧 이어진 문재인 정권 시기에 이르러 운동권 세력은 총궐기하였고, 자신들의 존재를 대한민국 전체에 전면적으로 드러냈다. 그 실체는 한 마디로 대한민국에 살고 있으나 대한민국에 속하지 않은 다른 나라, 즉 '운동권 나라'의 존재였다. 대한민국 안에는 ① 진짜 우리나라인 대한민국과 이와는 다른 ② '운동권의 나라', 두 개의 나라가 존재하고 있었던 것이다.

문 정권에 이르러 '운동권의 나라'는 원래의 대한민국을 오히려 장악하고 도둑이 주인을 쫓아내듯이 대한민국을 없애 버리거나 최소한 영원히 원상회복이 불가능할 정도로 변성시키려 했다. 이에 대한 전국민적인 저항에 힘입어 운동권 정권의 연장이 좌절되었지만, 아직도 확장된 버전의 제2 운동권 정권 출현을 위한 프로젝트가 활발하게 가동되고 있고, 그 출현 가능성은 여전히 우리 사회를 위협하고 있다.

이 글은 우선 정치, 경제, 법, 사회 각 영역에서 지난 문 정권 시기 전면화된 〈운동권 나라〉의 모습을 조망하며, 대한민국과 다른 나라를 지향하는 이 운동권적 흐름이 제대로 정리·종식될 때에만 비로소 헌법 내적인 차이에 기반한 건강한 대립과 통합이 이루어지는 선진적인 단계로 진입할 수 있음을 설명해 보고자 한다.

반헌법적 정치

문재인 정권 시기 우리나라의 정치는 대북, 안보, 외교, 국가정체성 등 여러 면에서 반헌법적인 방향으로 치달아갔다. 이하 한 항목씩 보다 상세히 반헌법적 정치의 모습을 상기해 본다.

자유 삭제 개헌 시도

문 정권 시기 가장 충격적이었던 일들 중 하나는 우리 헌법에서 '자유'를 삭제하는 개헌을 시도한 일이었다. 헌법 전문과 헌법 총강 편에 위치한 헌법 제4조의 "자유민주적 기본질서"라는 구절에서 "자유"라는 말을 삭제하자는 개헌안이 제시되었고, 민주당 국회의원 약 절반이 이를 공개적으로 찬성하고 나섰던 것이다.

이런 일은 결코 우연히 일어난 것이 아니다. 수십 년간 기획된 이념의 움직임 없이는 이런 회심에 찬 개헌 시도가 벌어질 수 없다. "민주주의"라는 말은 중국도 쓰고 심지어 북한도 사용한다. 구 동유럽 사회주의 국가들도 초창기에 "인민민주주의"라는 용어를 사용했다. "자유민주"라는 용어를 쓰던 헌법에서 "자유"를 빼면 그에 대한 해석은 당연히 "자유민주"가 아닌 "민주"로의 변화와 이 둘의 차이를 이야기하게 된다. '자유민주'가 아닌 민주의 대표적인 용례는 바로 '인민민주'이다. '인민민주'와 구별해 보아야 하는 것이 서유럽의 '사회민주'인데, 서유럽식 의회주의를 받아들인 사회민주적 정치 세력이나 정치 활동은 1987년 개헌 이후 우리나라에서 금지된 적이 없으므로 "자유민주적 기본질서"라는 용어 속에 '사회민주'는 이미 포용되어 있는 것이다.

그런데도 굳이 헌법의 "자유민주적 기본질서"에서 "자유"를 빼자고 하는 것은 자유민주 체제로부터의 변성을 공식적으로 선포하자는 말과 다름없다. 게다가 국가보안법에는 주요 조항마다 "자유민주적 기본질서를 해할 것이라는 정을 알면서"라는 표현이 들어 있다. 상위법인 헌법이 개헌된다면 국가보안법 해당 조항들은 위헌으로 판정되기 쉽다. 이로써 가

뜩이나 약해진 국가보안법을 간단히 무덤으로 보내 버리는 길이 열릴 뻔 했던 것이다.

"오직 평화"론으로 헌법 제3조와 제4조 정면 위반

문 대통령은 임기 초부터 해외에 나가서까지 줄기차게 "오직 평화"론을 설파했다. 그러나 헌법 수호의 총책임자인 대통령의 이 발언은 우리 헌법과 정면으로 배치되는 것이다.

> **대한민국 헌법 제4조**
> 대한민국은 통일을 지향하며, 자유민주적 기본질서에 입각한 평화적 통일정책을 수립하고 이를 추진한다.

우리 헌법 제4조는 "자유민주적 기본질서에 입각"한 "평화적 통일정책 추진"을 규범적으로 못박아 두고 있다. 선출된 대통령이라 해도 헌법 규범 위에 위치할 수는 없다. 그러나 문 정권 시기 자유민주적 기본질서를 무시한 "오직 평화"론은 대통령과 집권 여당, 각종 국가기관의 공식적인 입장이 되었고, 이에 대한 헌법적·사법적 제재 또한 전혀 이루어지지 않았다. 헌법 위에 서 있는 대한민국이 '운동권 나라'에 일시 점령된 것과 같은 상황이었다.

사실상 북핵 용인, 북핵 개발 방조

이러한 문 정권의 태도는 사실상 북한 핵을 용인하는 것이었다. 말은 늘 북핵을 용납할 수 없다고 했지만, 행동으로는 북한 핵 개발과 핵보유국 지위 공고화를 방조하는 일만 하고 다녔으니 말이다. 문 전 대통령은 세계를 다니면서 '핵 폐기 없이도 북한에 대한 국제 제재를 푸는 데 협력해 달라'며 북한의 입장을 대변하기에 급급했다. 이즈음 뉴욕타임즈(NYT)는 "김정은은 문재인 대통령보다 더 나은 기관원(agent)를 발견하기 어려울 것"이라며, "비평가들은 문 대통령이 김정은의 손아귀에서 놀아나고 있다고 말한다"라고 보도했다(2018. 10. 29).

김정은과 문재인 전 대통령이 2018년 9월 북한의 삼지연을 방문했다. (뉴욕타임즈)

가장 민감한 피해 당사국으로서 강경하게 국제법적 원칙의 준수를 요청해도 모자랄 판에, 문 정권은 북한 김정은 정권의 의도대로 핵 보유를 기정사실화하고 핵 군축을 거래 대상으로 삼는 것을 용인하는 입장을 취했다. "말과 행동이 헷갈릴 때는 그 사람의 행동을 보라"는 말은 김정은 정권에 대한 문재인 정권의 태도를 판단할 때 적용해야 할 명언일 것이다.

안타깝고 놀라운 일은 문 정권 5년 내내 이루어진 저 반헌법적이고 잘못된 시도가 북핵 고도화, 미사일 고도화라는 예상 가능한 최악의 결과로 되돌아왔는데도 문 전 대통령은 오히려 "평화" 타령을 계속하며 현 정권에 훈수를 두고 있는 데다, 이런 '운동권 나라'다운 행동이 강력하게 지탄받지 않고 여전히 목소리를 높이고 있다는 것이다.

문재인 정권의 출현은 우리 사회의 일시적인 일탈이 아니라 뿌리 깊은 운동권 흐름과 세력에 의한 것이었다. 이 세력은 하나의 '운동권 나라'를 구축하였고 이젠 정권이 바뀌어도 끄떡없이 다시 대한민국을 복속시키고 제대로 숨통을 끊어놓을 날을 벼르고 있다.

9.19 군사합의

망국적인 9.19 군사합의만 보아도 어떠한가? 우리는 저 합의 후 백령도 등 서해5도에 위치한 포문을 모두 닫고 훈련 또한 재개하지 않았다. 현장에 배치된 포문의 영점이 맞지 않아 실전에 바로 사용할 수 없게 되었고, 실전 장비를 가지고 실전지에서 하는 훈련이 중단되었으며, 정찰 활동

9.19 군사합의를 통해 대한민국에 적대행위를 한 문재인 대통령을 여적죄로 고발하는 필자

까지 전면 제한하고, 주권을 제약하는 바다 수역의 크기와 그 중요도는 남북 간에 차마 비교할 수도 없을 지경이었다. 문 정권은 이런 매국적인 합의를 맺고 국회의 비준을 여러 차례 시도하는가 하면 북한 정권이 합의 조항을 어기고 갖은 도발을 벌여도 합의 파기를 선언하지 못하고 잠자코 있었다. 깡패에게 쥐어잡힌 채로 돈으로 평화를 구걸하는 부잣집 아이의 모습과 다를 바 없다.

보다 심각한 문제는 이런 태도가 문재인 전 대통령이나 몇몇 개별 정치인의 것이 아니라 거대 야당인 민주당 내에 통용되는 입장으로 누가 대통령 후보가 되더라도 유지될 것이 예상된다는 점이다. 이것이 대한민국을 따르지 않는 '운동권 나라'를 정리하고 없애야만 하는 큰 이유이다.

종전선언으로 유엔사 해체 추진

문 정권은 북 정권의 입장과 같이 집요하게 종전선언을 추진했다. 문 전 대통령은 자주 종전선언이 정치적 선언일 뿐이며, 미군철수는 염려하지 않아도 된다는 등의 말을 덧붙이면서 U.N.까지 가서도 종전선언 추진을 역설했다.

그러나 문 정권이 말하지 않는 사실이 있다. 유엔연합군과 유엔연합군사령부는 한국전쟁의 정전협정 조인당사자로서 그 설치 근거를 6·25전쟁에 따른 유엔 결의에 두고 있다. 따라서 6·25전쟁 종전선언이 이루어지는 순간, 이 두 군사기관은 "해체"의 거센 압력을 받을 수밖에 없고, 사실상 해체될 수밖에 없으리라는 사실을 그들은 숨기고 있는 것이다.

6.25 당시 소련은 유엔군의 참전을 결정하는 유엔안전보장이사회 결의에 불참했다. 소련의 불참으로 유엔군의 결성과 자유대한을 지키기 위한 파병이라는 기적적인 결정이 성사되었다(당시 중국의 의결권은 자유중국에게 있었음). 그런데 이후 공개된 외교문서를 통해, 놀랍게도 당시 스탈린이 의도적으로 이 결의에 불참했음이 밝혀졌다. 스탈린은 첫째 미국의 호전성을 국제적으로 드러내고, 둘째로 중국이 참전할 수밖에 없게 하여 미·중 두 나라가 전쟁으로 모두 목이 꺾이게 하며, 셋째로 그 틈을 이용해 소련은 동유럽의 지배를 확고히 굳히고 장차 다가올 제3차 세계대전에서 승리의 발판을 구축한다는 계산을 갖고 있었다.

이처럼 한반도에 존재하는 유엔사령부의 기원과 의미는 신비롭다고 할 정도로 기적적인 역사 과정에 의존하고 있다. 북 정권이 장래에 만에 하나 도발을 감행할 경우 그 상대방은 일개 국가가 아니라 전세계(유엔)가 될 수밖에 없는 구조이고, 이미 결성되어 주둔하고 있는 사령부이기에 이제 와서 중국이 딴지를 걸고 싶어도 걸 수 없는 상황인 것이다.

바로 이런 점에서 유엔사령부의 해체를 불러올 수 있는 종전선언은 결코 단순한 정치적 선언이 될 수 없으며, 북한 정권과 중국은 이 사실을 너무나 잘 알고 있다. 그런데 정작 당사국의 대통령과 집권 여당이 자나 깨나 종전선언을 외고 다니니 세계인들이 볼 때 대한민국의 정치가 어떻게 보였겠는가? 대한민국과 별개인 '운동권 나라'를 사는 자들의 모습이 아닐 수 없다.

대공수사 자체의 말살

문 정권은 국가정보원의 대공수사권을 박탈하기 위해 5년 임기 내내 끈질기게 노력했다. 마침내 임기를 마치기 직전 더불어민주당의 일방적인 독주 아래 2023. 12. 31. 이후 국정원의 대공수사권을 박탈하고 경찰에 전적으로 그 권한을 이관하는 법안을 일방적으로 통과시켰다.

문 정권 시기 대공수사가 제대로 기능하지 못했던 것은 정권 교체 후 분명한 물증과 함께 창원간첩단 등이 민노총을 비롯하여 전국적으로 뿌리를 내리고 있다가 대거 적발된 데서 쉽게 알아차릴 수 있다. 사정이 이런데도 문 정권은 대공수사력을 억지하는 쪽으로만 압력을 가했는데, 군 내 방첩기관인 기무사를 해체한 것도 그런 노력의 일환이었다. 결국 문 정권이 끝나기 전 육군 지하벙커 내에서 현역 대위가 국가기밀을 누설하는 간첩행위를 하다가 현행범으로 체포되는 사건이 발생하는 지경에까지 이르게 되었다.

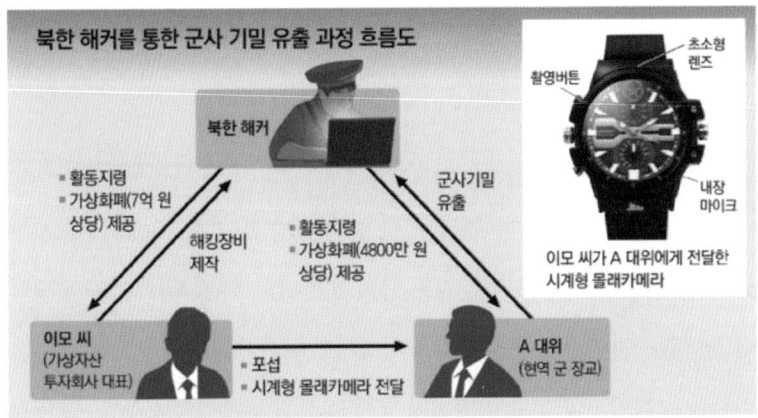

"현역 軍대위, 北해커에 포섭돼 간첩활동 벌이다 체포" (2022.04.29., 동아일보)

문 정권에서 이루어진 이런 기류는 정권 교체 후까지 이어져 북한 해킹 조직의 공격을 받은 중앙선거관리위원회는 8차례나 통보를 받고도 아무런 조치를 취하지 않았으며, 국정원의 보안점검 권고조차 거부했다.

대한민국의 안보와 사이버안보를 책임지는 중추기관을 적대시하고 그 손발을 묶어두려 하며, 정당한 권고와 조언조차 무시하는 이런 상황은 대한민국 안에 '다른 나라'가 있고 그 나라를 사는 이들이 벌인 일들이었다고 보아야 설명이 된다.

군·국방·전투력 약화

문 정권 시기 군과 국방력, 전투력의 약화는 두드러졌다. 우선 문 정권은 군인과 군부대의 수를 축소시켰다. 북한의 눈치를 보며 실전 훈련을 실시하지 않아 실질적인 전투력을 급감시켰고, 유사시 대북 특수작전을 수행할 부대를 해체했다.

문 정권은 전투력을 현대화한다고 말해 왔지만, 실질적으로 어떤 전투력이 현대화되고 강화되었는지는 극히 불투명하다. 오히려 군의 수뇌부인 국방부장관이 9.19군사합의에 서명하고 대북유화책에 코드를 맞추는 인사들이 최고 지휘부로 임명되어 군 조직까지 침투한 운동권 동조 네트워크와 '다른 나라'의 위세를 절감케 했다.

가치동맹 파괴

문 정권은 가치동맹 질서를 작심하고 파괴했다. 자유의 가치를 공유하는 한미동맹과 한일우호협력 관계를 교묘하게 약화시켜 갔다. 한미동맹을 명시적으로 부정하기에는 너무 큰 반발을 불러올 것 같으니, 한미동맹을 현실적으로 뒷받침하는 큰 축인 한일협력 관계를 무자비하게 훼손·파괴했다. 입으로는 한미동맹을 중시한다고 말하면서 행동으로는 한미동맹이 제대로 작동할 수 없게 한일협력 관계를 최악으로 파탄시켜 간 것이다.

한일관계 파탄과는 반대로 문 정권은 중국 중심의 질서인 '일대일로 사업에 적극 동참하겠다'고 말하며, '미·일·유럽 중심의 외교에서 벗어나 신남방외교를 펼치겠다'고 하고, '위대한 나라 러시아와 손을 잡고 에너지 협력 사업까지 하겠다'고 공언하였다. 유사시 나라의 운명을 좌우할 수 있는 가스관을 러시아에서 북한을 거쳐 연결하고 이에 대한 의존 비중을 높여가려 한 것이다.

6.25에서 대한민국을 공격한 침공국이자 정전협정의 상대방으로 남아있는 중국에 대해 '한 번도 피해를 준 적이 없고 운명을 같이 하는 나라'라고 하며 우리는 '같은 꿈을 꾸는 낮은 봉우리'라고 대통령이 말하는 믿기지 않는 사태까지 벌어졌다.

3불 1한 굴중

문 정권 시기 중국에 대한 굴종적 자세는 중국의 오만함을 더욱 자극하여 외교적 장면에서 조공국과 같은 인상을 남긴 경우가 다반사였다. 특히 중국의 외교부장은 대한민국을 깔보는 언사를 일삼았고, 과장급이 파견된 주한중국대사는 대한민국의 외교적 행보와 대통령의 언사를 거침없이 비방하여 초치될 수 밖에 없는 상황을 의도적으로 연출했다. 마치 구한말의 위안스카이 시대가 다시 도래한 것을 보는 듯한 믿기지 않는 세월이었다. 이런 모든 사태는 1948년 건국 이후 대한민국이 굳건하게 견지해 온 확고한 한미동맹, 아시아 반공의 보루, 세계 자유 진영의 우월함을 보여주는 자유의 교두보와 같은 정체성을 스스로 저버리고 자유 가치동맹 부정, 반공 부정, 용공 내지 친공적 전환, 북중러 3각 동맹에 대한 심리적 이념적 근접 등을 통해 운동권의 이념을 현실적으로 채택한 결과라 하겠다.

주한 중국대사관저에서 만난 이재명 대표와 싱하이밍 중국대사(2023. 6. 8, 조선일보)

문 정권이 숨기려 했지만 결국 드러나고 말았듯이 중국의 3불1한(중국이 사드 추가배치, 미국 미사일방어(MD)체계 참여, 한미일 군사동맹을 문재인 정부에 금지하고 배치된 사드의 중국겨냥을 제한했다는 논란)과 같은 주권 침해가 문 정권 시기 굴종적으로 관철되었다. 어리석게도 대한민국은 중국의 겁박에 스스로의 주권을 제한하며, 소련에 굴종했던 핀란드처럼 내려가기는 쉬워도 다시 올라오기는 어려운 수렁으로 빠져들어 갔던 것이다. 지금보다 국력이 훨씬 못 미치던 시기에도 이승만, 박정희 전 대통령은 국격과 독립성을 지키기 위해 고군분투했다. 그분들이 닦아

놓은 대한민국 정통 노선을 버리고 '운동권의 나라'가 대한민국의 조종간을 쥐도록 재앙적인 선택을 한 결과는 이렇게 참담했다.

초계기 사태, 지소미아 파기, 한일외교 파탄, 위안부 · 징용공 문제

문 정권 시기 한일관계는 최악의 파탄으로 치달았다. 초계기 사태는 문 정권의 본질을 보여주는 대표적인 사례였다. 대한민국의 군함이 일본 해역에 장기 표류하던 북한 목선을 구조하는 과정에서 출동해 있던 일본 초계기에 레이더를 쏘아 노골적인 적대행위를 했던 것이다. 이 사건은 대한민국의 가치 중심이 어디에 있는지의 혼란상을 노골적으로 드러낸 일이었다.

또 이들은 지소미아(협정 당사국 간의 군사기밀 공유협정)를 파탄내어 일본과의 무역 협력이 위태로워지는 사태를 자초하였다. 아울러 한미일 군사협력이 원활치 않게 함으로써 자신들이 입으로 말하는 한미동맹 강화와 달리 한미동맹의 약화를 바라는 운동권의 내심을 행동으로 드러냈다. 한일관계의 악화, 한미일 군사협력의 난조로 초래된 동북아시아의 질서 교란은 자유 진영에 큰 부담을 안겨주었다. 이런 틈을 비집고 북한과 중국은 더욱 활개를 치며 공세적인 이미지와 힘의 우위라는 인상을 남기기 위해 분투했다. 대한민국의 국익과 명백히 배치되는 이 모든 결과를 가볍게 생각하고 얕은 변명을 늘어놓는 것은 그들이 대한민국의 국익을 자기의 이익으로 받아들이고 있지 않기 때문일 것이다.

대한민국 부정한 4.3 찬양, 대한민국 침공한 김원봉 기림

제70주년 4·3희생자 추념식에서 추모사를 하는 문재인 대통령 (2018. 4. 3, 연합뉴스)

문 정권이 대한민국의 정통성을 부정하는 증거 중 널리 알려진 것이 제주 4.3 기념 연설 중 "완전한 독립을 꿈꾸며 분단을 반대했다는 이유로, 당시 국가 권력은 제주도민에게 '빨갱이', '폭동', '반란'의 이름을 뒤집어씌워 무자비하게 탄압하고 죽음으로 몰고 갔습니다."라고 말한 대목이다. 대한민국의 수립에 반대하여 봉기한 것을 못다 이룬 꿈이고 함께 꾸는 꿈이라 부른다면 그런 말을 하는 이의 조국은 대한민국일 수 없다.

그런 생각을 공식적인 기념사에서 거침없이 말하는 자가 대통령이 되었다는 사실은 대한민국이 얼마나 죽음의 문턱까지 갔는가를 보여주는 일이다. 운동권은 자신들의 나라가 마침내 대한민국을 정복했다고 속으로 쾌재를 불렀을 것이다.

문 정권은 순국선열과 호국영령을 기리는 현충일에는 북한 공산군과 함께 대한민국을 침공해 온 김원봉을 기리는 연설까지 감행했다. 대한민국과는 다른 '운동권 나라'를 조국으로 여기며 살아가는 태도가 아니라면 설명하기 힘든 행동이다. 그들은 민족, 민족주의란 외피로 자신들의 입장을 변호하지만 서구 근대사에서 출현한 '민족'은 국가를 전제한 개념인 반면, 그들이 사용하는 민족, 민족주의란 종족 또는 부족에 가까운 원시적이고 본능적인 차원의 것이다. 국가의 최고위 공직을 맡은 자에게 이처럼 국가관이 형성되어 있지 않다는 것은 그 국가의 재앙이다. 그렇게나 많은 믿기지 않는 일들이 속출했던 것은 대한민국의 운동권이 대한민국이 아닌 '운동권 나라'를 진짜 조국으로 여기며 살았기 때문이라고밖에 설명할 방법이 없어 보인다.

입법독재, 유사 1당국가 체제 지향

운동권은 민주화를 내세웠지만 자유민주주의를 공부한 적이 없다. 그들이 공부한 것은 '민주주의=독재'라는 마르크스-레닌주의이다. 그들 식 계급사관에 따르면 '부르주아 민주주의는 프롤레타리아에게는 독재이고, 반대로 프롤레타리아 민주주의는 부르주아 계급에게는 독재일 수밖에 없다. 고로 부르주아 민주주의라는 것이 사실은 부르주아 계급의 독재이듯이 프롤레타리아 민주주의는 곧 프롤레타리아 계급의 독재일 수밖에 없다. 민주주의는 곧 독재인 것이다.' 이런 궤변적 이념이 운동권 민주주의 인식의 기초를 이루고 있다.

따라서 운동권적 인식틀에서 진정한 복수정당제는 존립할 여지가 없다. 역사에서 사라져야 할 세력이 지배하거나 역사에서 승리해야 하고 승리할 수밖에 없는 세력이 지배하거나 둘 중 하나일 뿐이다. 민주주의는 독재와 마찬가지이기에 민주주의 명분이 필요할 때는 민주주의를 내세우고 독재적인 행보가 필요할 때는 한 줌 회의도 없이 적폐청산의 칼날을 휘두를 뿐이다.

그들은 중국식의 1당 체제를 나쁘게 보지 않는다. 마르크스-레닌주의에 따르면 전위당(대중을 선두에서 이끄는 정당)의 존재는 혁명에 필수적이다. 공심(公心)을 가진 이들이 전위당에 모여 인민의 대표로 활동하면 되지, 부패한 자들과 국회나 선거에서 싸우는 쓸데없는 짓을 피하는 것이 더 상책이라는 감언이설로 사람들을 속이며 그들은 1당 체제를 옹호한다. 우수한 1당이 사회와 국가를 지도하는 것이 이상적인 모습이므로, 부패한 서구 사회가 아니라 질서정연한 중국이 오히려 미래의 모범일 수 있다고 운동권은 생각하고 이를 신앙한다.

2020년 4.15 총선 후 운동권은 자신들이 생각하는 모습에 가까운 정치 지형을 만들어 냈다. 그 선거의 투명성과 공정성, 무결성에 대해서는 태산 같은 의혹과 물증이 제기되어 있다. 그런데도 운동권은 총선 후 국회 선진화법을 무력화시키는 180석을 무기로 1당독재의 길을 치달아 갔다.

1당독재는 '운동권 나라'에서 표준이 되는 국가체제이다. 그들은 명목상 존재하는 야당을 들러리로 세우고 1당이 시민사회와 국가기관 모두를 지배하는 체제를 정상으로 본다. 문 정권 시기 더불어민주당은 자신들의 이념 기준에 가까운 1당국가 체제를 향해 큰 진전을 이루어냈다. 그러나 이는 대한민국 헌법 이념 가치와는 전혀 조화되지 않는다. 대한민국 헌법 체제는 명목상이 아닌 실질상의 복수정당제를 추구한다. 또한 정당이 시민사회와 국가기관의 가교 역할을 넘어 궁극적인 지배기구로 작동하는 것을 정상으로 여기지 않는다.

무소불위, 철옹성의 선관위와 법원

'운동권 나라'는 대한민국 모든 국가기관들을 수십 년간 잠식해 들어갔다. 그들은 자신들의 끈끈한 네트워크를 잊지 않았고, 점차 모든 국가기관들을 대한민국이 아닌 '운동권 나라'의 국가기관으로 변질시켜 갔다.

외부로 독립성을 내세우며 철옹성을 구축했던 선관위와 법원이 그 대표적인 사례이다. 이들은 독립성이라는 명분을 내세워 외부의 견제와 간섭을 철저히 차단하고, 그 내부에서 자신들의 운동권 왕국을 구축해 갔다.

어느덧 선관위와 법원은 '운동권 나라'가 사실상 지배하는 독립 왕국으로 변질되었다. 문 정권 시기 '법관회의'를 통해 운동권 진영은 조직된 소수가 비조직된 다수를 얼마든지 지배할 수 있다는 사실을 잘 보여주었다.

반헌법적 경제

탈원전

에너지는 국가 안보와 독립성의 근간이다. 따라서 탈원전은 경제 이상의 것이다. 그런데 경제적인 면만을 보더라도 문 정권의 탈원전은 천문학적인 손실을 가져온 재앙이었고, 만일 지속되었을 경우 대한민국의 국부(國富)에 돌이킬 수 없을 정도의 손해를 끼쳤을 망국적 행위였다.

운동권이 자기들의 나라를 사는 것이 아니라 대한민국을 조국으로 여기며 살아갔다면 탈원전과 같은 정책은 결코 나올 수 없었을 것이다. 그들은 안전과 환경 등을 가장 주된 명분으로 내세웠는데, 국력이 약해지고 국가 안보가 위태로울 가능성이 커진다면 원전 사고에 대비하는 것만으로 어떻게 안전이 보장되겠는가? 또한 탄소 중립에 오히려 도움이 되는 원전을 버리고 화석 연료 비중을 높이는 정책이 환경을 지키자는 방향에 부합되지 않는 것은 자명하다.

운동권은 대한민국이 아닌 다른 나라를 살아가기에 대한민국 국부의 심대한 원천이 되고, 국가 안보의 생명선이 될 원전 산업을 망가뜨릴 결정을 미리 내려두고 수치를 조작하면서까지 관철시켰던 것이다.

급격한 최저임금 인상과 무리스런 정규직화로 양극화 가속

최저임금의 급격한 인상은 자영업자와 소상공인의 몰락을 가져왔고 양극화를 가속시켰다. 최저임금을 올리지 말자는 것이 아니라 적정한 수준으로 올리고 지역과 업종별 차등을 주어 충격을 덜자는 주장이 있었지만, 운동권 이념에 사로잡힌 그들은 뻔히 예견되는 결과를 무시했다. 그들 중 일부는 '망해야 할 기업은 빨리 망하게 하는 것이 사회에 기여하는 것'이라는 궤변을 늘어놓았다고 한다.

인천공항 사태 등으로 불거져 나온 무리스런 정규직화의 문제도 마찬가지이다. 공사 공단 등 공영 기업에서 우선 추진된 이 정규직화 정책은 미리 계약직으로 들어와 있던 직원의 친척 등 특수관계자들이 무시험으로 정규직화되는 불공정성을 낳았다. 동시에 정규 입사를 바라고 준비하던 수많은 청년들의 기회를 박탈하는 역효과를 초래했다. 그러나 정책 입안자들이 이러한 측면을 진지하게 고려한 표시는 전혀 보이지 않았다.

의도적인 부동산 정책 실패로 양극화 가속

'좌파 정권 시작되면 부동산을 사라, 반드시 오른다'는 세간에 떠도는 말이 있다. 문 정권은 그 말의 효능을 극대치로 보여주었다. 문 정권은 진지하게 아파트 값을 잡겠다고 말했지만 이미 처음부터 그 정책들은 아파트 값, 특히 강남 지역의 아파트 값을 급속도로 올리게 될 뿐이라고 전문가들은 조언했다. 그리고 실제로 아파트의 값은 치솟았다. 이 와중에 공산혁명의 이론에 따라 '운동권 나라'가 내심 목표하던 사회 양극화는 가장 심도 깊게 진행되었다.

국가재정 방만 운영 - 사상 최대의 적자 확대

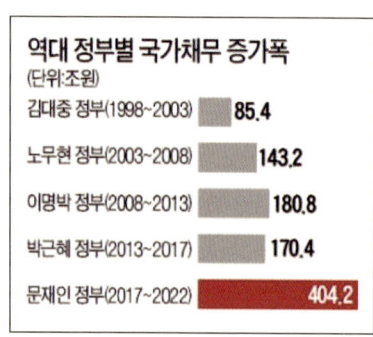

(2021. 12. 3. 한국경제)

문 정권은 역대 가장 큰 정도로 국가 재정을 방만하게 운영했고, 결국 사상 최대의 적자를 확대시키고 퇴임하였다. 문재인 정부가 출범한 2017년에 660조 원이었던 나랏빚이 5년 만인 2022년에는 1000조 원을 돌파한 것이다.

약탈경제 - 이권카르텔 - 보조금 - 증권범죄수사팀과 4대강 보 해체

문 정권 관계자들은 시스템적인 약탈경제를 자행하였다. 문 정권은 건국 이래 70년 간 쌓아온 국부를 이용하여 선심을 베풀고 이권을 취했지만 미래를 위해서 축적하고 기초를 놓은 사업은 거의 전무하다. 그들은 간신히 흑자로 돌려놓은 공기업(대표적으로 한전)을 엄청난 적자기업으로 바꾸고 그것도 모자라 출혈 재정으로 선심성 공과대학을 설립하였다.

국가 시스템을 약탈의 도구로 이용한 운동권의 이권카르텔은 각종 보조금을 이용하는 데서 탁월한 면모를 보였다. 한편으로 증권범죄수사팀을 한사코 해체하였는데 그 전후로 증권범죄는 최대한 난립하였고, 피해자들을 국고로 달래며 갚아주었다. 금융범죄 와중에 빠져나간 검은 돈들은 전혀 회수되지 못한 상황이다. 이들 검은 돈이 다시 운동권의 약탈경제와 '운동권 나라'의 자금 원천이 되는 것을 생각하면 성실히 살아서 중산층이 되는 것이 점점 더 어려워지는 대한민국 국민들의 삶의 고충과 너무나 대조적이다.

이들에게 막대한 국고 손실을 초래하는 4대강 보 해체 결정은 아무것도 아니었다. 올해의 기록적인 폭우로 그들의 보 해체 주장이 쏙 들어갔다. 생산 없는 약탈경제가 운동권의 경제 운용 원리이고 이는 대한민국을 숙주로 삼는 방식이다. 더 이상 용납될 수 없는 범죄적 행위라 할 것이다.

연기금 사회주의화, 조국의 사회주의, 추미애의 토지공개념

그들은 대한항공 사태 등을 빌미로 삼아 연기금(연금을 지급하는 원천이 되는 기금)이 실질적 최대주주로 의결권을 행사하도록 법 개정을 시도하며 소위 연기금 사회주의로의 길을 타진했다. 나아가 조국은 법무부 장관 인사청문회에서 사회주의로의 길을 공언하였으며, 추미애는 법무부장관으로서 지속적으로 토지공개념에 대한 확신을 피력하였다. 2명의 법무부장관이 헌법질서와 반대되는 공언을 서슴지 않은 것이다. 운동권이 그들만의 다른 나라를 사는 것이 아니라면 설명되기 어려운 모습이다.

반헌법적 법치

탈북자 강제 북송

문 정권은 헌법 제3조에 따라 우리 국민이 된 탈북 청년 2명을 의사에 반하여 강제로 북송하였다. 그 일이 이루어졌던 며칠 상간에 대한민국 헌법이 국민에게 보장하는 적법절차 원리는 완전히 묵살되었다. 2019년 11월 일어난 탈북어민 강제북송 사건은 같은 달 부산에서 열리는 한+아세안 정상회의에 북한 김정은의 방문을 성사시키기 위한 일이 아니었는가 하는 의혹을 크게 불러일으켰다.

2019년 11월 판문점에서 강제북송에 저항하는 탈북어민 (2023. 3. 9. 연합뉴스)

사법부의 도구화 - 검수완박 - 자유파괴 입법

문 정권 시기 사법부는 가장 예속적인 기관으로 변모했다. 차라리 도구적인 기관으로 변질되었다고 말하는 것이 사실에 더 근접한 표현일 것이다.

문 정권은 퇴임 전 마지막 날 국무회의 시간을 변경하면서까지 검수완박(검찰수사권완전박탈) 법 개정을 관철시켰다. '운동권 나라'의 방탄 입법을 만든 것이다. 국민들의 필요와 동의는 관심 없고 만들면 다 법이라는 식의 법철학 빈곤, 자연법 전통 부재가 빚어낸 희비극이었다.

전대협 1기 의장이었던 이인영 전 통일부장관이 옹호한 대북전단 금지법, 연세대 학생회장 출신의 우상호 의원이 더불어민주당 원내대표를 하며 밀어붙인 역사 왜곡 금지법, 80년대 주사파 계열 학생운동 출신 국민의힘 하태경 의원에 의한 김일성 회고록 판매 합법화 추진 등은 운동권이 입법부를 장악하고 여야를 넘나들며 대한민국의 자유를 파괴하는 활동을 자행해 온 정황을 보여준다.

정치방역

코로나19 사태에서 문 정권은 기본권 침해를 일상화, 제도화하는 정치방역을 서슴지 않았다. 대량 동선 추적에 의한 개인정보 및 사생활 침해, 예배 금지 등을 통한 종교의 자유 침해, 집회 금지를 통한 정치적 표현과 집회의 자유 침해, 과도한 영업 제한으로 경제활동의 자유와 직업의 자유 침해, 백신패스제에 의한 백신 접종의 사실상 강요로 신체의 자유 침해 등 중국과 흡사한 바이오전체주의가 긴 기간 국가의 숨을 틀어막았다. 이렇게 개인의 근본적 자유를 보호하는 데 요체를 두는 자유민주적 기본질서는 질식사의 위기를 맞았었다.

기타 사회적 측면

KBS 강규형 이사에 대한 불법 해임 사례에서 보듯 언론 장악을 위한 운동권 정권의 행동은 자신들이 예전에 했던 말과 행동과 통과시켰던 법에 하등의 제약을 받지 않았다. 그토록 무도하게 언론장악을 했던 그들이 이제 다시 정권이 바뀌자 태도를 돌변하여 언론기관의 독립성을 주장한다. 게다가 지난 정권의 인사들은 마지막 임기까지 자리를 지키며 각종 인사권을 행사하여 정권 교체 후 1년 반이 되어가도록 공중파 방송은 지난 정권과 마찬가지의 기조를 이어가고 있는 실정이다.

건설노조를 비롯한 민노총의 특권화, 전교조 등 각종 노조에 의한 사실상 기관 장악에 따른 노영(勞營, 노동조합이 운영하는) 국가화는 수십 년간 지속적으로 확대 심화되어 왔다.

'운동권의 나라'는 마약 수사팀을 약화시켜 전국적으로 청소년 층에까지 마약이 급속도로 확산되는 사회적 대재앙을 초래했다. 또 차별금지법 추진과 각종 젠더 및 동성혼 가족 정책을 통해 가정의 해체가 가속화되었다. 헌법에 규정된 생물학적 양성평등과 혼인 및 가족의 보호는 '운동권 나라'를 사는 이들에게는 때를 보아 갈아치워야 할 장애물일 뿐이었다.

선택적 정의의 만연, 내로남불의 위선, 의문의 죽음들, 죽음의 정치적 이용, 가치의 아노미 등 '운동권 나라'가 확산시킨 사회 문화적 해악은 대한민국의 사회 해체와 붕괴를 가속화했다.

헌법 내적 균열과 통합의 시대로

새가 좌우의 날개로 날기 위해서 그 몸통은 하나여야 한다. 정치적인 비유로서 새의 몸통은 대한민국이라는 하나의 국가이고, 그 국가는 제헌 및 건국 이념과 헌법적 가치를 자신의 핵심이자 근간으로 유지하며 존속한다. 대한민국의 정통성과 제헌 및 건국 이념, 헌법의 근본적 가치 원리를 긍정하지 않는 세력이 한 몸통에 달린 좌우의 날개라며 자신의 존재를 인정해 달라고 한다면 이는 대한민국 국민을 속이는 것이다.

운동권의 고전적인 전술은 통일전선 전술(공산세력이 독자적으로 주적을 타도하기 어려울 때 동조세력과 동맹관계를 형성하여 투쟁하는 가장 기본적인 조직전술)이고 그 바탕은 갈라치고 정복하는(divide and conquer) 것이다. 그들 운동권은 대한민국 국민들 중 일부와 다양한 수준으로 연합하며 대한민국을 각종의 층위에서 분열시키고, 연합한 부분들을 헌법 외적인 가치와 이념, 조직, 경제의 네트워크에 점차 편입시키다가 마침내 대한민국을 정복하는 장기적인 방향성을 지속적으로 추진하고 있다.

헌법을 인정한다면 조세, 복지, 분배, 공교육, 규제 등 온갖 문제에 대한 헌법 해석의 차이, 정책적 차이, 상황 판단의 차이, 대응 방식의 차이 등 다양한 차원의 차이가 얼마든지 존재할 수 있다. 또 그러한 차이는 헌법 체제가 새로운 차원으로 발전 번영해 갈 수 있는 토대를 이룬다. 이렇게 헌법적 통합은 결코 획일적이거나 협소한 통합이 아닌 것이다.

그러나 '운동권 나라'는 헌법 내적인 종류의 균열이 아니다. 이들은 헌법 바깥에서 헌법 체제의 근본을 부정하는 균열이며 지난 문 정권 시기에 보여준 것처럼 불행히도 현재까지 각종의 국가기관과 제도권에 광범위하고 강고한 세력을 구축하고 있다. 이는 대한민국 헌법 체제가 심각한 위기를 겪고 있다는 것을 보여주는 증상이다. 하지만 문제가 명확하게 드러난 것은 문제 해결의 진정한 출발을 이룬다.

'운동권 나라'에 대한민국을 빼앗길 뻔했던 지난 세월의 뼈아픈 경험을 거름 삼아 자유 체제의 소중함과 시민적 책임에 대한 국민적 대각성으로 '운동권 나라'에 의한 대한민국의 위기 상황을 극복하자. 그리고 선진정치, 자유문명의 핵심 동맹국을 거쳐 마침내 인류의 공영과 평화를 감당하는 팍스 코리아나(Pax Koreana)의 길로 나아가는 변화를 시작할 때이다.

2. 청년이여, 조국(祖國)을 개혁하라!

이 효 령

서울여대 사회복지학과 졸업
청년포럼시작 공동대표
행동하는자유시민 청년공동대표

"어쩌다 이런 일을 하게 됐나요?"라는 질문을 정말 많이 듣곤 했다. 매번 듣는 질문이지만 그것에 대한 답변을 하는 것은 매순간 곤란하곤 하다.

학교에서 수업을 듣고 전철에 몸을 맡겨 집으로 돌아오는 대학생이 할 수 있는 일은 한정적이다. 책을 읽거나, 친구와 핸드폰으로 수다를 떨거나, 시시콜콜한 이야기들이 올라오는 넷상 가십거리를 보거나. 여느 대학생처럼 나도 핸드폰을 뒤적이며 집으로 오는 길이었다. '전국에 있는 대학생에게 호소합니다.'라는 학교 커뮤니티의 글이 눈에 띄었고, 그게 "어쩌다"에 대한 시작이었을지도 모른다. 처음으로 느껴본 세상에 대한 분노는 생각보다 강한 자극이 되었다. 밤낮으로 뉴스기사를 뒤져보며 이 분노를 풀지 않으면 지금 당장이라도 울 것 같아 만나는 친구들 마다 핏대를 세우며 이에 대한 불만을 토해내곤 했다.

"네가 그런다고 뭐가 바뀌겠냐."

농담 삼아 던진 친구의 말은 잔뜩 열이 올라있는 나에겐 엄청난 두려움으로 다가왔다. 너무나 맞는 말이었기에. 아무리 내가 화나고 불공정이라 외쳐대도 나의 목소리는 거대한 악에 비하면 터무니없이 미약한 울림이었기에 말이다.

목소리의 힘을 키우려면 그들과 버금가는 영향력을 가진 사람이 되거나, 아니면 작은 목소리들을 모아 크게 들리도록 하는 방법 밖에 떠오르지 않았다. 전자는 지금 당장 처리하지 않으면 안 될 것만 같던 참을성 없는 내 스스로에겐 설득력이 없었거니와 그런 사람이 될 거란 자기 확신도 내겐 부족했다. 그래서 나와 같은 목소리를 내고자 하는 사람들을 찾고 다녔고, 그런 사람들이 모인 '전국대학생연합'을 들어가게 되었다.

처음 그들을 만난 건 혜화 마로니에 공원에 있는 작은 카페였다. 내가 들어가기 이전 모종의 이유로 단체가 어지러웠던 상태라 전해 들었다. 뒤숭숭한 분위기 속에도 단연코 강렬했던 청춘들의 분노는 첫 동지에 대한 기쁨으로 다가왔다. 처음으로 같은 뜻을 갖고 행동하는 사람들과의 만남의 기쁨은 아직도 생생히 기억에 남는다.

나는 그들을 만난 19년도 당시 22살로 젊은 그들 사이에서도 막내였다. 모두가 친히 나의 언니, 오빠, 친구가 되어줬고 동지가 되어줬다. 그런 만남의 기쁨도 잠시 우리는 분노하기 위해 모였기에 바삐 움직이기 시작했다.

우리의 목소리를 처음 세상에 드러낸 기자회견의 슬로건.
'**청년이여, 조국(祖國)을 개혁하라!**'는 세상에 처음 드러낸 우리의 총구가 되었다.

기자회견장 또한 마로니에 공원이었다. 처음 보는 큰 현수막을 작은 손으로 들고 기자들을 마주한 순간의 공포는 이루 말할 수 없었다. 저 카메라가 담은 내 모습으로 온 세상 모든 사람들이 웅성거릴 것 같은 두려움은 22살 여자에겐 꽤나 가혹했던 것 같다. 그럼에도 내 목소리를 전하고 싶었기에, 함께 하는 친구들이 있었기에 손의 떨림을 숨기고 표정의 어둠은 마스크 속으로 숨긴 채 10분 남짓의 시간을 필사를 다해 버텼다.
아마 최근의 내 활동 모습만을 본 사람들은 상상도 안 될 만큼의 앳된 모습일 거란 생각에 글을 쓰는 지금 피식 웃음이 나온다.

기자회견이 끝나고 막상 집회를 시작하려니 그 누구도 집회를 해 본 적도, 참여해 본 적도 없는 대학생들인지라 엄습해오는 막막함은 이루 말할 수 없었다. 이럴 때 도움을 구할 수 있는 통로 또한 떠오르지 않아 밤낮을 고민하던 중 자유대한호국단의 오상종 단장님을 만나게 되었다. 그 당시 얼마나 문외한이었는지, 어떻게 부탁을 드려야할지 몰라 막연한 청사진만 말씀드리고 대뜸 도와 달라 부탁드렸다. 근데 이런 순진무구하기만 한 학생들을 오단장님께선 덜컥 도와주셨다. 집회 무대 설비를 모두 도맡아 도와주셨고, 우리는 오단장님 덕분에 그 내부만 채워 넣으면 되는, 나름의 순풍이 불기 시작한 것이다.

어떤 흐름으로 우리의 이야기를 풀어나가야 할지, 구호는 어떻게 할지, 집회에 들어가는 예산은 어떻게 할 것인지 모든 것들을 차례대로 인원을 분배하여 정신없이 이것저것 시도해보았던 것 같다. 결론적으로 그 당시 젊은 층이 그나마 알고 있는 집회문화가 촛불이었기에, 촛불과 젊은 감성의 문화제를 합친 촛불문화제로 집회를 꾸려나가기로 했다.

한 고비 넘겼다 생각할 때 즈음 집회 준비를 위한 홍보가 또 다른 난관이 될 줄 우리는 알지 못했다. 당시에 대학생 및 청년층이 들고 일어선 것이 우리 세대에선 꽤 신선하기도 하였고, 이슈 또한 청년층이 이끌어가기에 적합한 이슈였기에 첫 기자회견으로 많은 관심을 받았던 것으로 기억한다. 게다가 우리 단체는 각기의 대학교를 기준으로 공동 활동을 추구하였기에 특수성도 있어 우리의 집회는 꽤나 이목을 끌었다. 한국의 언론은 물론이거니와, 일본, 심지어 영국에서도 우리의 집회를 취재하러 오겠다고 연락이 빗발치곤 하였다. 그랬기에 우리 집회에 동참해줄 사람과 단체를 구하는 것은 어려운 일이 아닐 것이라 예상했다. 예상과 다르게 집회를 취재하러 온다는 기자들은 더러 있었어도, 정작 집회에 참여나 동참의 의사를 보이는 사람은 찾기 너무나 어려웠다. 그렇기에 매일같이 대학교 커뮤니티와 각종 온라인 커뮤니티에 홍보 포스터를 올리고, 유튜버들을 통한 홍보를 위해 연락을 돌리고, 혹시나 우리의 목소리를 조금 더 영향력 있는 사람들이 집회에 참여하기만 해도 더 파급력이 생기지 않을까 하여 정치인들에게도 연락을 돌렸다.(집회 연단 위로 올리는 것은 금했고, 참석만 요구하였다.) 커뮤니티에서 응원은 하지만 참여까지 하긴 어렵겠다는 반응도 더러 있었고, 정치인들의 반응은 더 쌀쌀하였다. 쌀쌀 하다기 보단 간을 봤다는 게 맞는 말인 것 같다. 우리 집회가 어느 정도 규모인지, 자신들의 행보에 도움이 되는지가 그들에겐 중요한 포인트기에 순수한 목소리는 그들의 귀엔 득과 실을 따져야하는 요소가 됐으니 말이다. 누군가에겐 당연한 섭리가 그 당시 나에겐 굉장한 좌절로 다가오곤 했다.

다행히도 오상종단장님을 비롯하여 우리의 행동을 지지해주시고, 응원해주신 선배님들(글에는 다 담지 못하지만 정말 많은 어른들이 우리를 응원해주시고 함께 울어주셨다.), 그리고 우리의 목소리를 멀리서라도 함께하고 있던 청년들이 있었기에 겨우 정신을 다잡고 첫 집회를 시작하게 된다.

2019년도 10월 3일, 개천절은 너무나 기억이 또렷이 남는다. 마지막 홍보를 위해 우리는 피켓과 홍보지를 챙긴 채 아침 일찍 대규모집회가 예정되어 있는 광화문으로 나갔다. 어머니가 이전부터 종종 광화문 태극기 집회를 나가오셨기에 몇 번 따라간 적은 있으나 나 혼자 그 많은 인파가 몰린 광화문을 나선 건 처음이라 그 규모와 열기에 압도되곤 했다.

참여한 사람들에게 홍보지를 나눠드릴 때 처음에 젊은 애들이 무언가를 나눠주니 의심을 샀지만, 곧 우리의 취지를 덧붙여 이야기하니 많은 분들이 응원과 따뜻한 손길을 내미셨다. 사람들이 몰려 있는 곳에 가보면 당시 우파 유튜버들이 방송을 키고 그 현장을 촬영하고 있었다. 그런 곳에 인파를 뚫고 다가가 큰 소리로 '학생들이 들고 일어섰습니다! 함께 해주세요!'라며 외치면 그 분들은 너무나 감사하게도 우리의 피켓을 홍보해주며 참여를 도모해주셨다. 그 덕분에 10월 3일 개천절 집회에 참여한 인원들은 광화문에서의 집회가 끝난 이후 저녁에 예정되어 있던 우리의 집회에 참여했다.

드디어 첫 막을 올리게 되었다. 각 대학의 깃발을 들고, 나도 내 대학의 깃발을 들고 호기롭게 연단 앞으로 나갔다. 많은 카메라 플래쉬들과 밝은 촛불을 들고 환호하는 사람들, 그리고 그 중에서도 보였던 날 응원하고 함께 목소리 높여주기 위해 와준 엄마 그리고 친구들의 모습들이 눈에 들어와 눈물이 날 것만 같았다. 약 5천명 정도 되는 인파가 모였고, 우리의 우려와 달리 청년들이 그에 반 이상을 참여해 자리를 지켜주고 있었다.

사실 집회가 진행되던 것이 잘 기억이 안 난다. 마지막 기억은 원래 예정에 내가 사회를 보는 것이 예정이 안 되어 있었는데, 그 당시 갑자기 인원 한 명이 빠져버리는 바람에 내가 마이크를 잡고 사회를 보게 되었다. 갑작스러웠지만 그때는 뭐에 홀린 것처럼 집회를 이끌어 나갔다. (어떻게 진행이 된지 잘 기억나지 않을 정도로 심취해 있었는데, 중간에 예기치 않게 어떤 한 의원이 연단 위로 올라오려 했지만 이를 단호히 저지하니 나를 무섭게 째려본 것은 기억이 난다.)

첫 집회를 끝내고 쏟아지는 인터뷰 요청은 어린 내가 순발력을 아무리 발휘해봤자라 다른 동지들이 대신하여 응해주었다. 그리고 우리 단체 이외의 많은 청년들이 다가와 함께 연대하고 있으니 계속 이어나가달라며 위로와 격려를 보냈다.
너무나 뜨거웠고, 함께 참여한 청년 모두 '공정의 상실'에 대한 분노로 하나가 되어 이를 준비하며 내가 하는 행동이 과연 옳은 행동인가에 대한 의문으로 느끼던 외로움은 온데 간데 사라졌다. 분노하는 법과 연대하는 법, 정당한 권리를 주장하는 자유를 알게 되었다. 불공정에 대해 저항하는 것이 숙명처럼 다가오는 순간이었다.

첫 시작의 기억은 불공정에 대한 '분노, 흥분'으로 가득 차 있었다. 어떠한 배경지식도 없이 젊은 피는 끓어올랐고, 무작정에 가까운 치기는 발걸음을 혜화 마로니에 공원으로 날 이끌기 충분했던 것 같다. 첫 집회를 끝내고 정리를 마친 뒤 돌아오는 차 안에서 떨리는 손을 주체 못하고 엄마의 손을 잡은 채 펑펑 울었던 기억이 난다. 왜 울었는지는 잘 모르겠지만, 아직도 그 당시를 생각하면 울컥하곤 한다.

그 이후 우리는 한차례 집회를 더 진행하게 되었고, 당시 집회에 조국 전 장관의 딸이자 입시 비리의 장본인인 조민을 초청한 것으로 주목을 받았다. 이 집회를 끝으로 전국대학생연대와는 일말의 내부적 이유로 동행을 그만두게 되었다. 타의에 인한 조직의 와해였기에 내 의지와 별개로 더이상 내 목소리를 낼 장이 없어졌다. 하지만 나는 아직 불공정이 바로 잡히지 않았기에, 조국 전 장관이 뻔뻔히도 그 자리를 지키고 있었기에 멈출 수가 없었다. 멈춰버리기엔 첫 집회에서 만났던 수많은 얼굴들을 뒤로 할 순 없었다. 그래서 나와 같은 뜻을 가진 사람들을 찾아다니게 되었고, 너무나 감사하게도 서울대학교 학생들로 조직된 공정추진위원회에서 활동을 할 수 있게 되었다.

처음 공정추진위원회(이하 '공추위')를 들어가며 내가 부단장까지 맡았던 전국대학생연대가 와해되고 혼자 새로운 사람들과 다시 연합하여 행동할 수 있을까 많이 고민이 되곤 했다. 이전에 함께했던 동지들이 눈에 밟히기도 했고, 어렸던 터라 정에 약하여 중심을 잡기 어려웠던 시기였던 것 같다. 그럼에도 운이 좋게 이를 공감해주는 좋은 동지들을 새로 만나게 돼 지난날의 상처는 동력이 되어 다시 힘을 내는 계기로 발돋움 할 수 있었다. 또 공추위에서 서울대를 포함하여 전국 대학의 학생들과 연합을 하는 과정에서 이전 동지들 중 부산대학교 동지들과 다시 함께 할 수 있는 기회를 마련하여주어 이전 단체에 대한 미련은 잠시 접어둘 수 있었다.

공추위에서의 활동은 조국사태에 대한 비판을 넘어 문재인정부가 들어섬과 동시에 찾아온 여러 가지 불공정에 대해 청년의 시각으로 비판을 하는 집회로 주관되었다. 그때의 슬로건은 '우리가 원하는 공정한 대한민국'이었던 것으로 기억된다. 카드뉴스를 만들고 19년 11월 2일 광화문 집회를 기점으로 본격적으로 이야기를 펼쳐나가기 시작했다. 처음 우리가 짚었던 문재인 정부의 불공정은 '소득주도성장'이었다. 우리가 그 당시 청년으로서 이를 비판했던 이유 중 가장 큰 이유는 문재인 정부가 이를 제안하며 임금인상을 이야기 했는데, 최저임금이 인상되는 것 자체가 청년들에게 내일 당장 날 고용해줄 고용주가 없어지는 생존의 문제와 직결됐기 때문이다. 문재인 정부는 항상 이런 식이었다. 허울 좋은 이야기들로 국민을 현혹시키고 청년들이 그들의 망상에 희생되어 청년들의 내일을 악몽으로 만드는 불공정의 극치였다. 어떻게 소득이 없는데 성장이 이뤄질 수 있단 말인가? 임금을 인상하며 따라오는 각종 인플레이션은 어떻게 해결할 것이며, 그 자체가 청년의 미래를 담보 잡아 그들을 노예로 만드는 미친 정책임이 분명했다.

소득주도성장 비판을 시발로 공추위에서 다음으로 여러 차례 집회를 진행했는데 그 다음은 안보, 외교, 공수처법 및 선거법 등 자유민주주의에 반하고 독재 체제로 나아가는 문재인 정권에 대한 규탄의 칼날을 계속해서 빼들었다. 조국 사태를 넘어 대한민국 전반에 심어져있던 불공정의 씨앗은 결국 분노한 청년을 낳기 마련이다. 이 정권이 계속 된다면 우리의 미래는 없을 것이라며 한탄했던 나날들의 연속이었다.

4달간 그들과 집회를 이어가며 자유민주주의에 대한 갈증이 심해질 즘 건강악화와 함께 잠시 쉬어 가야하는 시간이 내게 찾아왔다.

여기까지가 나의 첫 분노와 함께 찾아온 정치에 대한 관심의 시작이다.

성별전쟁

지금도 페미니즘이라 하면 나보다 어른 세대들은 왜 젊은 사람들이 그리 페미니즘의 모순을 밝혀내는 것에 의문을 품는 것을 알고 있다. 하지만 이 페미니즘과의 사투는 우리 젊은 세대에서 현실과 맞닿아 있는 생존의 문제로도 직결되기에 그 중요성이 이 책을 통해 알려졌음 하는 바람에서 기술한다.

한창 페미니즘이 횡횡하던 시절 나는 여대에 재학 중이었다. 처음에는 페미니즘이 무엇인지도 몰랐지만 학교에서 다들 그 얘기를 하고, 대충 여성인권 운동 이라하니 시민운동 중 하나 이겠거니와 여겼지만, 어느 순간 페미니즘에 동참하지 않으면 여성인권을 후퇴시키고 진정한 여성이 아니라 남성들에게 잘 보이기 위해 여성들을 버린 배신자가 되어있었다. 이른바 '편가르기'가 시작된 것이다. 어떠한 이념으로 뭉친 집단이 자신들의 절대적 옳음을 광적으로 맹신하며 자신들과 다른 생각을 가진 사람을 매장시켜버리는 '집단광기' 그 자체였다.

그들의 주장은 점점 수위를 높여 '남성은 잠재적 가해자.'라며 범죄자에게 희생된 여성들을 앞장세워 그 범죄자의 성별이 남자라는 이유와 함께 그들의 터무니없는 주장들을 합리화하기 시작했다. 심지어 그 유가족들은 이에 동의한 적이 없는데도 말이다.

이런 말도 안 되는 이야기들에 더불어 반자유적이고 파시즘 그 자체인 모습들은 나의 신념과 매우 어긋나는 행태들이었다. 무엇보다 페미니즘 운동의 본부격인 여대에 홀로 있다 보니 이는 더욱 절실히 와 닿았다. 하지만 나는 그 가운데서 아무 말도 할 수 없었다. 집단 광기에 싸여있는 다수의 사람들을 나 혼자 어떻게 대적하겠는가. 문제의식을 가진 사람들은 더러 있었지만 이에 대응하고자 하는 행동력을 가진 사람들은 적어도 내 주위에선 찾기 힘들었다. 또 페미니즘의 대안을 정확히 지적할만한 이념체계가 부족했다. 왜 잘못된 것을 잘못됐다 이야기 하지 못하는 이유를 처음 느꼈다. 소위 말해 혼자 방구석에서 부들부들 거리기만 하는 겁쟁이가 된 느낌을 아직도 기억하고 있다.

겁쟁이라 위로가 필요했던가. 한 동안 나와 같은 생각을 가진 사람이 없나 혈안이 되어 또 헤매기 시작했다. 그 때 페이스북을 통해 한국성평화연대 이명준 대표의 글을 보게 된다. 그리고 성평화라는 이념을 알게 되었다.

"성평화"라 하면 '남성과 여성이 조화를 이루는 것'을 일컫는다. 그리고 성평화 이념은 남성은 남성으로서의 자긍심, 여성은 여성으로서의 자긍심을 즉, 본인 성별의 자긍심을 특히 중요히 바라보고 있다. 아무리 작금의 세태가 성별분리가 모호하다 하더라도 남성과 여성의 차이는 분명히 존재한다는 것을 명시하고 있는 이념이다.

이는 페미니즘으로 높은 피로도를 느끼고 있던 내겐 퍼즐이 맞춰지는 듯 한 유레카였다. 이 책을 빌어 감사와 응원을 표한다.

다시 이야기를 돌려, 앞서 그들이 주장한 '남성은 잠재적 가해자.' 라는 주장을 성평화 이념을 통해 반박해보자. 성범죄에 한해서 여성 피해자의 비율이 높고 남성 가해자의 비율이 높다는 것은 반박의 여지가 없다. 여기서 안타까운 사실은 성범죄에 한해선 이 비율은 변함이 없을 것이란 사실이다. 성범죄는 성별에 의해 일어난다.

하지만 이를 해결하지 못하는 것은 아니다. 남성 집단에게 여성관에 대한 건강한 남성성을 개발할 환경을 구축하는 것이다. 남성이 그들의 본래 모습대로 모험을 추구하면서도 자신의 터전을 구축하고 이를 지키기 위한 습성을 존중하면 이들은 자신들의 터전이자 함께 사회를 구성하고 있는 여성들과 공존하는 방법을 그들만의 방식으로 터득하게 될 것이다. 여성들도 마찬가지이다. 여성들에게도 건강한 여성성이 필요로 한다.

남성성에 대한 교육은 성인 남성 집단만이 할 수 있다. 성인 여성이 소년을 교육하는 것은 한계가 있다. 그러나 페미니즘은 가정의 성인의 남성성을 대표하는 '아버지'를 존재론적으로 죽였기 때문에, 소년이 건강한 남성성을 제대로 공급받기 어려워진 사회가 되었다. 더 나아가 그들은 직장과 학교에서도 남성교수, 남성 직장상사, 남성 동료 등 무차별적으로 성범죄 가해자라며 사회적으로 매장해 조직을 이끄는 남성들을 소멸시켰다. 더 나아가 역사적으로 우리가 기억하는 남성 위인들마저도 지워버리고 여성으로 대체하려고 한다. 아이러니하게도 그들이 원하는 남성성이 소멸한 세상에서는. 그들이 원하는 '조신한 남성'들만 존재하는 세상에서는 여성들이 보호받는 것이 아니라 오히려 여성 스스로가 남자처럼 살아가기를 강요받는다. 그들이 그렇게 싫어하는 '맨박스'로 스스로를 가두는 것이다.

즉, 성별로 인한 차이를 인정하고, 그들의 차이를 그들의 본래의 모습을 인지시켜 자긍심을 올린 후 타 성별에 대한 존중심을 끌어내는 것이 이 사회에서 차이가 있는 사람들과 공존하는 방법이 될 것이다. 그래서 성범죄 해결은 성별 정체성을 훼손할수록, 성범죄가 증가한다.

페미니즘은 성범죄에 대한 해결을 '평등'으로 해결하려 한다. 페미니즘은 성평등 사회가 성범죄를 해결해준다고 하지만, 모순적으로 그들은 남성성을 훼손하기 때문에 성범죄를 부추기고 있을 뿐이다. 성범죄 가해자가 남성이 더 많다고 성차별 사회면, 성범죄 가해자 비율이 남녀 5:5인 사회가 성평등한 세상이라고 말하는 것 밖에 안 된다. 한마디로 성범죄 해결이 아니라, 성정체성 훼손에 목적이 있다고 볼 수밖에 없다.

성평등이 얼마나 예쁘게 포장된 폭력인지 대다수는 인지하지 못하고 있다. 심지어 그것을 주장하는 페미니스트 본인들도 이를 인지하지 못한다.

예를 들어보자. 페미니즘에서 성범죄 이외에 문제로 꼽는 것 중 여성의 사회에서의 차별을 이야기해보고자 한다. 그들은 여성이 사회에서 다양한 차별을 겪고 있다고 한다. 고용, 임금, 승진 등에서 남성들에 비해 본인들이 적절한 대우를 받지 못하고 있고, 경력단절까지 이어져 여성의 사회진출을 이 불평등한 사회가 막고 있다고 주장한다. 그래서 그들은 성비 5:5 고용제도, 동일임금, 여성경력보장 등을 요구한다. 실제로 그들의 요구는 대한민국 사회, 특히 문재인 정부 때 많이 받아들여졌다. 스스로 '페미니스트 대통령'이 되겠다며 이에 적극적인 모습을 보였으니 당연지사일 터이다.

자칭 페미니스트 대통령, 문재인이 내놓은 정책은 다음과 같다. 공공기관이나 고위공무원단에 여성 임원을 10-20%씩 임용하는 것을 필수로 하는 여성 할당제를 2018년도부터 추진하였고, 이는 여경 할당제로도 이어졌다. 또, 각종 공무원에서의 가산점, 여성주택 보급 등 한 성별에만 파급적 혜택을 제공하는 페미니스트 친화 정책을 내놓았다.

자, 그들이 원하는 '성평등'을 페미니스트 대통령이 적극적으로 밀어줬으니 그들이 원하는 여성인권공화국이 되었을까?

아니다. 오히려 그 반대이다.
여성은 오히려 더 험난한 역경을 맞이하였다. 직장에 취직을 하여도, 승진을 하여도, 공모전에서 당선을 하여도 세상의 눈은 그들의 노력과 열정과 재능을 높이 사는 것이 아니라 오로지 그들의 성별에만 초점을 맞추기 시작했다. 뭐가 됐든 '여자니까' 된 것이 꼬리표처럼 그들을 따라다니기 시작했다. 그들이 아무리 남들처럼 열심히 해도, 며칠 밤을 지새우며 결과물을 만들어도 그들의 이름이 빛나는 게 아닌 성별이 여자라 거저먹은 사람이 되어 버린 것이다. 이게 그들이 원한 여성인권인가? 이게 그들이 외쳐댄 성평등이냐는 말이다.

이번엔 성평등을 강력히 촉구했을 때 성별의 차이로 인해 사회에서 보장되어 왔던 것들을 '평등'하게 제해보도록 하자.
먼저 여성에게 신체적 특성으로 인해 보장되어 왔던 '생리휴가'를 없애보자. 실제로 여성들 중 대다수의 여성들이 월경 전 증후군과 생리통을 겪고 있다. 이는 매우 고통스럽고, 약을 먹는다고 해서 금방 괜찮아지는 것도 아니다. 하루 종일 아픈 배를 움켜쥐고 누워있어도 1분에 한 번꼴로 이루 형용할 수 없는 고통이 반복된다. 이는 여성이라는 신체적 차이를 사회 구성원들이 존중해주었기에 이러한 제도가 학교나 직장 등에서 이뤄지고 있는데, 평등은 어떤 차이도 없애야 하니 남성들은 이런 특성이 없음으로 이를 없애버리자고 하면 이것은 성평등인가?

여성으로서 나는 여성이기에 내가 좋은 직장에 들어가고 특혜를 받기보다 사회에서만은 내 능력으로 인정받고 싶다. 성별이 내 모든 것을 대변하는 것이 아니라 내 특성 중 성별이 포함되어 있는 것을 바란다. 또 나의 성별로 인한 신체적 차이가 존중되었으면 한다. 이를 악용하는 것은 심각한 문제이고 개인적 도덕심을 의심할 일이겠지만 차이가 존중 되는 것은 공존에 있어 필수불가결이기 때문이다. 차이가 있기에 개인은 아름답다. 특별함이 나타나기 때문이다. 우리 여성들은 참으로 숭고한 역사를 가진 사람들이다. 실제로 유대인 속담에도 '신은 모든 곳에 있을 수 없기 때문에 어머니를 만들었다.'라는 말이 있을 정도로 여성은 생명을 잉태하여 누군가의 어머니가 될 수 있고, 파트너로서 현명한 판단을 내릴 수 있는 훌륭한 역할로의 역사를 걸어왔다. 굳이 원래 있던 고유의 여성성을 억제하면서까지 자랑스러운 우리의 성별을 부정할 필요가 없다는 말이다. 우리는 남성다운 여성이 될 필요가 없다.

차별을 양산하는 성평등은 유토피아가 아니다. 우리는 다름을 인정하며 조화를 추구하는 성평화로 나아가야한다.

청년다움?

앞서 이야기한 조국사태와 성평화를 비롯하여 탄핵무효, 우한폐렴과 백신 강제 접종, 부정선거, 대장동 특검촉구, 언론중재법 반대 등 다양한 이슈에 참여하며 시민사회운동과 총선, 지선, 대선 등 정당 활동을 번갈아 활동해왔다. 5년이란 시간동안 이런 활동들을 진행해오며 내게 뗄 수 없는 이름표가 하나 생겼다,

'청년' 도대체 청년이란 무엇일까?

법적으로 청년이라 함은 청년기본법 제 2조 1항에 '19세 이상 34세 이하인 사람'이라 큰 틀에서 보고 있으며, 지자체 별로 그 분류가 또 상이한데 서울특별시 청년 기본 조례 제 3조에 의하면 '만 19세 이상 39세 이하의 사람'으로 보고 있다. 대략 정리해보자면 법적인 틀에서의 청년은 20대에서 40대 이전의 사람들을 일컫는 듯하다.

그럼 그 나이대의 사람들은 정말 모두 청년이라 할 수 있는가?

본인을 '청년'뭐시기라고 일컫는 사람들이 여의도에 즐비하다. 이른바 '여의도 두시 청년'들이다. 그런 여의도 두시 청년들은 때때로 무리를 지으며 세상의 모든 정치가 본인들의 정보에 의해 돌아가는 것 마냥 이야기를 한다. 본인이 선거 때 무슨 정책을 냈고, 그게 어떻게 됐고, 내가 어떤 의원이랑 친하고, 어디 위원장이랑 친하고 등등. 그게 그들의 대화 주제다. 이건 여의도 두시 청년들의 문제 뿐 만 아니라 여의도의 고질적 문제이다. 국회 주변을 어슬렁거리며 남녀노소 삼삼오오 모여 자신이 vip의 오른팔이라며 떵떵거리는 여의도 비둘기들. 여기서 나이가 든 비둘기는 '요즘 청년들은~'이러며 정치에 관여된 청년들을 욕하고, 나이가 젊은 비둘기는 '나이 든 사람들은~'하며 그들을 욕한다.

콩 심은데 콩 나고, 팥 심은데 팥 난다 하였던가. 본데 배운데 없이 자란 게 아니라 그 모습을 똑같이 보고 똑같이 하고 있을 뿐인데, 왜 청년들을 욕하는가. 세 살 버릇 여든까지 간다고 나이 들어서도 똑같이 권력 주변을 돌며 오른팔무새가 될 텐데 왜 나이 든 사람들을 욕하는가.

결론적으로 청년이 나이 때문에 청년이라는 것은 말도 안 된다는 말이다. 나이 든 사람이나 어린 사람이나 여의도에선 다 비둘기가 되는데 뭔 청년 타령이냐 이 말이다.

청년이란 푸를 청에 해 년을 써 푸르도록 아름다운 때를 일컫는데, 정치판에만 오면 다들 독이 차 거뭇하여 푸르지가 않다. 도대체 정치판이 무엇이기에, 여의도가 무엇이기에 이런 참극이 일어나는가.

시작은 이러하다. 정치에 관심이 있고, 바꾸고자 하는 패기와 젊음의 투지로 여의도로 오는 경우가 많다. 진짜 무언가 바꿔보고 싶어 '이런 나라에선 내 미래가 보이지 않아 내 손으로 바꿔보겠다!'라는 호언장담과 함께 입문을 하게 된다. 그러나 자신의 공정을 바라는 젊은 목소리는 무언의 농후한 권력 앞에 한 없이 작아지고 자신의 무력함을 느끼게 된다.

이 때 호랑이가 등장한다. '내 일 도와주면 내가 너 자리 하나 줄게.'
참 달디 단 꿀과도 같은 말이다. 그리고 실제로 그런 호랑이 옆에 본인이 있어보니 자기도 무언가 된 것 같은 느낌이 들도록 주변에서 대우를 해준다. 이제 집에 돌아가서, 친구들에게 가서 그 청년은 이렇게 얘기한다.
'내가 그 유명한 아무개랑 일하고 있고, 그 사람이 날 너무 좋아해서 나한테 나중에 자리를 준단다.'
이 순수하고, 푸르던 청춘이 한순간에 여의도라는 마약을 집어 삼킨 것이다. 이런 호랑이가 여의도에 팽배한데, 또 호랑이 주변에 있는 시정잡배들은 청년들에게 이를 부추기는데 정신 똑바로 차리고 이런 유혹을 뿌리칠 청년이 몇이나 있겠는가.
나조차도 이런 유혹에 몇 번 넘어갔다가 보기 좋게 버려지고 오상종 단장님한테 몇 번 혼나기도 했다. 비참한 여의도 두시 청년의 말로는 자칭

vip의 오른팔을 외치는 여의도 늙은 비둘기가 되는 것이다.

그럼 무엇이 청년다움이냐.

그걸 정의할 자가 누가 있겠는가. 지금 청년이 청년다워야 한다며, 누군 청년이 아니고 이런 청년이 진정한 청년이라며 이야기하는 작자들은 거의 다 사기꾼이다. 그냥 자기 입맛에 맞는 애들을 청년이라 말하고 있는 작자들은 여의도에서 자리 줄 테니 자기 뒤치다꺼리나 하라는 호랑이들과 다를 게 없다.

오히려 더 못됐다. 자라나고 있는 청년들에게 자신의 입맛에 맞는 잣대를 들이밀며 싹 조차 못 피게 만드는 호랑이도 못된 들개와도 같다.

그들보다 이 순수한 청년이 주목받으면 안 그래도 좁은 자신의 입지와 호랑이들의 관심이 모두 그 청년으로 향할까 두려워 새싹들을 잘근 잘근 밟아 없애버리는 몸만 자라고 속은 좁아 터져버린 어른아이들이기 때문이다.

그럼 이런 들개와 호랑이들이 판을 치는 여의도에서 청년들은 어떻게 살아남아야 할까.

정치에 꿈을 가진 청년들은 본인의 무기가 있어야한다. 본인이 그런 호랑이들이 나타났을 때 호기롭게 그들을 밀쳐낼 수 있는 무기.

그게 학벌이던, 직업이건, 신념이건 본인만의 무언가가 확실해야한다. 이건 그들에게 말할 뿐만 아니라 스스로에게도 하는 말이기도 하다.

청년이 청년답지 않다며 그들을 욕하는 사람들, 호랑이와 들개에겐 이렇게 말해주고 싶다. 만약 청년들에게 진정한 어른이자 선배, 멘토가 있었다면 그들이 그런 길로 빠졌겠는가? 욕하기 이전에 그 청년의 어른이 본인이 될 수 없던가? 어른이 어른답지 못하고, 선배가 선배답지 못한 이 사회에서 누가 이 길 잃은 청년들에게 손가락질을 할 수 있겠는가.

MZ라 당돌하다며 요즘 청년들이 희화화 되고 있다. 당돌하고 버릇이 없는 게 청년들의 탓이 아니다. 자신을 지켜주거나 끌어줄 어른이 없는 이 사회에 어느 순간 끌려 나왔는데 그런 청년들이 할 수 있는 건 극도의 자기방어 밖에 없다.

어떻게든 살아남아야 한다는 생각으로 살아가는 것이 작금의 청년들이다.

여의도 밖을 들여다보자. 학자금 대출을 갚기 위해 일거리를 찾는 청년들, 본인의 미래를 위해 밤낮을 지새우며 열심히 공부하는 청년들, 푸른 멍으로 가득 찬 그들의 청춘이 '왜 요즘 청년들은 버릇이 없고, 성실하지가 않고, 에잉쯧.' 이런 이야기들로 치부되어야 하는가. 아무리 여의도 안이 저런 웃기는 참극의 포화 상태라 해도 여의도 두시 청년들조차 여의도 밖의 청년들처럼 청춘의 구슬땀을 흘리며 살아온 청년들이 대부분이고 또 여의도 안에서도 호랑이의 잘못된 꾀임에 속아 본인의 청춘을 불사르고 있다.

젊음의 투기와 치기, 무모함은 잘못이 없다.

왜 어른이 없는 사회에서 본 데 배운 데 없다며 욕을 하냔 말이냐. 어른이 없어 본보기도 없고, 실수를 해도 옳은 길로 다시 이끌어가 줄 선배도 없이 어떻게든 살아가려는 사람들에게 너무나 가혹하다.

특히 이런 지적을 하는 계층은 586세대와 X세대(1960년대 후반에서 70년대 출생자들)이 많다. 먼저 586세대부터 말하자면 그들은 그들의 부모인 산업화 세대의 눈물겨운 희생으로 힘입어 다시 부흥한 대한민국에서 남부러울 게 없이 자란 세대다. X세대도 마찬가지다. 본인의 능력으로 무엇이든 할 수 있었던 그런 시대를 살아왔다.
하지만 지금의 MZ들은 대학을 나와도 취업이 안 되고, 그런 대학조차도 부모 빽이 없으면 문턱에도 못가는.

그럼 그들에겐 어떤 미래가 펼쳐지느냐. 1인당 평균 1명 이상의 노인을 부양해야하고, 국민연금도 받지 않아 70세 이상까지 생업을 유지해야 하는 비운의 미래가 기다리고 있다.

그런 무거운 짐을 지고 있는 청년들에게 청년답지 않다며 혀만 끌끌 차고 있는 자들에게 어떤 존경을 바라는가.

존경이 사라진 사회는 발전이 없다. 우리나라가 지금의 강대국이 된 이유, 이토록 발전할 수 있었던 이유는 내 자식은 굶기지 않겠다는 산업화 시대의 어른들 덕분이다. 그 덕을 감사하게도 한참 다음 세대인 지금의 젊은 사람들도 누리고 있는 것이고.

근데 작금의 자칭 어른이라 스스로 칭하는 당신들의 모습은 어떠한가. 청년이 무언가 하려 할 때나 또 그 모습이 퍽 잘해 생각보다 빠른 속도로 성장할 때, 한 번이라도 배가 아파본 적은 없는가? 진심으로 그들이 잘 되길 바라는 마음에서 그들을 위해 조언을 해준 적이라도 있는가. 대신 불의에 저항해본 적 있는가.

탄핵 사태 때도 산업화 시대의 어르신들이 정말 걱정될 정도로 광화문으로 모여 날이 더우나 추우나 그 자리를 지키고 계셨다. 그들은 왜 그곳에 나갔는가. 그냥 '태극기부대'이기 때문에? 박근혜 대통령에 대한 개인적 감정 때문에? 사유는 많겠지만 공통적으로 '법치가 무너지는 탄핵이 용인된다면 앞으로 우리 자식들이 살아갈 대한민국의 울타리가 무너지는 것이 두려웠기에' 노령의 나이에도 그 자리를 지켜왔던 것이다. 안국역에서 경찰들의 과잉진압으로 인해 세상을 떠나신 숭고한 목숨들을 기억한다. 목숨과 맞바꿀 정도로 자식들에게 우리 자랑스러운 대한민국을 지켜주고 싶었기에 그들은 그 자리에 있었던 것이다. 그런 어른들이 '태극기

부대'라며 손가락질을 당할 때조차 586세대와 x세대 당신들은 그들을 지키려고 했는가. 오히려 지금 당신들이 욕하고 있는 청년들과 함께 그 들을 노인네 취급 하지 않았는가.

후손을 위해 당신은 과연 무엇을 했는가. 이 얘기는 자칭 청년이건 자칭 어른이건 적용되는 말이다. '자유롭고 정의로운 대한민국의 무궁한 영광을 위하여 충성을 다할 것'을 굳게 맹세한 적이 단 한 순간이라도 있는가.

수도 없이 왼쪽 가슴에 오른손을 올리고 외쳤는데, 대한민국을 이어가고 있는 선후배들간의 존중이 결여된 모습은 너무나 모순적이며 비극적이다.

이제 글을 마치고자 한다.

나는 선조들이 피와 눈물로 지켜온 자랑스러운 내 조국, 자유대한민국을 너무나도 사랑한다. 이 글을 읽는 당신도 그럴 것이라 굳게 믿어 의심치 않는다. 우리의 자랑스러운 조국이 무궁한 영광 속에 영원토록 굳건하기를 바란다면, 자라나는 청년들을 위해 어른이 되어주셔라.

청년들은 아무리 공부를 하고, 똑똑한 인재들이 많을지언정 인생 선배들의 현명함이 필요하다. 그들의 판단이 옳을 때 옳다 말해주고, 틀린 게 있으면 진정으로 조언해줄 수 있는 그런 가르침이 필요하다.

또 그들을 믿고 지원해줄 수 있는 큰 배포의 어른이 되어주셔라. 금전적인 것을 말하는 게 아니라 그들을 지지해주는 것만으로도 더 활개를 치며 높이 날아오르는 것이 작금의 청년들이다.

마지막으로 좋은 본보기가 되어주셔라. 청년들이 따라갈 수 있는 이정표가 되어 당신의 환한 빛으로 대한민국을 이끌어가는 청년들이 길을 잃지 않을 수 있도록 말이다.

세가지 당부를 마지막으로 글을 마친다.

3. 대한민국 교육 이대로 괜찮은가

박 소 영

국가교육위원회 위원
교육바로세우기운동본부 대표
숙명여대 교육심리학과 졸업
서강대 공공정책대학원 행정정책 석사

'대한민국 교육이 위기다.'

요즘 너무 많이 듣는 얘기다.

도대체 대한민국 교육이 지금 어떠하길래 그렇게 '위기' '위기' 하는 것일까.

'교실은 붕괴되었다.'

'교권이 무너졌다.'

'학생이 선생님을 때렸다'

'선생님이 교실에서 극단적인 선택을 했다.'

최근 뉴스를 도배하고 있는 이야기다.

그렇다. 대한민국 공교육이 무너져가고 있고, 학교는 지금 병들어가고 있다.

교육감 직선제 이후 경기도 서울을 비롯해 좌파교육감 시대 10년 동안 공교육은 후퇴했다. 참교육을 외쳤던 교사들은 이제 그들의 권리주장에만 몰두하며 또 다른 기득권이 되었고, 학생의 인권을 존중하겠다고 내세웠던 학생인권조례는 학생들을 방종으로 내몰고, 교사의 지도권까지 위협하는 무기가 되어버렸다. 경쟁은 사라져야한다며 시험을 없앤 결과는 학력저하라는 참담한 결과마저 가져왔다.

학교 현장이 이 지경이 된 것은 우리 모두가 지켜야 할 기본을 지키지 않았기 때문이다. 학생으로서의 기본, 교사로서의 기본, 학부모로서의 기본 그 기본을 지키지 않고, 교육의 본질인 잘 가르치고, 훌륭한 인성을 가진 사람으로 육성하는 그 기본을 뒷전으로 한 것이 지금과 같은 재앙을 몰고 온 것이다.

이미 10년 전에도 20년 전에도 교실 붕괴를 우려하며 이 문제를 해결해야 한다는 목소리는 계속 나왔었다. 심지어 2003년 모 교대 석사 논문 중에도 교실붕괴의 원인과 해결방안에 대한 교사들의 지각 실태를 분석한 논문[1]도 있었다. 그 논문의 국문 초록을 보면 '국가의 경쟁력을 좌우하

---

[1] '교실붕괴의 원인과 해결방안에 대한 교사들의 지각 실태 분석' (2003) 김영숙 / 춘천교육대학교

게 되는 교육이 '교실붕괴'현상으로 심각하게 흔들리고 있다'고 했다. 그런 분석을 발표한지 20년이 지난 지금은 어떤가. 더 나아지기는커녕 우리는 더 심각한 교실붕괴를 말하고 있다. 상상도 하지 못했던 모습이다.

이제 우리는 기본으로 돌아가야 한다. 자유민주주의 국가의 국민으로서 어떤 정체성을 가지고 살아야 하는지 또한 나와 다른 사람들과 어우러져 살아가야 하는 사회에서 나는 어떻게 해야 하는지 그 기본을 가르치는 교육이 제대로 이루어져야 한다. 역사교육, 인성교육이 그 어떠한 과목보다 중요한 이유이다. 그래야만 우리사회가 분열되지 않고, 건강한 사회가 될 수 있는 것이다.

올바른 역사의식을 가지고, 건강한 생각을 가지고 살아갈 수 있는 힘을 길러줘야 자유 대한민국이 건강하게 유지될 수 있다. 그 일을 학교가 해야 한다. 이제 우리는 학교가 그 일을 다시 할 수 있도록 해줘야 한다.

'전쟁을 이긴 것은 우리가 아니다. 오랜 세월 온갖 역경과 시련을 극복하며 목숨을 걸고 교육에 이바지한 학교선생님들의 공이었다.' 보불전쟁에서 승리한 프로이센의 몰트케 장군이 한 말이다. 교사의 역할, 교육의 힘이 얼마나 큰지 보여주는 말이다.

국민은 두 쪽으로 갈라졌고, 이념 대립은 수면 위로 드러났고, 사회 혼란을 부추기는 자들에 의해 자유민주주의가 위협받고 있는 지금의 대한민국. 그 대한민국을 정상화하기 위해 교육의 본질은 회복되어야 한다.

2020.09.03. 전교조 합법화 반대 기자회견 후 대법원 앞 현수막 게시

조국 사태는 공정성이 무너진 대한민국 입시의 민낯이다.

2017년 문재인정권 초대 교육부장관이었던 김상곤 전 장관은 수능을 절대평가로 전환하겠다고 발표했다가 해당 학년 학부모들의 거센 반발로 1년을 유예하겠다며 한 발 물러났다. 입시제도는 학생 학부모 모두에게 민감한 문제이다. 그런 문제를 섣불리 건드렸다가는 정부의 부담이 커질 수밖에 없다.

촛불 선동으로 전 정부를 끌어내리고, 엄청난 지지율을 뒷배로 적폐청산을 외쳤던 문재인정부도 정권초기 입시제도 하나 잘못 건드렸다가 결국 조국사태로 무너지게 된 것이다.

교육바로세우기운동본부는 입시비리 근절, 입시의 공정성을 외치며 2018년 출범했다. 철저히 기울어진 대입공론화 과정 내내 전교조를 비롯해 수많은 자칭 진보 교육단체들을 상대로 국민대토론, 시민참여단 숙의 토론을 하기 위해 전국을 돌아다녔고, 방송토론이다 자료집 작성이다 밤을 샌 날이 허다했다. 2022대입개편 공론화 준비과정부터 공론화 과정, 약 3개월 동안 가족들이 먹을 국을 한 솥씩 끓여놓고 나가야했고, 염증 약은 달고 살았다. 그러나 그 힘든 시간 속에서 버틸 수 있었던 힘은 학생, 학부모뿐만 아니라 국민의 대다수가 수능위주 전형인 정시 확대를 희망하고 있었기 때문이다.

결국 열악한 상황 속에서도 의제 2안의 진보교육단체, 의제 3안의 대학 측의 주장을 제치고 '정시 45%이상 확대, 수능 상대평가 유지'라는 의제 1안이 1위를 할 수 있었던 것도 역시 많은 사람이 수능이 지금으로서는 그나마 공정하다고 느끼고 있기 때문이다.

그러나 애초의 우리 편이 아닌 교육부는 공론화 결과를 무시하고 정시 30%, 수능상대평가를 유지하겠다고 발표했다. 그러자 공론화에 참여한 학부모 단체들은 반발했고, 결국 문재인 정부 초대 교육부 장관인 김상곤은 사퇴까지 하게 되었다.

입시의 공정성 문제는 숙명여고 사태와 스카이 캐슬 드라마의 인기로 온 국민의 관심사가 되었고, 조국 전 장관의 자녀 입시비리 사건이 불거지면서 그 관심은 분노로 바뀌었다.

교육바로세우기운동본부는 조국 장관 임명 철회 등 조국 전 장관의 자녀 입시비리를 제대로 수사하라고 3년간 외쳤다. 결국 공정과 정의를 외치며 국민에겐 가재, 게, 붕어로 살라던 자의 민낯이 드러났고, 민주화 운동의 선봉에 섰던 사람들이나 또 그 민주화 운동 세대에게 마음의 빚을 안고 살아왔던 많은 사람들이 조국 사태를 계기로 진보를 버렸다.

2018.07.05.
2022학년도 대입제도 개편을 위한
호남·제주권 국민대토론회
(전남대 용봉문화관)

문재인대통령에게 묻습니다. 조국 딸 의사국시 합격. 공정하고 정의로운 나라 맞습니까?
(청와대분수대 기자회견. 2021.01.18)

대한민국은 역사 전쟁 중이다.

대한민국은 대한민국을 지키려는 자들과 대한민국을 부정하는 세력 간의 역사 전쟁 중이라고 해도 과언이 아니다. 조지오웰은 「1984」에서 과거를 지배하는 자가 미래를 지배하고, 현재를 지배하는 자가 과거를 지배한다고 했다. 그렇다면 현재를 지배하는 자가 과거도 미래도 지배할 수 있다는 말인가.

모 논설위원은 교과서를 지배하는 자가 미래를 지배한다고 했다.

그래서 그런지 정권이 바뀔 때마다 역사교과서는 몸살을 앓아왔다. 과거와 미래를 지배하기 위해 현재의 교과서 장악이 중요하기 때문일까.

대한민국의 미래는 우리 학생들이 이끌어 가야 한다. 그런 그들이 어떠한 역사 의식을 갖게 되느냐 하는 문제는 그런 의미에서 매우 중요하다.

어떠한 역사 교육을 받느냐에 따라 대한민국에 대한 자부심과 애국심이 바탕인 건강한 사회인으로 성장할 수도 있고, 또 어떠한 역사 교육을 받느냐에 따라 헬 조선을 외치며 사회에 적대적인 불만 가득한 사람으로 성장할 수도 있기 때문이다.

2023년 6월 28일 윤석열 대통령은 자유민주주의와 안보 수호를 위해 헌신해 온 모 단체의 69주년 창립기념행사에서 "올바른 역사관과 책임 있는 국가관, 명확한 안보관을 가져야 한다."고 말했다.[2] 너무 당연한 말 같지만 현재 대한민국 상황을 고려하면 꼭 필요하고 아주 중요한 말이다. 지난 문재인정권 5년 동안 이념 대립은 더 극심해졌고, 보수, 진보가 아닌 우파, 좌파의 대립 향상이 수면 위로 드러났다. 그동안 상대의 다름을 '그렇게 생각할 수도 있지' 라고 이해하며 어우러져 살아왔던 사람들 간의

---

2) 尹대통령 "올바른 역사관·책임 있는 국가관·명확한 안보관 가져야" [조선비즈] - https://naver.me/53BnMFuz

사이가 이젠 관계를 끊을 만큼 극심한 갈등과 대립으로 치닫게 된 것이다. 이는 지난해 20대 대선을 겪고, 범죄 의혹투성이 이재명후보가 국회에 입성하고, 당대표까지 되는 상황이 벌어지자 더 심각해졌다.

문재인정부에 이어 현 야당의 중심인물들을 보면 철저히 자기들만의 세계와 자기들만의 논리로 세상을 혼탁하게 만들고 있다. 그런데도 문제의 본질을 보지 못하고 그들이 옳다고 여전히 지지하는 사람들이 있다. 그것이 교육의 힘이다. 문재인정부 5년과 정권교체 후 1년 반이란 시간은 그들이 왜 그렇게 역사 왜곡에 목숨을 걸어왔는지, 그리고 그동안 건국대통령, 부국대통령을 왜 악마화 해왔는지 이해가 되는 시간이었다.

문재인정부 5년을 겪지 않았다면 아마도 많은 사람이 깨닫지 못했을 것이다. 그동안 그럴듯한 말과 따뜻하고 달콤한 말로 많은 사람들의 생각을 지배해 왔던 그들이었다. 그런 그들의 위선과 파렴치함 그리고 무능력이 드러나지 않았다면 더 많은 국민이 그들의 위선에 또 눈과 귀가 멀었을지도 모른다.

5천년의 긴 역사 중에서 대한민국 근현대사는 끊임없는 논쟁으로 만신창이가 되었다. 지금이라도 논쟁이 되고 있는 그 쟁점들을 명확히 정립하지 않으면 아마도 대한민국의 역사전쟁은 계속될 것이다.

이제 이 소모적인 논쟁을 멈추고 자유 대한민국을 어떻게 지키고 발전시킬 것인지 집중해야 한다. 그 시작이 '역사교육 정상화'여야 하며, 올바른 역사 교육을 통해 갈등과 반목이 사라진 미래로 나아가야 한다. 그래야 우리의 미래 세대가 현 세대처럼 갈등하지 않고 화합된 대한민국에서 살 수 있다.

대한민국 건국 1919년 VS 1948년

여전히 대한민국은 건국시점 문제로 논쟁을 하고 있다.

2017년 문재인정부가 출범하고 8.15광복절 경축사에서 '2019년은 대한민국 건국 100주년, 2018년 8·15는 정부 수립 70주년'이라고 말하면서 건국 시점에 대한 논란은 다시 불거졌다. 그럼 문재인정부는 왜 1919년을 건국의 해로 보고, 1948년 8월 15일을 정부 수립으로 보는 것일까.

좌우로 나뉘기 전 일본을 상대로 독립운동을 했던 모든 사람이 함께 임시정부를 설립했던 1919년. 그런 1919년이 건국의 해가 되어야 대한민국 건국의 공이 이승만에게만 있는 것이 아니라 자신들이 신봉하는 좌익 독립운동가에게도 돌아간다고 보는 것. 이러한 주장은 대한민국의 정통성이 좌파인 자신들에게 있다고 보기 때문이다. 그들에게 1948년 8월 15일은 오로지 이승만대통령이 대한민국을 두 쪽 낸 날일뿐이다. 즉 1919년을 건국의 해로 보는 것은 자유민주주의 국가를 부정하기 때문이다.

이러한 해석이 과하지 않은 이유는 최근에 대한민국에서 벌어지는 사건들을 나열해보면 이해할 수 있다. 문재인 정부에 갑자기 등장한 김원봉 포상 문제나 광복 때 독립운동을 했다면 사상이 무엇이든 독립유공자로 인정해줘야 한다는 주장을 여전히 남과 북으로 분단된 상태에서 대한민국 정부가 취해야 할 태도인가 하는 부분이다. 그뿐만 아니라 국정원의 원훈석을 신영복체로 바꾼 사건, 또 홍범도 흉상을 굳이 육사에 설치한 사건 또한 대한민국의 정통성을 자유민주주의 국가가 탄생한 1948년으로 인정하지 않기 때문이다. 그들에게 대한민국의 정통성은 반일에만 있는 것이지 반공에 있는 것이 아니다. 6.25전쟁을 남침이라고 말하는 것이 불편한 이유도, 자유민주주의에서 굳이 자유를 빼는 이유도, 백선엽 장군에게 그렇게 적대적이었던 이유도 모두 여기에 있는 것이다.

결국 문재인정부는 이승만대통령이 단독으로 대한민국 정부를 수립한 1948년은 건국의 해로 인정하기 싫은 것이다. 이를 부정해야만 현재 대한민국에 공존하는 좌익 세력들이 자신들도 대한민국 주권을 가진 국민이라고 당당히 주장할 수 있다고 보는 것이다. 또한 국가보안법 폐지를 주장하고, 한미동맹을 반대하고, 본인들이 지지하지 않는 정부가 출범하면 온갖 괴담으로 선동해서 대통령 퇴진을 외치는 그리고 끝내 정권까지 뒤엎으려는 자신들의 시도가 정당한 일이 되는 것이다.

자유 대한민국 국민이라면 자유민주주의 국가 '대한민국'의 시작은 언제이며, 그 시작은 어떤 의미인지 너무 잘 알기 때문에 '1948년의 건국'을 부정할 이유가 없다.

문재인정부 출범 후 재 점화됐던 건국 시점에 대한 논란에서 '1919년 건국'을 주장한 사람들의 논거는 사실상 1919년을 건국 시점으로 보고 싶은 사람들의 바람을 담은 주장일 뿐이다. 반면 모든 역사적인 사실, 즉 1948년 5월 10일 총선거를 치르고, 국회를 구성하고, 그해 7월17일에 헌법을 제정하여 정부를 수립하는 과정을 순차적으로 이행한 '1948년 건국'은 건국의 요건을 제대로 갖췄기 때문에 건국의 해로 보는 것이 맞다. 결과적으로 1919년 대한민국임시정부는 1948년 자유 대한민국이 정식으로 건국되는 과정 가운데 그 출발이 되었던 것이지 건국의 해라고 볼 수 없는 것이다.

한국 여성으로는 처음 하버드대에서 러시아사로 박사 학위를 받고, 핀란드 대사에 이어 러시아 대사까지 건국 최초 여성 대사가 된 이인호교수는 조선일보 인터뷰[3]에서 1919년과 1948년 중에 어느 해가 건국의 해냐고 묻는 질문에 아래와 같이 대답했다.

"1919년 건국설은 '대한민국은 태어나지 말았어야 할 나라'라고 주장하는 이들이 국가의 정체성을 훼손하기 위해 내놓은 주장입니다. 1948년

---

3) 이인호 "대한민국의 75번째 생일을 축하하기가 이리도 힘든가?" [조선일보] 2023.08.21.

5·10 선거로 국회를 구성하고 헌법을 제정해 대통령을 선출한 뒤 건국의 마지막 단계로 8월 15일 대한민국 정부를 수립해 세계에 선포한 이 명백한 사실을 왜 부정하려 합니까."

특히 이완범 한국학중앙연구원 교수의 "'건국'인식은 당대가 아니라 후대의 사가(史家)들이 규정하는 것이기 때문에 시간이 흐르면서 '1948년 건국'표현이 강화되는 것은 자연스러운 현상"[4)]이라는 말에 전적으로 동의한다. 그런 의미에서도 자유 대한민국의 탄생을 부정하는 의도가 있지 않고서야 '1919년 건국'을 고집할 이유는 그 어디에도 없는 것이다.

1919년 건국론 논주요 논거	1948년 건국론 주요 논거
대한민국임시정부 수립은 주권, 국민, 영토를 규정한 사실상의 국가였다.	대한민국임시정부는 국가의 요소를 갖추지 못했고, 국제적 승인을 받지 못했다.
임정 요인들은 1919년 건국했고 국가의 완성도를 높여가는 과정으로 인식했다.	임정 요인들은 독립운동을 하는 것이지 건국했다고 생각하지 않았다.
이승만 대한민국 초대 대통령은 임정 계승과 재건을 강조했다.	이 대통령은 3·1운동 대 실패한 민국 건립의 재실행을 말한 것이다.
이 대통령은 1948년 '대한민국 30년' 연호를 사용했다.	'대한민국 30년'은 3·1운동을 기리기 위한 것이었다.
1948년 8월 15일에 '정부 수립'을 축하했다.	1949년 8월 15일엔 '대한민국 독립 1주년'을 축하했다.

---

4) "이승만도 '대한민국 30년' 연호 써" 臨政,환국 직전 '건국' 다짐" [조선일보] 2017.08.24.

이승만대통령이 '대한민국 30년'이라는 연호를 사용했다고 1919년을 건국의 해로 보는 것은 맞지 않다. 이승만대통령의 이와 같은 발언은 대한민국임시정부의 시간도 존중한다는 의미이지 1919년을 건국의 해라고 인정한 것이 아니다. 그렇게 보는 이유는 이승만대통령이 1948년 8월 15일 대한민국 독립선포 식사에서 '우리 민국이 새로 탄생하는 것을 겸하여 경축한 것'이라고 분명히 언급했기 때문이다. 발언의 일부를 떼어내 주장의 근거로 삼는 것은 조작, 왜곡하려는 자들이나 하는 짓이다.

대한민국 수립 VS 대한민국 정부 수립

앞에서도 언급했지만 '대한민국 수립'이냐 '대한민국 정부 수립이냐' 하는 논쟁도 교과서 개정 때마다 반복되는 논쟁이다.

그러나 이것은 '대한민국 수립은 맞고, 대한민국 정부 수립이라는 용어는 틀리다.' 의 문제가 아니다. 각 교육과정마다 두 가지 형태를 모두 혼용해오면서 혼란을 부추긴 측면이 있다. 더 큰 의미의 대한민국 수립 안에 대한민국 정부 수립의 의미가 포함되었다고 볼 수 있다. 그런데 어느 정권에서는 '대한민국 수립'을 또 어느 정권에서는 '대한민국 정부 수립'이라는 표현을 쓰면서 논쟁이 더 커진 측면이 있다.

특히 문재인 정권 출범 이후 곧바로 교과서 수정을 강행한 것이 당시 국정감사에서 크게 문제가 되었는데, 이미 모든 절차를 마치고 2015교육과정 교과서가 출판되기 바로 직전5)에 왜 굳이 무리수를 두면서까지 '대한민국 수립'을 '대한민국 정부 수립'으로 수정하였느냐 하는 것이 그 중 하나였다. 그렇게 황급히 부분수정을 해야 할 만큼 다른 이유가 있었느냐 하는 것이다. 바꿔말하면 어차피 그동안 교육과정이 개정될 때마다 큰 구별 없이 혼용해서 사용해 온 것이 사실이라면 굳이 바꿔야할 이유는 더더욱 없었다는 얘기다. 이 부분은 다음 챕터에서 더 자세히 다뤄보고자 한다.

다음은 진주교대의 박용조교수가 정리한 '대한민국 수립'과 '대한민국 정부 수립'에 대한 초등 교과서 진술의 변천' 과정이다. 이제 학생들에게 정확한 의미를 전달하기 위해서라도 공통되고 명확한 기술이 필요하다.

---

5) 2015교육과정 고시 후 초중고 교과서가 순차적으로 발행되는데, 2017년 5월 문재인정부가 출범하자마자 이미 준비가 완료된 2018년 3월 배부될 초등 5~6학년 사회교과서의 내용을 편찬위원장의 반대를 무시하고 수정 시도함. 이는 현재 무단수정 문제로 고발당하여 1심 유죄, 2심 무죄판결로 대법원의 최종 판결이 남은 상태.

교육과정	내용	출처
[제1차 교육과정] 문교부(1964)	우리나라 역사상 최초의 민주주의 국가가 서게 된 것이다.	사회생활6-1.국정교과서 주식회사, p.38-39
[제2차 교육과정] 문교부(1972)	1948년 8월 15일에는 대한민국의 수립을 보게 되었다. 이리하여, 우리나라는 독립을 이루어, 온 민족의 오랜 소원이 이루어지고, 우리나라 역사상 최초의 민주주의 국가가 서게 되었다.	사회 6-1. 국정교과서 주식회사, p.54-55
[제3차 교육과정] 문교부(1979)	대한민국이 수립될 때까지의 우리 나라 사정을 알아보자. 〈대한 민국의 수립〉	국사 6. 국정교과서주식회사, p.129,132-133
	2. 우리나라의 민주정치 (1) 우리나라의 헌법 … 우리나라도 8·15 해방 이후 정부 수립 때 부터 헌법을 제정하여 …	사회 6-1. 국정교과서주식회사, p.34
[제4차 교육과정] 문교부(1987)	(2) 발전하는 조국 2 대한민국의 수립 … 이 헌법에 의하여 국회에서 이승만을 초대 대통령으로 선출하고, 곧 이어 8월 15일에는 대한민국 정부를 수립하여 우리나라가 독립국가임을 국내외에 널리 알렸다. 이리하여, 우리는 역사상 최초의 민주주의 국가를 탄생시켰다.	사회 6-2. 국정교과서주식회사, p.164-165
[제5차 교육과정] 문교부(1996)	(1) 우리나라 민주주의의 발전 1 대한민국 정부와 헌법 대한민국 정부가 수립된 이후 민주국가로 발전해 오는 동안 … 이 헌법은 1948년 7월 17일에 공포되었고, 이어 8월 15일에는 대한민국정부가 수립되었다.	사회 6-2. 국정교과서주식회사, p.164-165
[제6차 교육과정] 교육부(1997)	1.대한민국의 발전 (1) 대한민국 정부 수립 1 8·15 광복과 대한민국 정부 수립 대한민국 정부가 수립된 과정에 대하여 알아보자. … 그리하여 1948년 8월 15일, 이승만을 초대 대통령으로 하는 대한민국 정부가 수립되었고, … 그 해 12월, 국제 연합에서는 대한민국 정부가 한반도에서 유일한 합법 정부임을 승인하였다…	사회 6-2. 국정교과서식회사, p.5-10

[제7차 교육과정] 교육인적자원부 (2003)	3. 대한민국의 발전 ② 대한민국의 수립과 발전 … 대한민국의 수립과 발전과정을 중요한 사건과 역사적 인물을 중심으로 알아보자. 1 분단을 딛고 일어선 대한민국 대한민국 정부가 세워진 과정에 대하여 알아보자. … 그 해 7월 17일에 헌법이 공포되었다. 또 8월 15일에는 이승만을 초대 대통령으로 하는 대한민국 정부가 세워졌다.	사회 6-1. 대한교과서주식회사, p.120-122
[2007개정교육과정] 교육과학기술부 (2011)	3. 대한민국의 발전과 오늘의 우리 1.대한민국 정부의 수립 … 우리나라는 민주적인 절차에 따라 대한민국 정부를 수립하였다. … 대한민국 정부 수립 … 그 해 7월 17일에 제헌 국회에 의해 헌법이 공포되었다. 그리고 헌법이 정한 절차에 따라 이승만이 대통령으로 당선되었고, 8월 15일에 대한민국 정부가 수립되었다. …	사회 5-2. 두산동아(주), p.100-104
[2009개정교육과정] 교육부 (2016)	1. 8.15 광복과 대한민국 수립 1948년 대한민국 정부 수립 대한민국 정부는 어떤 과정을 거쳐 수립되었을까? 대한민국 정부를 수립하기 위한 과정을 알아봅시다. 그리고 헌법에 따라 선출된 이승만 대통령은 정부를 구성하고 1948년 8월 15일 대한민국 정부 수립을 국내외에 선포함으로써 대한민국이 수립되었다.	사회 6-1. 동아출판(주), p.107-110, p.114, p.118
	1. 8.15 광복과 대한민국 정부 수립 8.15 광복과 대한민국 정부 수립 이후... 1948 대한민국 정부 수립 대한민국 정부는 어떤 과정을 거쳐 수립되었을까? 대한민국 정부가 수립된 과정을 알아봅시다. 그리고 국회에서 선출된 이승만 대통령은 정부를 구성하고 1948년 8월 15일 대한민국 정부 수립을 국내외에 선포하였다.	교육부(2018). 수정 사회 6-1. ㈜지학사, p.107-110, p.114, p.118

이승만은 누구인가

　윤석열정부가 들어서고 드디어 이승만대통령에 대한 재조명이 본격적으로 이루어지기 시작했다. '건국의 아버지'라는 타이틀을 가지고도 본인이 세운 대한민국에서 철저히 배제를 당해왔던 이승만대통령. 그는 이제 제대로 된 평가를 받을 수 있을까.

　이승만대통령은 대한민국 임시정부와 대한민국의 초대 대통령으로서 1948년 8월 15일 자유 대한민국을 탄생시키는데 아주 중요한 역할을 한 인물이다.

　이승만대통령을 긍정적으로 평가하는 학자들도 이승만대통령의 공은 7이고, 과는 3이라고 말한다. 사실 이러한 평도 자유민주주의 국가를 세우고, 지금의 대한민국을 있게 한 건국대통령에게 한 평이라고 보기엔 박한 평이다. 그런데 대한민국의 미래를 이끌어나갈 우리 아이들이 배우는 교과서에 사사오입, 부정선거, 독재자라는 언급 외엔 그 어떠한 공도 언급하지 않았으니, 대한민국의 건국대통령을 '런승만'이라 조롱하는 학생들이 있다는 사실이 이상할 것도 없다.

　심지어 EBS가 키운 구독자 84만의 강사라는 자는 이승만대통령을 '최악의 인물'이라고 칭하며 가장 많은 민간인을 살상한 사람, 모든 면에서 인간성이 말살된 사람이라고 분노 섞인 비난을 쏟아냈다. 이승만이라는 사람을 모르는 사람이 들으면 악인도 그런 악인이 없다고 느낄 정도다.

세계 최강국 미국에게 당당하게 원조를 요구했던 최빈국의 대통령. 그런 그를 왜 그렇게 깎아내리는 것일까. 우상화하라는 것도 아닌데 있는 공도 교과서에 못 싣는 이유가 대체 뭐란 말인가. 이승만을 저평가해야 하는 이유가 따로 있는 것인가. 제헌국회를 기도로 시작할 정도로 기독교 신앙심이 깊었던 이승만대통령이 자신들의 정체를 감추고 대한민국에 살고 있는 공산주의 신봉 세력들에게는 끊임없이 끌어내려야 하는 존재였을 것이다.

이승만대통령을 부정하는 자들의 주장은 한결같다. 한미동맹 때문에 미국이 한반도에 상주하게 되었고, 그런 미국 때문에 남북이 하나가 되지 못했다는 것. 참 대단한 망상이다. 지금의 북한 실상을 보고도 그런 한가한 소리를 할 수 있나.

공산화가 될 수 있었던 한반도를 이렇게 반이라도 자유민주주의 국가로 지켜낼 수 있었던 것은 이승만대통령의 강력한 의지 덕분이다.
이런 건국대통령을 기념할 그 흔한 기념관 하나조차 없다는 것은 대한민국의 수치다.

자유대한민국을 건국하고, 6.25전쟁에서 자유대한민국을 지켜내고, 한미동맹 체결로 자유대한민국의 안보를 굳건히 하는 초석을 마련한 것만으로도 건국대통령 이승만의 역사적 사명은 다한 것이다. 그런 그에게 과를 들이대며 흠집 내는 데 몰두하는 것은 후세대의 도리도 아니고,

건국대통령에 대한 예의도 아니다.

「이영훈의 역사비평 : 이승만 공7과3론의 허구성」 강의에서 이영훈 박사는 이렇게 말했다.

"해방, 건국, 전쟁, 동맹, 전후 복구, 교육혁명 등을 관철한 주요 정치적 결정과 선택은 거의 이승만 개인의 카리즈마에 의존하였습니다. 역사가 그에게 허락한 특별한 정치적 자원이었습니다. 그 자원은 1956년 당시에도 포기될 수 없었습니다. 그럴 경우 정부형태에서뿐 아니라 남북통일의 방안에 이르기까지 대혼란이 발생할 수밖에 없었습니다. 이승만의 장기집권은 1895년부터 시작된 그의 혁명가 일생에서 호랑이같이 사나운 역사가 그에게 강요한 십자가와 같은 것이었습니다."

이 말에 나는 전적으로 동의한다. 설사 이 말이 지나치게 이승만대통령의 정치적 욕심을 미화시킨 말이라 비판할지라도 나는 지금 내가 누리는 자유에 대한 감사함을 이렇게라도 표현하고 싶다. 또한 가난한 나라, 자기만 바라보는 국민들을 위해 자유민주주의를 지키고, 국민들을 잘 살게 만들어야한다는 '역사적 사명'이라는 그 무거운 짐을 잔뜩 짊어진 고달픈 건국대통령에 대한 마음의 빚을 이렇게라도 갚고 싶다.

이것이 그 어느 쪽으로도 치우치지 않은 일반 국민이 가질 수 있는 보편적인 생각이고 국민의 도리라고 여기지 않을까.

1965년 7월27일, 이승만대통령의 죽음을 애도하며 거리로 쏟아져 나온 100만 국민의 마음도 그 마음이었을 듯.

2023.05.23.
시민들이 이승만건국대통령 기념관 건립 부지 제공에 서울시가 앞서달라고 서한문을 전달했다.

박정희는 독재자인가

이승만대통령과 함께 과보다 공이 더 많은 대통령. 박정희.

그런 그를 '독재자' '친일파'로 부르며 좌파들은 끊임없이 공격해왔다.

왜 그들은 이 두 대통령을 그렇게 공격해온 것일까. 도대체 무엇이 불편한 것일까.

대한민국의 평범한 국민에겐 그저 나라를 잘 살게 해준 고마운 대통령. 아무리 장기 집권을 했더라도 그저 평범한 국민에겐 그 사실마저 불편

할 것이 전혀 없었던 시간이었는데, 왜 그들은 그렇게 악마화 시켰을까.

두 대통령에게는 큰 공통점이 있다. 반공정신이 그 누구보다 투철했다는 것! 그 어떤 대통령보다 반공정신이 강했던 두 대통령이 좌파들에게는 아주 불편한 존재였을 것이다. 이 이유가 아니고서는 원한보다 더 독한 비난을 두 대통령에게 쏟아내는 이유를 찾을 수가 없다. 뭐 이렇다 할 공도 없고, 가족이나 측근 비리로 그 끝이 좋지 않았던 대통령들도 영웅으로 만들어 매해 꼬박꼬박 몇 주기 추모식을 챙기는 마당에 대한민국을 건국하고, 지독한 가난에서 벗어나게 만든 두 대통령을 그 과오 몇 가지 때문에 몹쓸 사람으로 만드는 것은 예의가 아니다.

대한민국 국민이라면 먼저 이 나라를 위해 열심히 일한 대통령에 대해 최소한의 예의를 갖추는 것이 먼저다. 과에 대한 비판은 그 다음이다. 이 기본이 무너졌기 때문에 지금의 대한민국은 지금 갈등과 반목으로 곳곳이 분열됐고, 곳곳이 시름으로 가득한 것이다.

경부고속도로를 건설하겠다고 했던 박정희대통령에게 당시 박수 치며 잘했다고 하는 정치인이 몇이나 됐나. 후에 이 나라의 대통령이 되었던 김영삼·김대중 대통령도 당시에는 '차가지고 있는 사람이 몇이나 되냐', '쌀도 모자라는데 부자들의 자가용 유람로 아니냐', '그 돈으로 씨감자 옥수수 수입해 와서 심으면 국민들 배부르게 살 수 있다'며 반대했었다.

박정희 대통령 집권 기간 동안 국민소득이 약 열 배나 늘었는데, 대한민국의 발전을 가져온 박정희 대통령의 업적은 이제 교과서 어디에서도 찾아볼 수가 없다.

오히려 고등학교 한국사 교과서에는 박정희정부가 당시 한일 회담에 반대하는 고등학생들의 시위(1964)와 한일회담 결과에 대한 내용이 실렸는데, 비상계엄을 선포해서 식민 지배에 대한 일본의 사과와 배상 등은 외면되었다며 '굴욕적 대일 외교 반대' '불법적 친일 정권 퇴진'을 외친 학생과 시민들의 시위를 진압했다는 내용과 학생 운동을 탄압했다는 내용이 교과서의 주요 내용이다. 이상하게 수십 년이 지난 지금의 대한민국과 많이 닮은 모습이다. 정도의 차이는 있겠지만 분위기 만큼은 지금 대한민국에서 벌어지고 있는 대통령 퇴진 집회의 내용과 매우 흡사해서 과거의 사건이 요즘 다시 보이기 시작했다.

장기 집권으로 인해 박정희대통령에 대한 비판이 있을 수 있다. 그리고 막강한 권력에 의해 누군가는 억울한 일을 당했을 수도 있고, 누군가는 목숨을 잃었을 수도 있다. 그러나 최근 대한민국에서 벌어지고 있는 일련의 사건들을 보면 자기 진영을 위해 피켓을 들고, 왜곡된 정보를 흘려 선전 선동하며, 선택적으로 외치는 모습이 너무 악의적이다. 이들을 보면서 그 옛날 정부를 향해 외쳤던 목소리는 모두 진짜 순수한 국민이 맞는지 혼란스럽기까지 하다.

대한민국에는 여전히 반국가 세력이 존재하고, 자유민주주의가 불편한 사람들이 존재한다. 그들은 예전이나 지금이나 자기들이 지지하지 않는 정당이 집권을 하게 되면 늘 같은 패턴으로 집회를 하고, 같은 말을 되풀이해왔다.

그들에게 이승만정권, 박정희정권, 전두환정권, 노태우정권, 김영삼정권, 이명박정권, 박근혜정권 그리고 윤석열정권은 그냥 무조건 타도해야 할 정권인 것이다.

역사는 인류 사회의 변천과 흥망의 과정이며 그 기록을 말한다. 그러나 그때그때 일어난 사건에 대해 사실관계를 바탕으로 기록을 해왔지만 그렇다고 그것이 모두 진실이라고 말할 수는 없다. 어떤 사람의 증언이냐에 따라 또 누구의 시선으로 바라보느냐에 따라 그 해석이 달라질 수 있기 때문이다. 그뿐만 아니라 당시에 비판받았던 일들이 시간이 흐르면서 후세에 후한 평가를 받기도 한다.

그렇다 이승만대통령을 재평가해야 하는 것처럼 박정희대통령도 재평가해야 한다. 그리고 한쪽으로 치우쳐지지 않은 사실을 교과서에 고스란히 기록해서 대한민국을 이끌어갈 미래세대가 직접 판단할 수 있도록 해주어야 한다.

그래야만 그 미래세대가 올바른 역사관을 가지고 성장할 수 있는 것이며, 지난 75년간 민주화 운동은 무조건 선이고, 자유민주주의 국가를 지키기 위해 비난을 감수한 지도자의 고독한 결정은 무조건 악으로 치부하는 그런 구조에서 벗어날 수 있다. 그래야 역사에 기록된 모든 사건에 대해 잘한 일과 잘 못한 일을 제대로 평가할 수 있고, 무조건 내 편은 선이고, 상대편은 악인 사회적 분위기를 바꿀 수 있다.

나는 이제야 깨닫는다.

내가 시민운동을 하지 않았다면 모르고 살 뻔한 대한민국의 역사

중국의 동북공정(東北工程)과 좌파들이 만들어놓은 날조된 역사에 더 이상 휘둘리지 않으려면 이제 그 역사를 바로 세우는 일에 국민이 앞장서야 한다.

문재인정부는 왜 초등사회교과서를 무단 수정했나.

적폐청산을 내걸고 촛불 정신을 계승하겠다고 했던 문재인정부는 2017년 출범하자마자 국정교과서를 폐기했다. 그리고 초등사회교과서를 국정에서 검정으로 변경하고 교과서 수정 작업을 강행했다. 뿐만 아니라 2018년 3월부터 초등학교 6학년 학생들에게 배부될 교과서를 집필 책임자의 도장까지 몰래 날인하여 총 213군데나 고쳤다.

결국 해당 공무원은 직권남용권리행사방해, 사문서위조교사, 위조사문서행사교사, 사문서위조, 위조사문서행사로 교육부 관련자들이 현재 재판을 받고 있다.

이 사건은 2021년 2월 1심에서 유죄 판결을 받았지만 2022년 11월 항소심에서 무죄 판결을 받았다. 현재 검사가 재판결과를 받아들일 수 없다며 대법원에 상고한 상태이다.

사회교과서 주요 수정 내용은 다음과 같다.

수 정	삭 제
'대한민국 수립' → '대한민국 정부 수립'	5단원 '북한은 여전히 한반도의 평화와 안보를 위협하고 있다'는 문장 삭제
'유신 체제' '유신 헌법에 따른 통치' …→ '유신 독재'	새마을운동 관련 사진 삭제
'정부가 4·19혁명 후 각계각층 요구에 적절히 대응하지 못하자 박정희를 중심으로 일부 군인이 국민 생활 안정과 공산주의 반대를 주장하며 군대를 동원해 정권을 잡았다' …→ '당시 정부가 경제를 성장시키기 위하여 세운 계획을 이유로 군대를 축소하려고 하자 이에 불만을 품은 박정희를 중심으로 한 일부 군인이 정부의 무능과 사회 혼란을 구실로 군대를 동원하여 정권을 차지하였다'	'한반도 유일의 합법 정부'라는 표현 삭제
위안부 명칭 넣고, 임신한 위안부 사진도 추가	'한강의 기적'이란 표현 삭제

위의 수정내용과 삭제 내용을 보면 이는 문재인정부의 의도가 분명히 드러난다. 특히 기존교과서에서 초등학생 대상이라는 점을 감안하여 위안부라는 직접적인 표현을 삼갔던 것인데, 수정 교과서에 '위안부'라는 명칭을 사용했을 뿐만 아니라 임신한 위안부 사진까지 추가했다.

그밖에도 교과서에 촛불 집회를 소개하는 내용을 넣고, 민주화 과정을 설명하는 분량을 크게 늘린 반면, 1960~1980년대 한국의 경제성장의 상징적인 표현인 '한강의 기적'은 아예 빼버렸다는 것은 교과서를 수정한 의도가 분명히 있음을 보여준다.

사건번호 2022도15868인 이 사건은 2021년 2월 25일 1심(대전지법 2019고단1915)에서 피고인 A는 징역 8월, 집행유예 2년, 사회봉사 120시간, 피고인 B는 징역 6월, 집행유예 2년, 사회봉사 120시간의 선고를 각각 받게 된다. 그러나 2022년 11월 16일 항소심(대전지법 2021노905)에서는 '원심판결에는 사실을 오인하고 법리를 오해하여 판결에 영향을 미친 위법이 있고, 이를 지적하는 피고인들의 항소는 이유가 있다'며 무죄를 선고하게 된다.

특히 1심 판결문에 기록되어 있는 내용 중에서 다음의 ①, ②, ③에 대해 특히 주목할 필요가 있는데,

① 2016. 3. '2009 교육과정'에 따라 초등사회 C 제1학기 교과서 신간본을 발행한 이후, 2016년 하반기에 위 절차에 따라 수정·보완하였고, 위와 같이 수정된 2017학년도 초등사회 C 제1학기 교과서 기간본이 2017. 3.경부터 일선 초등학교에 보급되어 사용되고 있었다는 사실

② 행정부 시기인 2017. 3.경 2017학년도 초등사회 C 제1학기 교과용도서가 수정·보급되었을 당시 일부 언론으로부터「S단체의 건국절 사관을 반영해 '

대한민국 정부 수립'을 '대한민국 수립'으로 바꾸고, 일본군 위안부 문제에 대해 "젊은 여성들은 일본군에게 많은 고통을 당했다"고 두루뭉술하게 서술하였으며, 유신체제의 불법성을 충분히 서술하지 않았다」는 비판이 제기되자, 위 비판을 반박하는 내용의 '해명 자료'를 작성하여 언론에 배포한 적이 있었던 피고인 A가 2017. 9 초순경 피고인 B에게 지시하여 국민신문고 등에 '대한민국 정부 수립'으로 수정해야 한다는 취지의 민원이 접수된 바 있는지 찾아보게 한 행위, 피고인 B으로부터 그러한 민원을 찾을 수 없다고 보고받자, 피고인 B에게 '관련 민원이 있으면 수정하는데 수월하다'고 말한 부분

③ 피고인 B은 2017. 9. 5.경 평소 알고 지내던 교사 T에게 2017학년도 초등사회 C 제1학기 교과서에 기재된 '대한민국 수립'을 '대한민국 정부 수립'으로 바꿔 달라는 내용의 민원을 국민신문고에 접수해 달라고 요구하여 T으로 하여금 같은 달 9.경 국민신문고에 위와 같은 내용의 민원을 접수하게 한 다음 이를 피고인 A에 보고한 이 행위에 대해 주목해야 한다.

위의 ①은 교육부가 기존의 절차대로 교과서 수정 작업을 마치고 이미 2017년 3월에 일선 학교에 보급했다는 내용으로 교육부가 교과서 수정을 더 추진할 이유가 없었다는 것을 증명해주는 내용이다. 그러나 ②의 상황을 보면 피고인 A가 피고인 B에게 교과서를 수정할 명분을 찾게 하고, 피고인 B는 그 명분을 만들기 위해 지인인 교사에게 국민신문고에 민원을 접수하도록 요구한다.

1심 판결문 내용에 의하면 이후에도 피고인 A와 피고인 B는[6] 2017. 9. 중순경부터 같은 해 12. 중순경까지 교과서를 수정·보완할 명분과 수정·보완할 설계도 마쳤다. 이 과정을 보면 피고인 A가 직접 자문위원, 내용전문가를 모두 위촉하여 수정 방향 등에 관한 의견을 제시하고 수정할 방향과 내용을 정하게 했다. 심지어 심의위원까지 본인이 위촉하여 수정된 내용을 심의하게 했다. 이 과정을 보면 피고인 A는 교과서를 수정·보완하기 위한명분 만들기와 설계에 직접적이고 주도적이었음이 여실히 드러나 있다.

피고인 A의 행위를 보면 단독으로 저질렀다고 볼 수 없을 정도로 과감하고 치밀하다. 이는 조력자의 도움이나 윗선의 지시 없이는 공무원 단독으로 저지를 이유가 없는 일이다. 2017년 9월은 정권이 교체된 직후라서 의심 받기에 충분한 시기이다.

지금은 피고인 A와 B가 죄가 없다고 할 상황이 아니라 이들이 왜 그런 일을 시도했는지, 누구의 지시가 있었는지 더 자세히 수사해서 진실을

---

[6] 〈1심 판결문 일부〉 피고인들은 2017. 9. 중순경부터 같은 해 12. 중순경까지 사이에, 이 사건 교과서 수정·보완과 관련하여 향후 수정 방향 등에 관한 의견을 제시할 사람으로 'R위원회' 위원이면서 V단체 회원인 W고 교사 X 등 5명을 '자문위원'이라는 이름으로, 전문적으로 수정할 방향과 내용을 정할 사람으로 'Y단체' 소속으로 국정 역사교과서 즉각 폐기 성명에 참여한 바 있고 'R위원회' 위원인 Z대학교 교수 AA 등 6명을 '내용전문가'라는 이름으로 각각 위촉하여 이들과 대면 또는 서면회의 등을 통해 수정할 내용을 정하고, '2015 교육과정' 개정에 맞춰 새로 개발 중인 초등사회 C 제1학기 교과서의 심의를 담당하는 '교과용도서심의회' 위원들 중에서 피고인 A이 추천한 AB대학교 교수 AC 등 9명을 '심의위원'이라는 이름으로 위촉하여 위와 같이 수정된 내용을 심의하게 하고, 위 과정에서 E로 하여금 피고인 A이 주재하고 '자문위원'과 '내용전문가'들이 참석한 수정 관련 서면 또는 대면회의에 참석하여 이들이 정한 수정 사항을 전달받아 교과서에 반영할 수 있는 형태로 가다듬어 F에게 보내 '수정·보완대조표' 초안을 작성하게 하고 F로 하여금 작성한 '수정·보완대조표' 초안을 다시 검토를 위해 피고인 A, B, '자문위원' 등에게 보내도록 하였다.

밝혀야 한다. 그래야만 다시는 이런 기막힌 일이 일어나지 않을 것이다.

더욱이 편찬위원장 도장을 임의로 찍어 교과서 213곳을 수정한 일이다. 교육공무원으로서 절대 해서는 안 될 일을 저지른 것이다. 다른 행정기관도 아닌 교육부에서 이러한 중대 범죄가 일어났는데 이것을 무죄라고 한다면 앞으로 이와 유사한 일이 벌어져도 죄를 물을 수 없게 된다.

대한민국은 역사 왜곡이라는 문제로 사회적 갈등이 매우 심각한 상황이다. 그렇기 때문에 학교에서 학생들을 가르치는 교과서는 실증적 증거에 입각해서 객관적이고 편향적이지 않아야 한다. 그런데 편찬위원장이 수정 요청에 응하지 않았다는 이유로 편찬위원장을 의도적으로 배제하고, 수정할 이유까지 조작해서 도장을 훔쳐 교과서를 213곳이나 수정한 행위, 이러한 행위는 명백히 범죄다.

이 사건은 결과적으로 우리 사회에서 반복적으로 이루어지는 역사 왜곡과 관련된 갈등을 더 부추기는 꼴이 됐다. 이를 지켜봤던 어떤 국민도 납득할 수 없는 기가 막힌 사건이기 때문에 대법원은 제대로 재판을 다시 할 수 있도록 반드시 파기 환송해야 한다.

만약 이런 예민한 사건이 최종 무죄로 판결이 난다면 앞으로 교육부의 공무원이든 누구든 편찬위원장의 동의 없이 교과서를 마구 수정해도 된다는 아주 나쁜 선례를 남기게 되는 것이다.

교육부는 2019년 해당 공무원이 검찰에 기소되었을 때 국가공무원법에 따라 징계를 했어야 했음에도 불구하고 중앙징계위원회는 행정 징계도 미루며 이런 중대한 사건을 저지른 공무원을 감싸기에 급급했다. 이런 태도는 해당 공무원이 단독으로 저지른 짓이 아니라 누군가의 지시를 받았거나 공모했을 수도 있다는 합리적 의심을 받기에 충분하다. 오히려 이번 사건에 대해 반드시 엄벌을 내리고 해당 공무원의 범죄가 단독 범죄인지 아닌지 더 밝혀내는 것이 재판부가 해야 할 일이다.

교과서는 우리 학생들이 대한민국의 자랑스러운 국민으로 성장할 수 있도록 이끌어주는 중요한 지침이기도 하다. 이런 교과서를 정권의 입맛에 맞게 함부로 수정하는 행위는 사법적 심판은 물론이고 국민의 심판을 받아야 마땅하다.

현재 우리는 교과서 무단 수정 사건에 대해 엄벌을 촉구하는 만여 명의 서명을 받아 현재 대법원에 접수한 상태이다.

2023.05.02.
대법원 앞에서 교과서 무단수정관련 재판에 대해 엄벌을 촉구해줄 것을 시민단체가 요청함

이럴 거면 한국사는 국정교과서가 옳았다.

2013년 서울신문이 입시전문업체인 진학사와 함께 전국의 고등학생 506명을 대상으로 조사한 '2013년 청소년 역사인식' 결과[7]는 충격적이었다. 응답자의 69%(349명)가 한국전쟁을 '북침'이라고 답한 것이다. 북침(北侵)이 북이 먼저 침공했다는 것인지 남이 먼저 침공했다는 것인지 용어 자체의 의미를 헷갈렸을 수도 있으나 남침(南侵)이라는 용어자체를 모르는 것도 그만큼 6·25전쟁에 대한 교육이 제대로 이루어지지 않았다고 볼 수 있기 때문에 청소년의 역사인식에 대해 우려할 수밖에 없는 상황이었다.

2013년 박근혜 정권 당시 한국사교과서 편향성에 대한 문제가 제기되었다. 경기도교육청의 김상곤 교육감은 기다렸다는 듯이 교학사를 콕 짚어 정밀검토[8]에 들어갔고, 조사한다고 발표한지 이틀 만에 편향성이 있다고 발표했다.[9] 경기도 교육청의 검토 결과 보고 내용을 살펴보면 '편향성이 있음'이라고 하면서 '기존의 한국사 교과서를 '좌편향'이라고 규정짓고, '우편향'적인 교과서를 만들고자 하였던 것으로 보임' '역사학계에서 일반적으로 통설로 인정되고 있는 내용을 부정하거나 애써 축소한 면이 있음'이라고 발표했다.

---

7) [위기의 한국사 교육] 고교생 69% "한국전쟁은 북침"…무너지는 우리 청소년 역사인식 [서울신문] 2013.06.11.
8) 경기도교육청도 교학사 한국사 교과서 '정밀 검토' [연합뉴스] 2013.09.14.
9) 경기교육청도 "교학사 '한국사 교과서' 편향성 있다" [연합뉴스] 2013.09.16.

또한 '왜곡된 견해가 있음'이라고 한 부분에는 친일을 불가피한 선택으로 합리화하기 위한 서술도 나타났다는 내용으로 조사 결과를 발표했다.

경기도 교육청의 발표가 있자 이어 교육부가 나서서 교과서 한국사 교과서 8종에 보완을 수정·보완을 지시했고, 출판사별로 수정·보완 건수를 공개하였다.

총 829건의 권고 건수 중에서 교학사가 251건으로 가장 많다고 발표가 나자 언론도 일제히 교학사를 집필했던 우파 학자들에게 관심이 쏠렸다. 언론도 친일 미화, 독재 미화라는 비판의 목소리를 보도하기 시작했다.

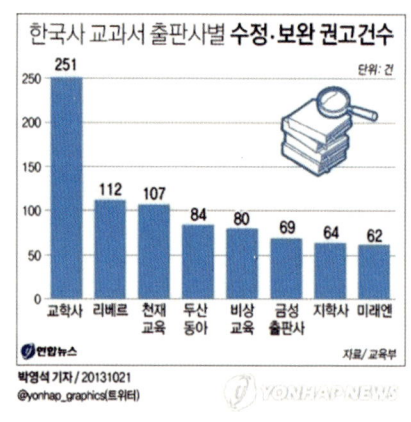

교육부보다 편향성과 왜곡 견해가 있다고 먼저 발표한 경기도교육청의 검토결과 공개에 이어 경기도 수원에 있는 D여고 교사가 '교학사 교과서 선택에 외압이 있었다.'며 양심선언을 한다. 그리고 이어서 수원의 D고등학교 학생들이 D고등학교 교복이 부끄럽다며 대자보를 붙이고, 결국 2014년 1월 두 학교가 나란히 교학사 교과서 채택을 철회하는 일까지 벌어진다. 이런 상황이 경기도에서 서울로 이어지면서 '교학사 교과서의

친일 독재미화 '단순 오해' 아닌 '명백한 역사 왜곡'이다'라고 외치며 교학사 교과서를 채택했던 학교 앞에서 교과서 채택을 철회하라는 시민단체의 항의가 빗발치기 시작했다.

이 일은 단순히 이렇게 끝나지 않는다. 한국사교과서의 편향성 문제와 청소년의 역사인식문제가 심각하다고 판단한 박근혜정부가 국정교과서를 추진하자 항의는 정치권까지 이어졌고, 한겨레 등의 언론사에서는 '아이스 버킷 챌린지'처럼…SNS에 국정화 반대 울려퍼진다는 헤드라인의 뉴스에 유명인들의 사진을 올리기 시작했다.[10] 심지어 국정교과서 패러디 영상까지 나왔다.[11]

---

10) '아이스버킷 챌린지' 처럼…SNS에 '국정화 반대' 울려퍼진다 [한겨레] 2015.10.20.
11) 국정교과서 패러디 영상까지… 신세대들의 유쾌한 저항 [한국일보] 2015.11.10.

"장관님이 어느 한 관점을 딱! 뽑아서 이게 올바른 관점이래…어이가 없네."

18세 학생이 영화 '베테랑'의 유명 대사를 패러디한 것이다. 42초 분량의 이 영상은 순식간에 조회 수와 공유수가 늘었다. 많은 사람들에게 빠른 속도로 국정교과서에 대한 부정적 이미지가 확산된 것이다. 상황이 이러한데 국정교과서를 추진할 수 있을까.

결국 2016년 야당 대표들까지 길거리로 나와 국정교과서 추진을 반대했고, 세월호 2주기가 있던 2016년 4월 16일 더불어민주당과 국민의당이 '국정교과서 폐기결의안'을 추진하는데 공조[12]하면서 박근혜정부의 국정교과서 추진은 동력을 잃어갔다.

이러한 사회적 분위기 속에서 국정교과서를 추진하는 것은 쉬운 일이 아니었다. 더군다나 좌파들이 박정희대통령은 독재자라는 이미지만 부각시켜온 상황에서 독재자의 딸이 독재를 미화한다는 프레임을 씌우기 시작하고, 여론 몰이를 하는 상황에서는 더욱 어려운 일이다. 박근혜정부가 국정교과서를 검정교과서와 함께 선택을 받겠다고 한 발 뒤로 물러났지만 국정교과서를 선택한 학교들은 교학사교과서를 채택했을때와 마찬가지로 철회 요구를 하는 시민단체들 때문에 학교가 조용할 날이 없었다. 특히 문명고등학교는 입학할 학생들이 국정교과서 채택을 철회하지 않으

---

12) 더민주-국민의당, '국정교과서 폐기결의안' 추진…첫 공조 [연합뉴스] 2016.04.26.

면 입학을 거부하겠다며 거세게 항의했다. 지금도 문명고 홍택정이사장님은 그때의 일을 떠올리며 눈물을 흘리신다.

언론이 '친일 미화' '독재 미화'라고 떠들고, 정체가 의심스러운 시민단체들이 학교 앞에서 시위를 하는 상황에 아무리 잘 집필된 국정교과서라 해도 채택할 간 큰 학교가 얼마나 있겠나. 물론 당시 국정교과서에 대한 평은 제대로 다시 해야 한다. 정말 친일 미화 독재 미화인지 아니면 그 어떤 검정교과서보다 객관적이고 중립적으로 집필이 됐는지 다시 따져봐야 한다. 왜냐하면 당시 박근혜정부가 세월호 사건을 겪고, 국정농단이라는 듣도 보도 못한 죄로 시민들이 촛불을 들기 시작하면서 사법적인 심판보다 여론 심판이 더 강한 분위기였기 때문에 박근혜정부에서 추진했던 정책들이 속수무책으로 무너질 수밖에 없는 상황이라 제대로 된 평가를 받아보지도 못했다. 이러한 문제를 제기할 수 있는 것도 적폐청산을 외치던 문재인정부 5년을 경험했기 때문이지 우리가 경험해보지 못했다면 여전히 '친일 미화' '독재 미화'라는 단어에 꽂혀 국정교과서의 '국'자도 거론하기 힘들었을 것이다.

지금 생각하면 거대 좌파들의 힘에 밀려 맥없이 무너진 것이다. 검정교과서가 된 한국사교과서의 출판사별 편향성문제가 제기되고, 청소년의 역사인식문제가 제기된 상황이라면 누구나 한국사교과서만큼은 국정교과서로 가야한다고 생각하는 것이 일반적이지 않을까. 그런데 그 과정에서 공신력이 있는 역사학자들이 집필한 교학사의 편향성을 문제 삼으며 교학사는 치명적인 타격을 입었다. 물론 집필했던 학자들이 입은 상처는 이루 말할 수 없을 정도로 깊다. 국가가 편향성을 배제한 교과서를 집필해서 우리 아이들이 올바른 역사관을 갖도록 지도하겠다고 추진했던 국정교과서를 환영해도 모자랄 판에 독재 미화, 친일 미화라 매도하며 결국 검정교과서와 함께 평가를 받겠다고 한 발 물러난 것 마저 못마땅하다고 문재인정부에서 폐기했으니 어느 누가 이제 역사교육을 바로 세우겠다는 의지를 가지고 앞장서겠나. 좌파와 싸울 웬만한 의지와 강심장이 아니라면 국정교과서를 추진할 사람은 나타나지 않을 것이다.

"교학사의 몰락은 박근혜정부에서만 벌어진 일이 아니다."

2019년 3월 교학사에서 제작한 한국사 교재에 노무현 전 대통령을 비하하는 사진이 참고용으로 게재되어 논란이 생겼다.[13] 이 교재는 '한국사 능력시험 고급(1·2급) 최신기본서'로 2018년 8월 20일 출간한 교재이다.

교학사는 "단순 실수"라고 답했지만 노무현재단은 이 일을 좌시할 수 없다며 노무현재단 홈페이지에 강력 대응해 나가겠다고 입장까지 밝혔다. 이어 교학사는 "앞으로 한국사 관련 사업 일절 하지 않겠다"고 공개사과를 했지만 노무현대통령의 아들에게 민·형사 소송을 당했다. 그해 7월 경찰이 이 사건은 법률적으로 혐의가 성립되지 않는다며 무혐의 결론을

---

13) 한국사 교재에 노무현 전 대통령 비하 이미지…교학사 "단순 실수" [동아일보] 2019.03.21.

내렸지만 노무현대통령의 아들이 제기한 10억 원의 민사소송은 계속 진행이 되었고, 이듬해 법원은 교학사에 원고가 희망하는 기부처에 일정금액을 기부하라는 화해 권고 결정을 내리고 교학사가 일간지에 사과문을 게재하도록 했다. 양측이 모두 법원의 화해 권고를 받아들이면서 소송이 종료되었지만 이 일로 교학사는 많은 것을 잃었다.

2022개정 교육과정 편향성 논란

여전히 무엇이 맞고 무엇이 틀리는지 한국사 문제에 대한 편향성과 왜곡문제는 끊임없이 벌어진다.

2022년 윤석열정부가 출범한 이후, 문재인정부에서 추진해왔던 '2022개정 교육과정' 문제로 온 나라가 떠들썩했다. 역사교과서의 편향성 문제뿐만 아니라 그동안 학부모들이 지속적으로 제기해오던 성교육문제까지 낱낱이 수면위로 올라왔다. 교육과정 전문가인 모 교수는 2022개정 교육과정은 날림공사, 부실공사라고 지적했다.

2022개정 교육과정의 연구진과 집필진 편향성 문제도 다시 제기되었다. 총론 시안이 공개되고 '2022개정 교육과정 총론 시안 검토 공청회'가 진행되었는데, 교원대학교에서 공청회가 진행되는 기간 내내 편향성 시비가 걸린 역사, 사회, 기술, 가정, 보건과 공청회는 더 시끄러웠다.

2022년 개정 교육과정은 행정예고를 거쳐 국가교육위원회의 심의 의

결 끝에 결국 지난해 12월 고시가 되었다. 몇 가지 문제가 수정 보완되었지만 교과서가 만들어지는 과정과 검정 과정을 지속적인 관심을 가지고 지켜봐야 한다.

여담이지만 다른 공청회도 아니고 교육부가 주최하는 공청회인데, 그 자리에서 국기에 대한 경례만 하고 애국가를 부르지 않자 참석한 시민들이 항의를 하기 시작했다. 결국 교육부가 부랴부랴 다시 애국가를 부르는 해프닝이 벌어졌는데 그 자리에 모 고등학교노동조합 조끼를 입은 학생 몇이 자리에 앉아 애국가를 부르지 않는 것은 물론이고 어떤 학생은 핸드폰만 만지고 있자 영상을 통해 그 모습을 지켜보던 사람들이 '학교에서 기본적인 교육도 제대로 이루어지지 않으면서 노동자의 권리 주장만 가르치는 것 아니냐'는 우려를 표했다. 뿐만 아니라 공청회를 마치고 참석자들 사이에서 '민노총은 나가라'는 고성까지 오가면서 노동교육을 가장해 특정 노동조합 세력이 교육현장에 침투해 있는 것 아니냐는 문제가 심각하게 제기 되었다.

이제 '나는 노동자'라고 말하는 교사들이 민주노총 산하 소속 회원이 되어 길거리에서 투쟁하는 세상으로 만들더니 이젠 학생들까지 교육과정 공청회에 노동조합 조끼를 입고 나타나 양질의 고졸일자리 보장하라 외치는 세상이 된 것 같아 지켜보는 내내 맘이 안 좋았다.
참으로 안타까운 현실이다.

민주시민교육 무엇이 문제인가

학교현장이 예전과 많이 달라진 이유가 무엇일까 왜 갈수록 선생님은 아이들 가르치기가 더 힘들어졌다고 말할까. 시험 없는 학교 만들어 학습부담 줄이고, 창의적교육, 다양성 교육 하겠다고 했던 혁신학교 10년, 학생의 인권을 존중하겠다고 학생인권조례까지 만든 지 10여년, 또 건강한 시민의식을 갖도록 하겠다고 좌파교육감식 '더불어 사는 민주시민' 교육을 시작한지도 10년이 다 되어 가는데 왜 학교현장은 더 엉망이 되었을까.

지인이 2016년 3월 초등학생 자녀의 가방에 든 '더불어 사는 민주시민'이라는 책을 보고 놀라서 사진을 찍어 보냈다. '더불어민주당이 연상이 된다.'면서.

그 뒤로 세미나든 토론회, 주변 사람들에게 이 교재의 위험성을 말해

왔지만 평범한 시민의 힘으로는 알리는데 한계가 있었다. 그로부터 몇 년이 지나 정치권에서도 민주시민교육에 대한 우려의 목소리가 나오기 시작했다.

2013년 경기도교육청은 민주시민교육과를 설치하고 학교민주시민교육 기본계획을 세워 추진해왔다. '더불어 사는 민주시민' 이 책은 교육감이 자체적으로 만들 수 있는 인정교과서의 하나로 경기도교육청이 제작하여 현재 전국 13개 시도교육청에서 사용하고 있다. 더불어민주당 당명과의 연관성은 부인하고 있지만 교재가 출판된 이후 2015년 12월 '더불어민주당' 당명이 개정된 것으로 봐서 우연의 일치라고 보기엔 이상하리만큼 이름이 흡사하다. 만약 우연의 일치라면 당명개정은 성공한 셈이다. 현재 선거권 연령까지 낮춰진 상황에서 초등학교부터 고등학교까지 '더불어'라는 말이 익숙한 학생들에게 어떤 당이 더 친근하게 느껴질지 직접 물어보지 않아도 짐작이 가지 않나.

중앙일보 윤석만 논설위원은 민주시민교육이 인성교육을 지우려 했던 흔적도 보인다고 지적했다.[14] 맞는 얘기다. 2015년 인성교육진흥법 제정 당시 교육부·교육청에 있던 인성교육과가 대구시교육청에만 남고 사라졌기 때문이다. 인성교육과가 사라진 자리엔 민주시민교육과가 생겨 학생들은 소수자 권리, 보편적 복지, 탈원전과 재생에너지, 노조와 파업 등의 주제로 교육을 받게 되었다.

---

14) [윤석만 논설위원이 간다] 13개 시·도서 쓰는 교과서 이름이 '더불어 사는 민주시민' [중앙일보] 2022.05.24.

학교 현장의 모 중학교 교사는 '더불어 사는 민주 시민' 교재에 대해 ① 정치편향적이다. ② 포괄적 성교육을 지향한다. ③ 편향적인 권리의식 교육을 강조한다. ④ 포괄적 차별금지법을 찬성한다. 등의 문제점을 지적하였다.[15] 즉 우리 사회에서 현재 찬반 논란으로 갈등을 겪고 있는 주요 쟁점들이 모두 학생들을 가르치는 교육에 포함되어 있다는 얘기다. 아직 사회적 합의에 이르지 못한 내용을 우리 학생들에게 가르치겠다는 것은 독을 먹이는 것이나 마찬가지다.

문재인 정부는 민주시민교육을 국정과제로 삼고 이와 관련된 종합계획을 수립했는데, 2018년에는 교육부에 '민주시민교육과'까지 신설해 민주시민교육을 지원하고 확대시켰다. 2020년에는 당시 여당의원이 민주시민교육지원법까지 발의해서 법적인 지원까지 하겠다고 나선 것이다. 도대체 민주시민교육이 뭐 길래 저들은 똘똘 뭉쳐 밀어주고 당겨주지 못해 안달이 난 것일까.

민주시민교육에 대해 문제라고 보는 또 한 가지는 민주시민교육 강사 자격 요건이다. '민주화운동기념사업회'에서 강사양성과정을 진행하는데 총3회 차로 강의 및 시연 80시간, 과제수행 20시간을 포함해 총 100시간을 이수해야 한다. 이미 지자체에서 민주시민교육 사업 지원 운영기관(단체) 공모를 통해 예산을 지원해오고 있기 때문에 각 지역별로 민주시

---

15) 민주시민교육, 무엇이 문제인가? -시·도현황 및 학교현장 사례를 중심으로- [한국교육정책연구소] 2022.11.21

민교육과 관련된 사업이 이미 활성화가 되어 있는 상태이다.

울산의 경우 학교민주시민교육 활성화 조례 폐지 조례안이 시의회 상임위원회 심사를 통과하고 결국 진통 끝에 폐지가 되었다. 조례안 폐지를 주장하는 측은 이미 민주시민교육은 학교 교과과정에서 이루어지고 있기 때문에 따로 이 교육을 시킬 필요가 없다는 것이다. 매우 환영할 일이다. 좌파들의 생태계가 되고 있는 민주시민교육이 학교, 지역에서 계속 진행되는 것을 방치한다면 대한민국은 더 극심한 이념적 갈등 시대로 내몰릴 것이다.

민주시민교육은 교사들 사이에서도 교육 내용의 편향성 시비가 지속적으로 제기될 뿐만 아니라 강사의 편향성 문제도 제기되고 있는데, 이러한 문제 또한 바로 잡지 않으면 공교육 정상화의 길은 점점 멀어지게 될 것이다.

교권이 왜 무너졌는가.

교권이 무너졌다는 표현이 우리 사회에서 입에 오르내린 지는 벌써 꽤 됐다. 언론에서 '교사가 학생에게 폭언을 당했다.' '폭행당했다'라는 충격적인 사건이 반복적으로 나고 있는데 교권 회복을 위한 어떠한 대책이 마련되었는가?. 매우 안타까운 일이다.

먼저 세상을 떠난 젊은 선생님, 서울 서초구 A초등학교 교사의 죽음에 필자는 진심으로 애도한다.

이 죽음에 대해 많은 사람의 관심이 쏠리고 있다. 앞서 서울 양천구 A초등학교 학생의 교사 폭행 사건에 연이어 벌어진 사건이라 더욱더 충격적이다. 이제 부임한 지 얼마 안 된 새내기 20대 꿈 많았던 선생님이 왜 죽음을 선택한 것인지 많은 의문을 남긴 채 세상을 떠난 것. 그래서 세상은 더 안타까워하고 슬퍼해 종일 추모의 발길이 이어지고 있다.

서울시교육청에서는 많은 교사단체가 연이어 기자회견을 했고, 해당 초등학교에는 수백 개의 근조화환이 학교를 감싸는 등 조문객의 방문 또한 끊임없이 이어졌다. 학교에서 더 이상 교사로서 학생들을 가르치는 일이 어려울 것 같다고 느꼈던 선생님이라면 이번 일이 더욱 남의 일 같지 않았을 것이다.

그러나 세상은 또 본질은 뒤로 하고 이번 일과 관련된 많은 말을 만들어낸다.

사건을 바라보는 교사단체의 입장도 각양각색이고, 언론 또한 수많은 기사를 쏟아낸다. 진실은 아직 밝혀진 것이 없는데 유언비어와 가짜뉴스는 꼬리에 꼬리를 물고 어느새 기정사실로 되어 가고 있다. 기사마다 달린 댓글은 인격 모독을 넘어 인격 살인에 가깝고 이번 사건에 원인을 제공했다고 지목되는 학부모에 대한 분노는 모든 학부모가 문제가 있다는 방향으로 들불처럼 번지고 있다.

특히 수많은 논란과 악의적 방송으로 TBS에서 퇴출당한 김어준은 특정 정당의 의원까지 지목하며 사실도 아닌 말을 하여 고발까지 당했다. 이것이 죽음을 대하는 우리 사회의 단상이다.

다음은 어제 기자회견을 한 여러 교원단체 중 대한민국교원조합의 성명서 일부 내용이다.

- 교사의 정당한 교육활동이 아동학대가 되는 상황을 직시하여 보호법을 강화하고, 교권 추락의 가장 큰 원인으로 지목받는 학생인권조례의 전면 개정이나 폐지를 추진하라!
- 교육부와 해당 교육청은 성역 없이 철저하게 조사하여, 스스로 생을 마감한 교사의 사망에 직접적인 원인을 제공한 가해자가 있다면 엄벌에 처할 것을 촉구한다!
- 알려진 대로 학부모의 악성 민원이 원인이 되었다면, 교육부와 교육청은 악성 민원을 해당 교사가 전부 감당해야 하는 구조적인 문제를 해결하라!
- 아울러, 교육부와 교육청은 사안 조사 및 보고 등 "학교폭력" 관련 업무를 학교 현장의 교사가 떠안아야 하는 현재 시스템의 문제도 전면 개편하라!
- 사망 사건 발생 다음 날, 언론에 보도가 된 이후에서야 SNS에 명복을 비는 글을 올린 조희연 서울 교육감은 사망사고 발생 직후 책임 있는 담화를 발표하지

않은 이유를 투명하게 공개하라!

맞는 말이다. 일단 교육부와 해당 교육청은 원인을 정확히 밝히고, 더이상 이런 일이 일어나지 않도록 대책을 마련해야 한다. 젊은 교사의 죽음을 본 동료 교사들의 슬픔도 이해한다. 그러나 감정적 대응이 아닌 이성적 대응이 필요하다.

최근 서울시의회에서 폐지 논쟁이 벌어지고 있는 학생인권조례는 학생의 인권을 보호하기는커녕 교권이 무너지는 데 상당한 역할을 했다는 주장이다.

학생인권조례는 2010년 경기도에서 처음 제정되었다. 그 이후 서울, 광주, 전북, 충남, 제주 등 6개 지역에서 제정·시행되고 있고, 인천은 '학교구성원 인권증진 조례'라는 이름으로 시행되고 있다.

학생인권조례 폐지를 반대하는 측은 '학생 인권을 보장해 학생들이 자유롭고 행복한 삶을 이루게 하자는 조례로 학생들의 학교생활과 일상에 직접적인 영향을 미쳐 두발과 복장 규제, 체벌, 일괄적 소지품 검사 금지, 성별과 종교, 성적지향을 이유로 학생을 차별할 수 없도록 해 학생 인권 신장에 기여했다'고 주장하고 있다.
언뜻 보면 맞는 말이다. 그러나 두발과 복장 규제, 체벌 등은 인권조례로 지켜져야 할 것이 아니라 학생들의 자주적인 토론을 통해 학교 측에 건의하고 학교가 이해하고 받아줘야 하는 상호 이해의 문제이지 법으로 다룰 문제가 아니다. 특히 일괄적 소지품 검사는 개인의 사생활 보호 측면에서 강제할 수는 없으나 교사가 생활지도로 마약과 같은 범죄를 사전에 방비할 수 있는 길도 원천 봉쇄했다는 하소연이 존재하는 것이 사실이다.

이러한 찬반 논란이 이어지는 가운데 학생인권조례 폐지를 주장하면 학생의 인권을 부정하는 혐오 세력으로만 보고 이들을 교육청 논의 테이블에조차 앉히지 않는 현실도 문제이다. 진작 찬반 논의가 활발히 이뤄졌다면 교권 회복에 조금이라도 도움이 되지 않았을까 하는 아쉬움을 가져본다.

아동복지법, 아동학대처벌법, 아동·청소년의 성 보호에 관한 법률, 청소년 기본법, 청소년 보호법, 청소년 복지 지원법, 소년법 심지어 초등교육법 시행령까지 학생의 인권을 보호할 수 있는 근거는 이미 얼마든지 있다. 그런데 이런 상위법이 있는 상황에서 학생인권조례가 굳이 더 필요한지는 심각하게 고민해봐야 한다. 교사 인권조례, 학부모 인권조례까지 만들겠다고 하기 전에 말이다.

물론 교권이 무너진 데에는 여러 원인이 있긴 하다. 이번 사건에서 언급되고 있듯이 학부모의 악성 민원도 학교와 교사들에게 큰 부담인 것은 맞다. 사랑으로 열심히 가르치는 데만 집중해도 모자라는 시간에 각종 민원과 잡무로 고통을 호소하는 교사들이 늘어가고 있는 것도 현실이다. 이 모든 것이 우리 사회가 깊이 반성하고 근본적인 문제 해결을 위해 힘을 모아야 하는 이유이다.

이번 사건으로 또 다른 피해자가 생기지 않길 바란다.[16)]
지난 7월 서울의 서초구의 한 초등학교에서 젊은 새내기 교사가 목숨을 끊으면서 우리 사회는 그동안 지속적으로 문제가 제기되고 있던 교권 문제가 수면위로 드러났다. 많은 사람이 이 사건에 대해 가슴 아파하고, 학교현장에서 교권이 실추되었다는 부분에 공감했다.

그러나 지금 교권을 회복시켜야 하는 방향이 이상하게 흘러가고 있다. 교권이 회복되어야 하는 것은 맞지만 문제가 되었던 학생인권조례를 그대로 둔 채 교권강화조례를 다시 만든다거나 악성 학부모의 민원을 차단하기 위해 학부모의 건전한 민원마저 원천봉쇄하는 방향으로 가서는 안 된다. 학생인권조례라는 칼을 학생들에게 쥐어주고, 이젠 교권강화조례라는 칼까지 교사에게 들려준다면 학교는 그야말로 전쟁터가 되는 것이다. 뿐만 아니라 숨진 교사에 대해 추모하는 집회는 이제 중단되어야 한다. 매주 집회를 이어가는 것도 모자라 49재에 교사들이 수업을 뒤로 하고 집회를 하겠다고 하는 것은 좋은 방법이 아니다. 교사의 권위는 교단

---

16) OO초 새내기 초등교사 죽음 통해 본 단상 [박소영의 나라교육] [데일리안] 2023.07.22.

을 지킬 때 세워지는 것이지 거리에 쏟아져 나와서 외친다고 바로 서는 것이 아니다.

이미 우리 사회가 교권을 회복시켜야 한다는 부분에 많은 사람이 공감하고 있고 정치권도 나선 이 상황에서 교사가 교단을 지키지 않고 집회를 하겠다고 하는 것은 오히려 설득력을 잃을 수 있다. 교권을 회복해달라는 목소리와 함께 교사의 책무성 또한 강화하겠다고 말하는 교사가 진정한 교사 아닌가.

교육이 바로 서야 대한민국이 바로 선다.

무엇보다 역사교육이 제대로 이뤄져야 교육이 바로 선다. 올바른 역사관을 가져야만 대한민국의 국민으로서 제대로 된 정체성을 가지고 성장할 수 있는 것이다.

우리 교육 현장에서 가장 기본적으로 이루어져야 할 교육이 점점 등한시되고 있는 것이 현실이다. 학교에서 언제부턴가 6.25계기 교육이 점점 사라져가고 있는 것도 그 중 하나이다.[17]

우리 사회에서 유난히 비판을 받고 있는 전국교직원노동조합(전교조)의 홈페이지 자료실에는 세월호 사고가 일어난 직후 2014년 4월 20일부터 현재까지 260개의 수업 자료가 올라와 있다. 그리고 계기 교육 게시판에는 일본 방사능 오염수 해양투기 관련 계기 수업자료 외에 5·18민주화

---

17) 6·25전쟁 계기 교육이 사라져간다 [박소영의 나라교육] [데일리안] 2023.06.25.

운동 계기 교육 수업자료, 4·19혁명과 민주운동 계기 수업 제안, 4·3제주항쟁 평화인권주간, 세계노동절, 환경의 날, 생물 다양성의 날 등 많은 수업자료가 올라와 있다.

그러나 홈페이지 그 어디에서도 6·25전쟁이나 천안함 폭침, 연평해전과 관련된 계기 수업 자료는 찾아볼 수 없었다. 홈페이지에 게재된 수업자료의 자세한 내용은 알 수 없지만 우리 학생들의 역사의식과 대한민국 국민으로서의 정체성 형성에 지대한 영향을 줄 수 있는 6·25전쟁 관련 교육이 학교에서 점점 사라져가고 있는 것은 아닌지 매우 우려스럽다.

2023년 6월 17일, 부산 유엔평화기념관에서 '6·25전쟁을 통해 본 자유의 가치'라는 주제의 세미나가 있었다. 지난해에 이어 두 번째 세미나를 주최한 대한민국교원조합(조윤희 상임위원장) 교사들은 학교에서 6·25를 어떻게 배우고 있는지 자세히 설명했다. 북한의 남침으로 벌어진 6·25전쟁이 왜 점점 잊히고 있는지 그 이유를 충분히 알만한 시간이었다.

세미나에서는 우리나라 곳곳에 세워져 있는 유엔참전국의 참전 기념비와 추모공원 모습을 담은 윤상구 작가의 영상을 볼 수 있었다. 참전국들의 국가(國歌)가 흘러나오는 영상을 보는 내내 깊은 울림으로 못내 엄숙해졌다. 그 울림은 6·25전쟁을 통해 깨닫게 된 자유의 가치, 그 자유의 소중함을 아는 자만이 느낄 수 있는 것이다. 유엔 참전국가에 대한 고마

움을 우리 학생들에게 꼭 가르쳐야 하는 이유이기도 하다.

한국-유엔사친선협회(KUFA)의 자문위원인 황인희 작가 또한 유엔참전국의 참전 기념비를 잘 가꾸고 감사함을 잊지 않을 때 우리의 국격은 더 높아질 수 있다고 말한다.

그런데 밭 한 가운데 또는 큰 도로가에 덩그러니 있는 참전 기념비나 누구나 쉽게 갈 수 없는 곳에 초라하게 그 흔적만 남아 있는 유엔군 화장장 모습은 부끄러운 우리의 모습이다. 우리 사회가 지금 무엇을 더 중요하게 생각하고 살아가야 하는지 다시 되돌아봐야 한다.

6·25전쟁에 참전한 유엔참전국을 기억하고 참전 기념비를 잘 가꾸는 것은 73년 전 이념으로 갈라진 한반도의 자유민주주의를 지키기 위해 목숨을 바쳤던 각 나라의 젊은 용사들에게 최소한의 도리를 하는 것이다. 뿐만 아니라 자유민주주의 국가를 지키기 위해 목숨을 바쳐 싸웠던 우리의 군인에 대한 감사함도 우린 잊어서는 안 된다. '도리를 알아야 한다.' '감사할 줄 알아야 한다.' 이런 교육이 학교에서 제대로 이루어져야 올바른 역사관과 국가관을 가진 대한민국의 국민으로 성장할 수 있는 것 아니겠나.

위키백과에도 "6·25전쟁은 1950년 6월 25일 오전 4시에 조선민주주의인민공화국이 기습적으로 대한민국을 침공(남침)하여 발발한 전쟁이다." 라고 쓰여 있다. 수백만 명의 목숨을 앗아간 6·25전쟁의 원인을 명확히 가르치는 교육, 그런 학교 교육이 이루어져야 지금처럼 양쪽으로 쪼개진 국민이 통합될 수 있다.

'자유를 위하여서 싸우고 또 싸워 다시는 이런 날이 오지 않게 하리'

6.25의 노래 3절 마지막 부분이다.
지금 우리가 누리는 자유는 누군가의 희생으로 얻은 값진 것이다. 다시는 그 누구에게도 마음의 빚을 지지 않으려면 우리는 이제 우리 스스로 이 자유를 지켜야 한다.

대한민국 교육이 이 지경이 된 것에 대해 학부모도 학생도 교사도 함께 공동의 책임을 져야 한다. 책임을 질 부분이 있다면 인정하고 반성해야 한다. 누구의 탓으로 돌린다고 해결될 문제가 아니다.
다만 교사는 노동자가 아니라 스승이라는 부분을 우리 사회가 명심했으면 좋겠다.

학생은 학생답게
교사는 교사답게
학부모는 학부모답게
학교는 학교답게

대한민국의 교육을 바로 세우기 위해 오늘도 나는 '나의 소임'을 다하고자 한다.

2020.10.09. (연세대 앞)
대학입시 민주화운동전형 비판
기자회견

교육바로세우기운동본부

- MBC100분 토론 출연　논란의 '학종'...수시냐 정시냐 (2018.04.17.)
- EBS 교육대토론 출연 (2018.06.)
- YTN 특별토론 "우리 아이들의 대학입시" 출연 (2018.07.09.)
- 교육부 대입개편안 공론화 결과 발표에 대한 비판 공동 기자회견 (청와대 분수대, 2018.08.17.)
- 자유한국당 "2022년 대입제도 개편안 긴급진단 세미나" 참여 (2018.08.23.)
- 학종폐지, 정시확대 및 공정한 입시제도 촉구 촛불집회 (서울정부청사, 2018.10.06.)
- 내신비리 조장하는 학종 폐지 촉구 촛불집회 (서울정부청사, 2018.10.13.)
- '공정성 없는' 교육·입시제도 규탄 및 숙명여고사태 입시비리 근절 촉구 촛불집회 (광화문 세종로 파출소, 2018.10.27.)
- 숙명여고 사건은 학종이 부른 대참사! 교사 권력 앞에 학생 줄 세우는 수시 학종 폐지 촉구 기자회견 (2018.11.04.)
- 정관용의 시사자키 인터뷰 "숙명여고 논란, 핵심은 학종"(2018.11.12.)
- MBC100분 토론 출연 – 숙명여고뿐일까? 커지는 불신 (2018.11.13.)
- YTN 수도권투데이 인터뷰 "수시, 공정하지 않다는 사실 인정해야"(2018.11.20.)
- 1차 '대한민국 학부모로 산다는 것' 국회 세미나 개최 (2018.12.8.)
- "SKY캐슬"같은 비참한 교육 방관하지 말고 고교 대학 학종 (2019.01.28.)
- 정치편향 코드인사, 학부모 참여 없는 국가교육위 설립 반대 기자회견 (2019.03.15.)
- 국무총리실 시민사회비서관실 정책제안 참석 (2019.03.26.)
- 2022대입개편안 공론화 결과 무시하는 '2023년 대입개편안을 위한 토론회' 비판 기자회견 (건국대 강당, 2019.03.28.)
- 학생과 학부모가 배제된 밀실 회의 중단 촉구 및 대입공론화 결과 수용 촉구 기자회견 (서울그랜드호텔 앞, 2019.04.18.)
- 숙명여고 사건 공정한 재판 촉구 기자회견 (서울중앙지검, 2019.04.26.)

- TBS 민생연구소 '벼랑끝 자사고 폐지 논란' 토론 출연 (2019.07.)
- 조국을 비롯한 고위공직자 자녀와 대학의 입시비리 감사 촉구 기자회견 (고려대, 2019.8.23.)
- 조국을 비롯한 고위공직자 자녀와 대학의 입시비리 감사 촉구 기자회견 (서울대, 2019.8.23.)
- 조국 법무부장관 임명 철회 촉구 촛불집회 (세종문화회관, 2019.8.30.)
- "1등은 실력" 계속되는 숙명여고 쌍둥이 父女의 부정 (KBS뉴스 인터뷰, 2019.05.08.)
- "당장 정시 늘릴 일 없다…학종 '투명성'에 주력" (MBC뉴스데스크 인터뷰, 2019.09.04.)
- 생생토론 '교육 불평등 논란 어떻게 봐야 할까' (KBS뉴스 대전, 2020.09.09.20.)
- '일반고 전환, 정시확대' 파장 확산…여론수렴 가능할까 (JTBC뉴스 인터뷰, 2019.10.26.)
- 정시 확대, 공정할까? (KBS 열린토론, 2019.10.30.)
- 정시 확대, 교육 공정성 실현될까 (국회방송, 2019.10.31.)
- 자사고·외고·국제고 일괄전환, 불평등 완화인가 하향 평준화인가 (KBS열린토론, 2019.11.12.)
- 청와대가 국가권익위에 제출한 '조국 전 법무부 장관과 가족 수사의 인권침해 논란 조사 요청' 진정서 철회 촉구 기자회견 (정부청사, 2019.11.21.)
- 정부 대입제도 개선안 발표, 정시 확대 (광주MBC라디오 '황동현의 시선집중' 2019.11.29.)
- 인턴증명서 위조한 최강욱 외 2020총선 당선자 중 부적격자 사퇴 촉구 기자회견 (서울중앙지검, 2020.04.21.)
- 성추행 혐의로 자살한 박원순시장 아카이브 설치 계획 철회 촉구 기자회견 (서울시청, 2020.07.27.)
- 추미애 장관 아들 황제휴가 수사 촉구 및 당직사병 실명 공개한 황희 고발 기자회견 (대검찰청, 2020.09.15.)
- 대학입시 민주화운동전형 비판 기자회견 (연세대, 2020.10.09.)
- 문재인대통령에게 묻겠습니다. 조국 딸 의사국시 합격, 공정하고 정의로운 나라 맞습니

까? 기자회견 (청와대분수대, 2021.01.18.)
- 교사의 꿈을 짓밟고 보은성 코드인사로 공정의 가치를 훼손한 조희연교육감 사퇴 촉구 기자회견 (서울시교육청, 2021.04.26.)
- 준비되지 않은 '고교학점제', 우려점 커 (광주MBC라디오 '황동현의 시선집중' 2021.05.06.)
- 학생 페미니즘 세뇌 교육한 교사 비밀조직 수사 촉구 기자회견 (정부청사, 2021.05.10.)
- 불공정한 특혜 채용으로 청년들의 기회를 박탈한 조희연교육감 수사 촉구 기자회견 (공수처, 2021.05.17.)
- 조국 자서전 '조국의 시간' 비판 기자회견 (2021.05.31.)
- 천안함 막말교사 파면 촉구 및 '천안함 망언방지법' 제정 촉구 기자회견 (휘문고 앞, 2021.06.14.)
- 코로나19 방역 실패와 4차 대유행을 2030 탓, 국민 탓하는 정부 비판 기자회견 (정부청사 앞, 2021.07.12.)
- 조희연, 또 '보은 인사' 의혹..."교육감 위치 신세지는 곳 많아, 감사원·공수처가 파헤쳐야" (데일리안 인터뷰, 2023.03.18.)
- 문재인정권 교과서 무단수정 교육부 직원, 대법원 엄벌 촉구 기자회견 및 탄원서 제출 (2023.05.02.)
- 서울시 조희연 교육감의 〈공직비리 범죄 서울고법 2심〉 재판과정 비판 및 엄벌 촉구 기자 회견 (서울중앙지검, 2023.08.07.)
- 교사를 선동꾼으로 만드는 조희연 교육감 사퇴 촉구 기자회견 (서울시교육청, 2023.08.28.)

칼럼

- "숙명여고 사태는 빙산의 일각...학교 비리 이미 일상화"(서울신문, 2018.11.05)
- "학종의 덫에 빠진 대한민국 학부모로 산다는 것은…"(에듀인뉴스, 2018.12.12.)
- "혁신학교, 양적확대 줄이고 질적 성장 추구해야 할 때"(에듀인뉴스, 2019.01.06.)
- "대한민국 교육 망치는 진보교육단체와 끼리끼리 교육부"(에듀인뉴스 2019.09.29.)
- "'정시'가 교육 망친다? 교육부가 국민 뜻 무시"(오마이뉴스, 2019.10.10.)
- "서울대 꼼수 방관하는 교육부 '2022대입 정시 확대 약속 지켜라'"
 (에듀인뉴스 2020.04.03.)
- "대한민국에 공정과 정의는 없다...조국·추미애 사태의 단상(뉴데일리 2020.09.10.)
- "공공의대, 또 다른 괴물을 만들자는 것인가"(에듀인뉴스, 2020.09.03.)
- "여당 단독처리로 '초당·초정권적' 국가교육위 설치한다고?"
 (교육플러스, 2021.06.08.)
- "천안함 망언 교사, 개인 일탈이라기엔 '선' 한참 넘었다."(교육플러스, 2021.06.18.)
- "고려대는 꼼수부리지 말고, 조민 입학 당장 취소하라"(뉴데일리 2021.12.02.)
- [박소영의 나라교육] "죄책감 없는 김남국, 교육이 우습나"(데일리안 2023.06.18.)
- [박소영의 나라교육] "6.25전쟁 계기 교육이 사라져간다"(데일리안 2023.06.25)
- [박소영의 나라교육] 사교육 걱정하게 만드는 세상 (데일리안 2023.07.19.)
- [박소영의 나라교육] 서이초 새내기 초등교사 죽음 통해 본 단상 (데일리안 2023.07.22.)
- [박소영의 나라교육] 이재명의 초등학생까지 이용하는 비정한 선동 정치
 (데일리안 2023.08.12)
- [박소영의 나라교육] "조국 궤변에 웃음만 난다"…딸 조민 기소는 공정성 회복 위한 당연한 결과 (데일리안 2023.08.13)

4. 코로나19 백신패스는 정당했나?

이은혜

경북의대 졸업
순천향의대 부천병원 영상의학과 교수
「공공의료라는 파랑새」 저자
「아이들에게 코로나 백신을 맞힌다고?」 저자
「건강보험이 아프다」 저자

2020년 방역당국은 코로나19 사태의 출구전략을 '집단면역 형성'으로 결정하고, 일상회복의 조건으로 코로나백신 접종률 70%를 제시했다. 또한 방역당국은 코로나19 백신이 감염을 예방하고, 사망 및 중증 감소 효과가 있다고 수없이 강조했다.

그런데 처음에는 집단면역이 형성되는 기준이 60-70%라고 발표했지만 그후 기준이 계속 상향되었다. 나중에는 전국민의 90%까지 백신을 맞아야 한다는 주장이 나오는 등 집단면역의 기준을 정확하게 제시하지 못했다. 이것은 국내뿐만 아니라 해외 전문가들 역시 마찬가지였다.

우리나라는 주요 선진국에 비해서 코로나19 백신접종을 늦게 시작했다. 그러나 빠른 기간 내에 목표했던 접종률 70%를 달성했고, 기본 접종과 추가 접종 모두 접종률이 전세계에서 가장 높다. 그러나 접종률이 80%를 넘었음에도 불구하고 우리는 일상을 회복하지 못했다.

2021년 11월 방역당국은 백신패스를 조건으로 일상회복(위드 코로나)을 시도했다. 그로 인해 다양한 이유로 백신을 접종하지 않은 국민은 2등 국민으로 취급받았다. 자유롭게 식당이나 카페에 갈 수 없었고, 취업이나 면접 기회도 박탈당했으며, 음성확인서를 발급받기 위해서 PCR검사를 자비로, 수시로 받아야 하는 등 일상적인 생활이 거의 불가능한 상황으로 내몰렸다.

그런데 코로나19 백신패스는 적절하고 정당한 정책이었을까?

비접종 국민을 사실상 차별하는 백신패스 정책이 정당화되려면 전제조건으로 코로나백신이 감염 예방 효과가 있어야 한다. 그런데 코로나백신이 정말 감염을 예방했을까? 아니면 최소한 중증이나 사망 감소 효과라도 충분하게 있었을까? 그리고 코로나백신은 과연 안전한 백신이었을까?

이 글에서는 질병관리청과 Our World in Data의 자료를 이용하여 백신패스가 과연 올바른 정책이었는지 알아보고자 한다. 참고로 Our

World in Data의 자료는 각 나라의 방역당국이 보고한 것을 취합한 것이다. 먼저 코로나19 백신의 감염 예방 효과와 사망 및 중증 감소 효과 여부를 가늠해보고, 백신의 안전성 여부를 초과사망률의 측면에서 간접적으로 평가해보고자 한다.

본론으로 들어가기 전에 코로나 전 기간을 주요 변이에 따라 여섯 단계의 유행시기(그림 1)로 나눈다는 점을 파악한다면 글 전체를 이해하는 데 도움이 될 것이다.

그림 1. 코로나19 주요 변이시기와 누적 확진자 추이: 2020.2.-2023.7.

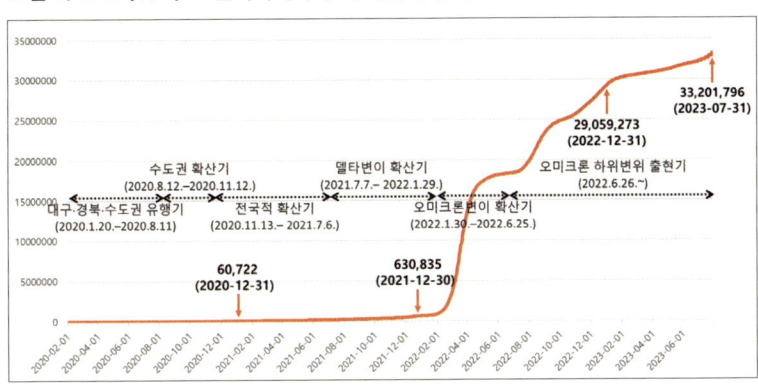

(원 자료 출처: 수도권 코로나19 발생 현황과 특성, 질병관리청 2023; Our World in Data)

질병관리청에 의하면 1차 유행시기는 2020년 1월 20일부터 8월 11일까지로 해외에서 유입된 첫 확진자가 발생한 이후 대구·경북·수도권에서 코로나19가 유행했던 시기이며, 2차 유행시기는 2020년 8월 12일부터 11월 12일까지로 "8·15 서울도심 집회 및 종교단체 집단발생"을 포함하여 수도권에 코로나19가 본격적으로 확산된 시기다(출처: 질병관리청 주간 건강과 질병, 2023). 3차 유행시기는 2020년 11월 13일부터 2021년 7월 6일까지로 코로나19 변이 바이러스가 출현하여 전국적으로 확산된 시기이며, 4차 유행시기는 2021년 7월 7일부터 2022년 1월 29일까지로 델타형 변이 바이러스가 확산된 시기다. 5차 유행시기는 2022년 1월 30일부터 2022년 6월 25일까지로 오미크론 변이 바이러스가 확산됨에 따라 전국적으로 확진자 수가 폭발적으로 증가한 시기이며, 그 이후는 6차 유행시기로 오미크론 하위변위 등 신종변이가 지속적으로 출현하는 시기이다.

1. 코로나19 백신은 감염 예방 효과가 있었나?

코로나19 백신을 맞으면 코로나에 걸리지 않는 것일까? 답은 '그렇지 않다'이다. 코로나백신 접종률이 80%를 넘었지만 2023년 7월 말을 기준으로 전 국민 중 3천 3백만 명 이상(33,201,796명)이 코로나에 걸렸다. 그것도 PCR검사를 받은 사람들의 숫자가 이 정도이고, 감염은 되었지만 무증상이나 경증이어서 검사를 받지 않은 채 모르고 넘어간 사람들까지 합친다면 실제 감염자 규모는 이보다 훨씬 더 많을 것이다. 4천만 명 이상? 어쩌면 거의 전 국민이 감염되었을 수도 있다.

더 희한한 일은 백신접종 전보다 그후에 확진자 숫자가 압도적으로 더 많다는 점이다(그림 2). 2021년 3월부터 일반인 대상으로 백신접종이 시작되었는데 2020년 1월부터 2021년 2월까지 약 1년간 9만(90,020) 명이 확진된 반면에 그후부터 2022년 2월까지 누적 확진자가 3백 27만 (3,273,445) 명으로 늘어났다. 즉 1년 사이에 약 320만(3,183,425) 명이 추가로 감염(+확진)된 것이다. 또한 그후부터 2023년 4월까지는 누적 확진자가 약 3천만(30,513,721) 명으로 더욱 늘어나서 1년 사이에 약 2천 7백만(27,330,296) 명이 추가로 감염(+확진)되었다. 이 중에는 한 번 이상 감염된 사람도 있고, 백신을 맞았지만 감염된 사람도 상당히 많다.

그림 2. 코로나19 누적 확진자와 백신접종자 추이: 2020.2.-2023.4.

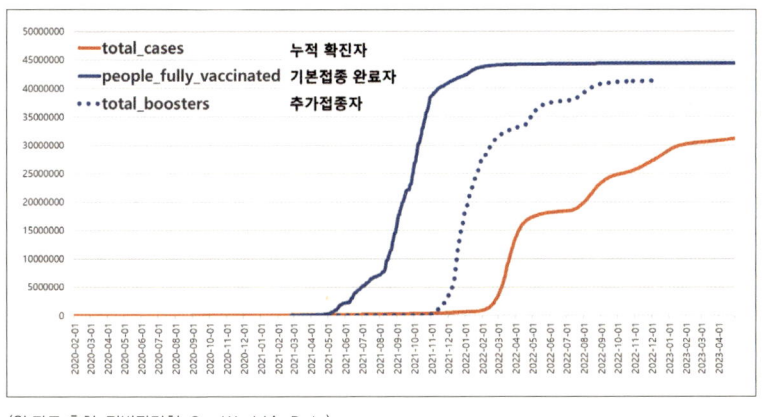

(원 자료 출처: 질병관리청, Our World in Data)

2020년 2월부터 약 3년간 코로나19 누적 확진자와 백신접종자 추이 (그림 2)를 보면 2023년 4월 말 기준으로 기본접종 완료자가 약 4천 4백만(44,371,073) 명인데 누적 확진자가 무려 3천 백만(31,170,886) 명이다. 게다가 추가접종자도 약 4천 백만(41,325,954) 명이나 된다. 추가접종자 숫자는 2022년 12월 12일 기준인데 질병관리청은 2022년 12월 12일 이후로 추가 접종자를 Our World in Data에 공개하지 않고 있으며, 기본접종 완료자는 2023년 5월 26일 이후로 공개하지 않고 있다. 그림 2에서 알 수 있는 것은 전 국민의 약 80%가 두 차례 이상 백신을 맞았지만 전 국민의 60% 이상(2023년 4월 기준)이 코로나19에 확진되었다는 점이다. 특히 백신접종 이후에 코로나19 확진자가 폭증했다.

기본접종 완료율은 2021년 8월부터 수직 상승하여 그해 11월 말에 80%를 달성했다. 한편 코로나19 확진자는 2022년 2월부터 증가하기 시작해서 그해 4월까지 거의 수직적으로 증가했고, 이후에는 2023년 4월까지 완만하게 그러나 꾸준하게 증가하고 있다. 그런데 2022년 2월부터 그해 4월까지 확진자의 폭증 추세는 기본접종자가 증가하는 추세와 비슷하고, 2022년 4월 이후의 확진자 증가 추세는 추가접종자가 증가하는 추세와 비슷하다.

방역당국은 코로나19 백신접종률이 높음에도 불구하고 확진자가 폭증한 이유를 오미크론 변이 때문이라고 설명한다. 즉 백신은 문제가 없는데 오미크론 변이의 감염력이 너무 높아서 그렇다는 것이다. 같은 맥락에서 방역당국은 확진자가 폭증하고 있으니 백신을 추가로 더 맞아야 한다고, 심지어는 아이들까지 백신을 맞아야 한다고 주장했다. 백신을 맞아도 코로나에 걸리는데 백신을 계속 맞으라는 것은 전혀 논리적이지 않다.

코로나19 확진자 중에는 백신접종자가 상당히 많다(그림 3). 질병관리청 자료에 의하면 2차접종 완료율이 2021년 12월 3주차에는 81.8%이던 것이 2022년 2월 1주차에는 85.9%로 증가했지만 이 시기에 누적 돌파감염자의 비율이 무려 89.6%(약 46만 명)였다. 반면에 미접종자는 전체 인구의 14.1%였는데 전체 확진자 중 미접종자는 10.4%에 불과했다.

그림 3. 코로나19 확진자 주차별 예방접종력(2021.12.12.-2022.2.5.)

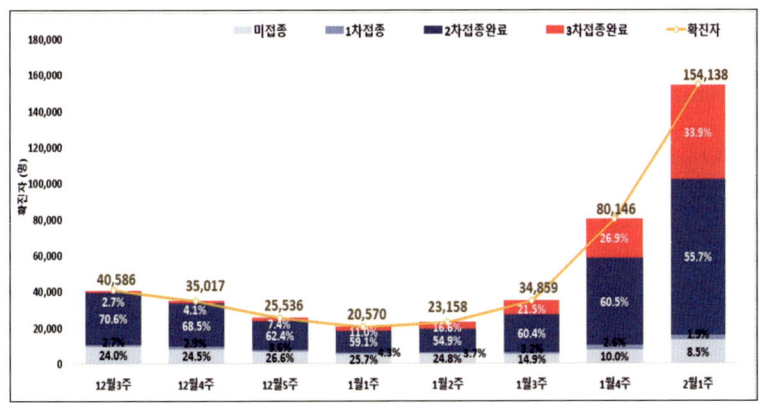

(출처: 질병청 2022.2.14.)

2021년 말에서 2022년 초까지 코로나19 확진자의 예방접종력(그림 3)을 보면 누적 돌파감염자는 2차접종 완료자 4천 3백만(43,545,686)명 중 0.845%인 37만(367,927) 명이었고, 3차접종 완료자 2천 5백만

(25,040,643) 명 중 0.372%인 9만 3천(93,054) 명이었다. 즉 백신을 두 차례 이상 맞고도 최소 46만 명 이상이 코로나에 걸렸다.

이를 두고 방영당국은 접종율이 높아짐에 따라 확진자 중 백신접종자의 비율이 올라가는 것은 당연하다고 설명했다. 즉 접종자 중 확진자 비율은 1% 미만이지만 미접종자 중 확진자 비율은 이보다 더 높으므로 백신이 감염 예방 효과가 있다는 주장이다. 그런데 이런 설명은 국민을 완전히 기만하는 것이다. 코로나에 걸리지 않으려고 백신을 맞았음에도 불구하고 코로나에 '걸렸다'는 것이 문제인데 거꾸로 미접종자 중에 확진자 비율이 '높다'며 이를 문제 삼았기 때문이다.

게다가 전 국민을 대상으로 PCR검사를 해서 접종자 중 확진자 비율과 미접종자 중 확진자 비율을 비교한 것도 아니다. 특히 백신패스 적용 이후는 검사대상자 자체가 주로 미접종자였으므로 샘플링 바이어스(Sampling vias)가 엄연히 존재함에도 불구하고 저런 식으로 주장하는 것은 도저히 '전문가'라고 할 수 없다. 일개 의사도 아는 내용을 소위 방역 전문가나 감염병 전문가들이 모른다니 어이가 없다.

방역당국은 코로나19 백신이 감염 예방 효과가 있다고 여러 차례 강조했고 대부분의 국민들은 방역당국을 신뢰하여 주저 없이 백신을 맞았다. 그러나 백신을 맞고도 2022년 2월 5일 기준으로 최소 46만 명 이상이 코로나에 걸렸는데 감염 예방 효과 운운하는 것은 말이 안된다. 방역 당국과 그 주변의 소위 전문가들이 국민을 가붕개(가재, 붕어, 개구리)나 개돼지로 취급한 것 아닌가?

호흡기 바이러스 감염병의 진행과정은 두 가지다. 짧고 굵게 가느냐, 가늘고 길게 가느냐… 즉 치명률이 '높은' 바이러스는 빨리 '종식'되지만 치명률이 '낮은' 바이러스는 종식되지 않고 인간과 '공존'한다. 전자의 대표적인 예가 메르스이고, 후자의 대표적인 예가 코로나19다. 이처럼 치명률(중증도)과 감염력(전파력)은 반비례 관계다. 감염력과 치명률이 모두 높은 바이러스는 존재할 수 없다.

바이러스의 자연사(Natural Course)는 시간이 지날수록 치명률(중증도)은 감소하고 감염력(전파력)은 증가하는 방향으로 변이를 거듭하는 것이다. 인간에게 오래 살고 싶은 욕망이 있는 것처럼 바이러스 역시 소멸되지 않고 (인간과 함께) 오랫동안 살아남기를 원하기 때문이다. 코로나19 같은 RNA 바이러스는 변이가 쉽게 일어나므로 더욱 그런 방향으로 변이를 일으킨다.

질병관리청이 발표한 "오미크론 변이와 주요 감염병의 전파력 및 중증도 비교"(그림 4)를 보면 초기 코로나19에 비해서 델타 변이는 치명률은 감소하고 전파력은 증가했다. 또한 오미크론 변이는 델타 변이에 비해서

그림 4. 오미크론 변이와 주요 감염병의 전파력 및 중증도 비교

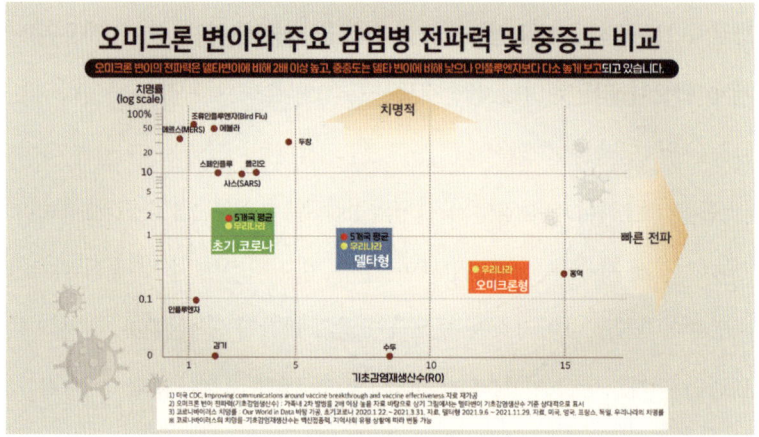

(출처: 질병관리청, 2022.01.24.)

더욱 치명률은 감소하고 전파력은 증가했다.

방역당국은 그림 4를 두고 "오미크론 변이의 전파력은 델타 변이에 비해 2배 이상 높고 중증도는 델타 변이에 비해 낮으나 인플루엔자보다 다소 높다"고 설명했다. 그런데 전파력이 높다는 것은 '애써' 강조했지만 중증도가 낮다는 사실은 '전혀' 강조하지 않았다. 즉 질병관리청은 국민들에게 절반의 진실만 말한 셈이다. 절반의 진실은 과연 진실일까?

2022년 1월 당시 국내 코로나19의 연령표준화 치명률은 델타 변이가 0.8%였고, 오미크론 변이는 0.16%로 델타 변이의 약 1/5 수준이었다. 그런데 우리나라에서 인플루엔자(독감)의 치명률은 0.5%이다(미국은

0.1%). 즉 코로나19가 변이를 거치면서 2022년 초반에 이미 독감 수준으로 치명률이 낮아졌다. 게다가 당시의 코로나 치명률은 홍역과 비슷한 수준이었으니 감염력(기초감염재생산지수)이 홍역보다 훨씬 낮았다. 그런데도 방역당국은 치명률이 독감 수준이, 감염력이 홍역보다 낮은 바이러스를 가지고 침소봉대하면서 전 국민에게 백신을 맞으라고 강요했다.

코로나19 같은 RNA 바이러스는 DNA 바이러스보다 구조가 단순하기 때문에 변이가 쉽게 일어난다. 이것은 의대 1학년 때 배우는 기본적인 지식이다. 그러므로 의사 출신의 질병관리청장과 그 주변의 의사들이 코로나19 바이러스의 변이를 예측하지 못하고 오미크론 변이 때문에 '돌파감염'이 발생했다고 주장하는 것은 심각한 자격미달이다. 코로나19처럼 변이가 쉽게, 지속적으로 일어날 수 있는 바이러스를 몰라보고 백신접종으로 집단면역을 달성하겠다는 시도는 그야말로 헛짓거리다. 사실 코로나 기간동안(특히 2020년과 2021년) 우리나라뿐만 아니라 전 세계가 미쳐 돌아갔다고 해도 과언이 아니다. 소위 전문가라는 사람들이 글로벌하게 합심하여 바이러스의 자연사를 완전히 무시했다. 상식적으로는 이해하기 어려운 일이다.

사실 백신으로 호흡기 감염병을 예방하겠다는 발상 자체가 애당초 잘못되었다. 이유는 세 가지다.

첫째, 호흡기 감염병은 상기도를 통해서 인체로 들어오지만 백신접종으로 형성된 항체(면역 글로불린 G, Ig G)는 혈액 속에 포함되어 혈관을 타고 이동한다. 그런데 바이러스와 최초로 접촉하는 장기인 상기도 점막에는 혈관이 없다. 따라서 백신접종으로 항체가 생겼더라도 상기도 점막까지 도달하지 못하므로 바이러스가 상기도 점막에 '달라붙는 것(=감염)'을 막을 수 없다. 이것은 의대 본과 1학년 미생물학 시간에 배우는 내용이다.

둘째, 상기도 점막이 자신에게 달라붙은 바이러스를 물리치는 역할을 하는 것은 점액성 항체(면역 글로불린 A, Ig A)인데 백신접종으로 형성되는 항체는 Ig A가 아니라 Ig G이다. 즉 코로나 백신을 맞아도 Ig A가 추가로 생성되는 것이 아니므로 코로나 백신은 상기도 점막에 달라붙은 바이러스를 '물리치는' 데에도 아무 도움이 안 된다.

셋째, 인류는 이미 코로나 바이러스와 장기간 '공존'해왔으므로 코로나19 백신을 만드는 것은 불가능하다. 코로나 백신을 만들겠다는 발상은 오랫동안 가까이 지내던 친구를 갑자기 공격하겠다는 생각과 비슷하다. 친구는 이미 나를 잘 알고 있으므로 나의 약점을 쉽게 공략할 수 있다. 결국 내가 선방을 날리더라도 승패를 예측하기 어렵게 된다. 친구를 혼내기는커녕 오히려 내가 엄청 혼이 날 수도 있다. 즉 심각한 백신 부작용이 발생할 수 있다. 오랫동안 주거니(감염) 받거니(면역) 하면서 사이좋게 지내던 친구는 공격의 대상이 아니라 공존의 대상이다.

게다가 코로나19는 신종 바이러스이지만 코로나 바이러스는 아데노 바이러스(Adenovirus), 리노 바이러스(Rhinovirus)와 함께 감기를 일으키는 3대 바이러스 중의 하나다. 그러므로 이전에 코로나 바이러스에 의한 감기를 심하게 앓았던 사람들은 이미 항체를 가지고 있다. 그 항체는 비록 코로나19를 선택적으로 공격하는 특이(Specific) 항체는 아니지만 교차면역 효과가 있으므로 백신을 맞아서 특이 항체를 미리 만들어 놓지 않더라도 어느 정도 전투력이 있다. 따라서 코로나 바이러스가 인체 내(폐 등 내부 장기)로 침입하더라도 기존의 비특이(Non-specific) 항체들이 교차면역을 통해서 바이러스와 싸우면서 시간을 버는 동안에 특이 항체를 자연스럽게 만들어낼 수 있다.

비특이 항체가 없는 사람이라도 걱정할 필요가 없다. 왜냐면 그런 사람들은 상기도 점막이 매우 건강해서 바이러스를 쉽게 물리쳤던 전력이 있으므로 신종 바이러스가 침입하더라도 충분히 물리칠 수 있기 때문이다. 즉 이런 사람들은 신종 바이러스가 인체 내(장기)로 들어올 기회 자체가 거의 없으므로 항체 여부가 별로 중요하지 않다.

그렇다면 신종 바이러스가 위험한 사람들은 상기도 점막이 건강하지 않거나(흡연자), 면역상태가 낮은 사람들(당뇨, 고혈압, 비만 등)이다. 이들은 인체 내 장기로 대량의 바이러스가 유입될 수 있고, 바이러스가 체내로 들어왔을 때 이를 물리칠 기존의 비특이 항체가 부족하고, 특이 항체를 빨리 만들지 못한다. 이처럼 기저질환자를 포함한 '면역 취약 계층'은 코로나19 백신접종이 도움이 될 수 있다. 단, 전제 조건이 하나 있다. 그것은 백신의 '안전성'이다. 만약 백신이 안전하지 않다면 백신 맞고 죽으나 코로나19에 걸려 죽으나 별 차이가 없다. 그러므로 면역 취약 계층에게 백신접종을 권장하려면 먼저 백신의 안전성이 확보되어야 한다. (그럼에도 불구하고 100% 안전한 백신은 세상에 존재하지 않는다) 그러므로 백신이 안전하다는 과학적 근거를 충분하게 확보한 후에, 접종의 득과 실을 따져서, 확실하게 이득이 되는 사람들만 접종대상자로 정해야 한다. 또한, 접종대상자라도 강압이 아니라 본인의 자유의지로 접종 여부를 결정할 수 있어야 한다. 그것이 '인권'이다.

코로나19 확진자 숫자는 검사량과 관계가 있다. 코로나19처럼 무증상이나 경증이 많은 호흡기 감염병은 검사를 많이 할수록 숨어있던 감염자들이 수면 위로 드러나기 때문이다. 특히 호흡기 감염병이 지역사회로 퍼진 이후에는 검사건수에 비례하여 확진자 숫자가 증가한다고 할 수 있다. 그러므로 검사비가 무료이거나 소액이어서 비용에 대한 부담이 전혀 없다면 확진자 규모는 검사물량에 따라 좌우된다고 해도 과언이 아니다.

우리나라는 코로나 사태 초기에는 감염의심자나 밀접접촉자에게만

PCR검사비를 건강보험 급여로 적용했지만(무료 검사) 2020년 12월부터는 수도권 전철역 등을 중심으로 사람이 많이 이동하는 곳에 임시선별검사소를 설치하여 원하는 사람은 누구나 무료로 PCR검사를 받을 수 있도록 했다. 그 결과 검사건수와 확진자 숫자가 급증했다(그림 5). 즉 2020년 12월 초에는 하루 평균 검사건수가 약 2만 건이었으나 같은 달 말에는 약 9만 건으로 검사량이 4.5배 정도 증가했으며, 확진자 숫자는 500명 수준에서 1,000명 수준으로 2배 정도 증가했다.

그림 5. 코로나19 신규 확진자와 신규 검사량 추이: 2020.2.-2021.2.

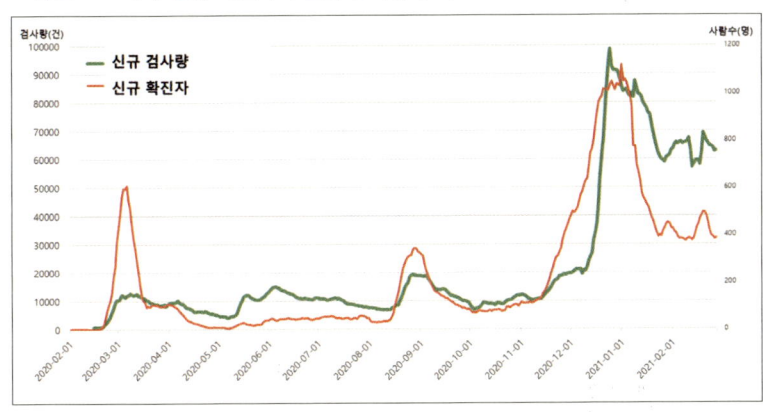

(원 자료 출처: 질병관리청)

그림 5에서 코로나19 사태 초기에는 특정집단을 중심으로 감염이 발생하던 것이 점차 지역사회로 퍼지는 과정을 볼 수 있다. 즉 2020년 초 대구경북 지역의 대규모 집단감염 사태 때는 검사건수에 비해서 확진자가 상대적으로 많았다. 특정 집단 내에서 감염이 발생했으므로 그 집단을

집중적으로 검사하면 감염자를 많이 찾아낼 수 있었기 때문이다. 그러던 것이 광복절 집회 때는 검사량에 비해서 확진자 규모가 상대적으로 크지 않았고(지역사회로 확산 중), 2020년 말에서 2021년 초에는 검사량 대비 확진자 규모가 오히려 감소했다. 즉 확진자가 증가하기는 했지만 그에 비해서 검사량이 훨씬 더 많았다. 이런 식으로 호흡기 감염병은 '특정집단'의 감염에서 '지역사회' 감염으로 토착화(Endemic)된다.

그렇다면 코로나19 사태 전 기간 동안에는 검사량과 확진자 규모가 어떻게 변했을까? 그림 6에서 검사량이 2020년 말에 약 9만(최고치는 12월 25일 98,650) 건 수준에서 2022년 봄에 약 90만(최고치는 3월 14일 874,244) 건으로 10배 증가했고, 확진자 숫자는 약 천 명 수준에서 약 40만(최고치는 3월 17일 404,999) 명 수준으로 40배 정도 증가했다.

그림 6. 코로나19 신규 확진자, 신규 검사량 및 검사 양성률 추이: 2020.2.-2023.4.

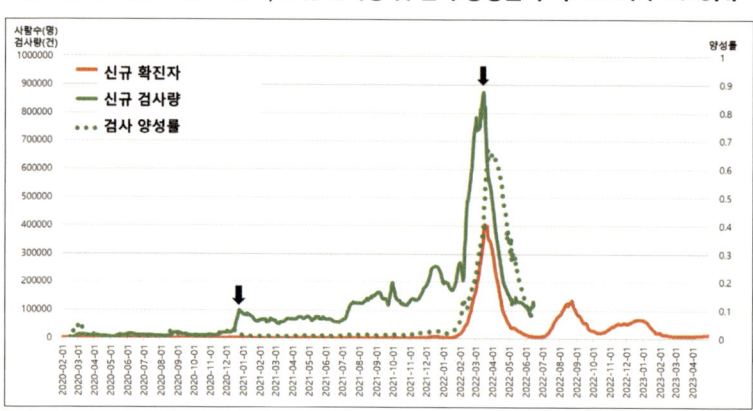

(원 자료 출처: 질병관리청, Our World in Data)

검사 양성률은 2020년 말에 3% 수준이었으나 검사량이 증가하면서 2021년에는 1% 대로 떨어졌다가 2022년 봄에는 최고 65.4%로 폭증했다(그림 6). 속담처럼 물(비 감염자) 반, 고기(감염자) 반 정도가 아니라 검사를 받은 사람들 중에는 감염 안 된 사람보다 감염된 사람이 더 많았다는 뜻이다. 물론 이것은 순수하게 검사량 증가만의 효과라기 보다는 오미크론 변이의 강한 전파력이 같이 작용한 결과다. 그런데 검사량의 효과이건, 오미크론 변이의 효과이건 간에 검사 양성률이 60%를 넘는다는 사실은 (검사행위가 별 의미가 없을 정도로) 코로나19가 완전히 토착화되었다는 것을 의미한다.

그림 7. 코로나19 누적 확진자 및 검사량 추이: 2020.2.-2023.4.

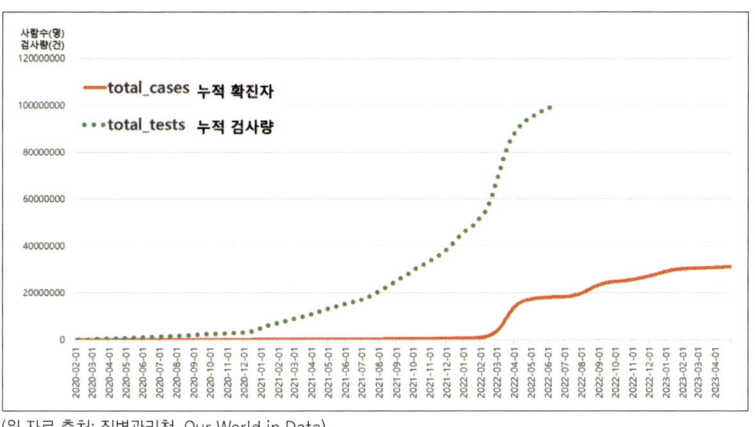

(원 자료 출처: 질병관리청, Our World in Data)

그런데 2022년 2월과 3월을 특별히 주목할 필요가 있다. 두 달 동안 코로나 검사량이 수직 상승했기 때문이다(그림 7). 오미크론 변이에 의

해 토착화가 완성되어 검사가 이미 아무런 의미가 없어졌음에도 불구하고 검사량이 2022년 2월부터 현저하게 늘어난 이유가 무엇일까? 필자의 짐작에는 대선을 앞두고 확진자를 급격하게 늘림으로써 감염에 대한 공포(?) 분위기를 조성하려고 했던 것이 아닌가 하는 의구심이 있다. 즉 국민들이 당일투표를 기피하고 사전투표를 선호하도록 유도했을 가능성이 있다.

2. 코로나19 백신은 중증 및 사망 감소 효과가 있었나?

코로나19 신규 사망자 숫자는 백신접종 전보다 접종 후에 압도적으로 증가했다(그림 8, 9). 백신을 맞았는데 어째서 사망자가 더 늘어난 것일일까?

앞에서 말했듯이 유행성 감염병애서 바이러스는 시간이 지남에 따라 중증도는 감소하고 감염력은 증가하는 방향으로 변이가 계속 일어난다. 바이러스는 소멸(인간 입장에서는 종식)이 아니라 인간과 공생하기를 원하기 때문이다. 그런데 코로나19는 바이러스 자체의 치명률이 감소함에도 불구하고 사망자가 계속 증가했다. 게다가 국민의 절대 대수가 백신을 맞은 후에 사망자가 폭증했다. 그 이유는 확진자 중 일정 비율이 사망하는데 확진자 자체가 너무나 많았기 때문이다. 백신을 맞았음에도 불구하고 확진자가 늘어났고 그래서 사망자도 같이 늘어났다. 그러나 치명률

자체는 감소했다.

그림 8. 코로나19 신규 확진자 및 사망자 추이: 2020.2.-2023.4.

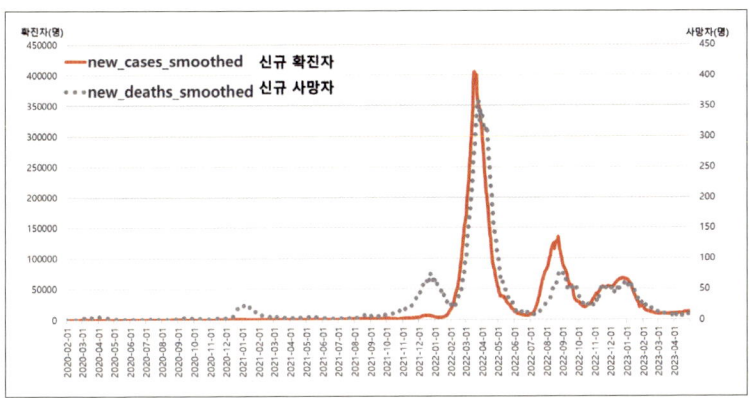

(원 자료 출처: 질병관리청, Our World in Data)

그림 8에서 보듯이 대체로 확진자가 증가하면 사망자도 증가한다. 그러나 오미크론 변이가 우세종이 된 2022년 2월 이후에는 양상이 조금 달라진다. (그림에서 확진자와 사망자의 단위가 천 배라는 것을 눈여겨 봐야 한다) 2020년 말-2021년 초와 2021년 말-2022년 초에는 확진자 증가폭에 비해서 사망자 증가폭이 상대적으로 컸다. 중증도가 아직 높은데 중환자 격리병상을 제때에 확보하지 못했기 때문이다. 그런데 오미크론 변이 이후에는 확진자 증가폭에 비해서 사망자 증가폭이 오히려 감소했다. 치명률이 낮아졌기 때문이다.

누적 확진자 및 사망자 추이(그림 9)를 봐도 시간이 지날수록 누적 확진자와 사망자가 증가한다. 특히 사망자 증가 추세가 2023년 3-4월에 거의 수직인 것을 볼 수 있다. 이유는 오미크론 변이와 검사량 폭증의 결과로 인해 확진자가 폭증하면서 사망자도 따라서 폭증했기 때문이다. 그런데 확진자 증가폭에 비해서 사망자 증가폭이 낮다는 점이 중요하다. 즉 확진자 숫자는 2022년 2월 초 약 백만명에서 두 달 만에 약 천 7백만 명으로 17배 증가한 반면에 사망자 숫자는 7천 명에서 2만 3천 명으로 3배 정도 증가하는데 그쳤다. 이것은 오미크론 효과일까, 백신접종 효과일까?

그림 9. 코로나19 누적 확진자 및 사망자 추이: 2020.2.-2023.4.

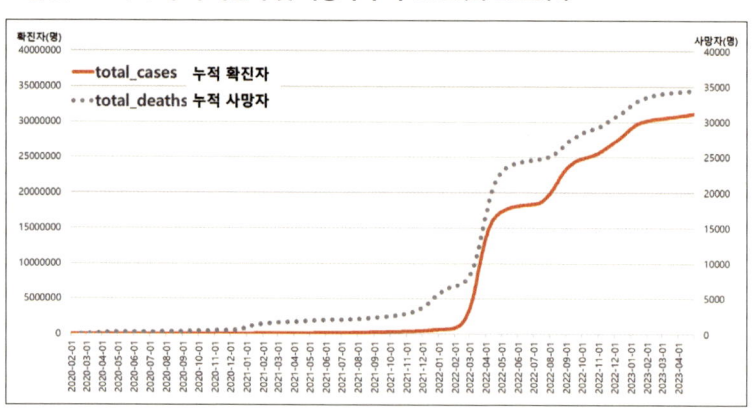

(원 자료 출처: 질병관리청, Our World in Data)

그림 8과 9는 확진자와 사망자의 단위가 천 배였지만 이것을 같은 단위로 나타내면 그림 10이 된다. 그림 8과 9에서 확진자가 폭증하면서 사망자가 크게 증가한 것처럼 보였지만 이 둘을 같은 스케일로 비교하면 확진자의 증가 규모에 비해서 사망자의 증가 규모는 매우 미미하다는 것을

알 수 있다. 즉 코로나19 확진자 중 사망자는 극히 일부이며 시간이 지날수록 (특히 오미크론 변이 이후) 확진자 규모와 사망자 규모 간의 격차가 계속 벌어지고 있다. 치명률이 현저하게 낮아졌다는 뜻이다.

그림 10. 코로나19 누적 확진자 및 사망자 추이: 2020.2.-2023.4.

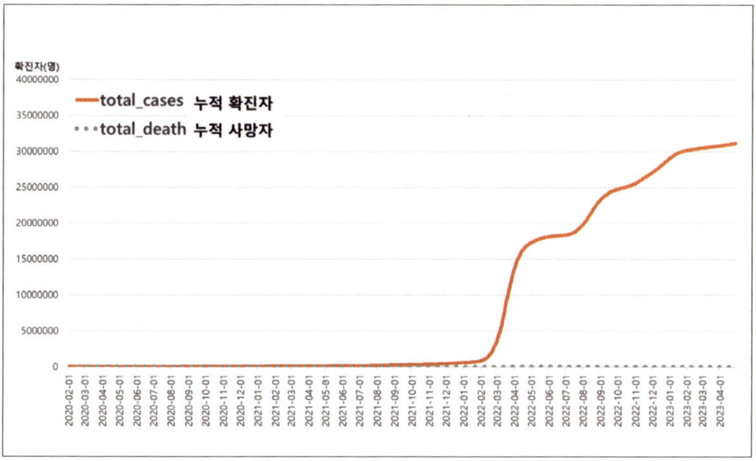

(원 자료 출처: 질병관리청, Our World in Data)

실제로 코로나 19의 치명률(그림 11)은 대구경북지역에서 집단감염이 한창이었던 2020년 3월 1일 0.48%에서 3월 14일 0.89%로 증가했고 5월 26일 2.4%로 최고치를 찍었다. 그후 오르락 내리락 했지만 대체로 감소하는 추세를 보였으며 2022년 3월 28일에는 0.12%로 떨어졌고 같은 해 9월 6일에는 0.11%로 떨어졌다. 이는 독감 치명률과 비슷한 수준이다. 그리고 2023년 7월 26일까지 0.11%를 계속 유지하고 있다.

그림 11. 코로나19 치명률(Case Fatality Rate) 추이: 2020.2.-2023.7.

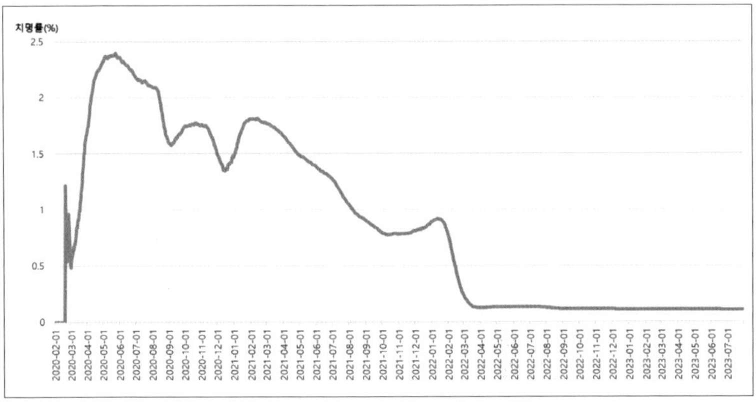

(원 자료 출처: 질병관리청, Our World in Data)

오미크론 변이 이후 치명률이 감소한 것에 대해서 두 가지 설명이 가능하다. 하나는 바이러스의 '변이'에 따른 효과이고, 다른 하나는 '백신' 접종에 의한 효과이다. 전자는 바이러스의 자연사이므로 '전문가'라면 충분히 예견할 수 있는 일이다. 그런데 만약 이것을 '예견'했다면 백신접종을 강요할 필요가 전혀 없었다. 시간이 지나면 저절로 해결되기 때문이다. 반면에 후자를 주장하기 위해서는 백신접종 사망자 숫자를 같이 확인해봐야 한다. 이에 대해서는 후술하겠다.

질병관리청은 정례브리핑을 통해서 코로나19 백신이 감염 예방뿐만 아니라 중증 및 사망 예방 효과가 있다고 거의 매일 강조했다. 2022년 1월 13일에는 백신의 중증예방 효과가 2차접종 완료군은 미접종군에 비해서 92%, 3차접종군은 100%라고 발표했으며 사망예방 효과는 2차 및

3차접종군 모두 100%라고 발표한 바 있다(그림 12). 그런데 미접종군의 치명률이 0.06%로 독감 치명률(0.1%)보다 훨씬 낮았다! 즉 코로나19가 더 이상 위험한 병이 아닌데 퍼센트 수치를 내세워 사망 예방 효과 운운하는 것은 명백한 눈속임이다. 국민을 개돼지로 알지 않는 이상 이런 짓을 할 리가 없다.

그림 12. 예방접종력에 따른 연령표준화 발생률, 위중증률, 치명률(2021.4.3.-2022.1.1.)

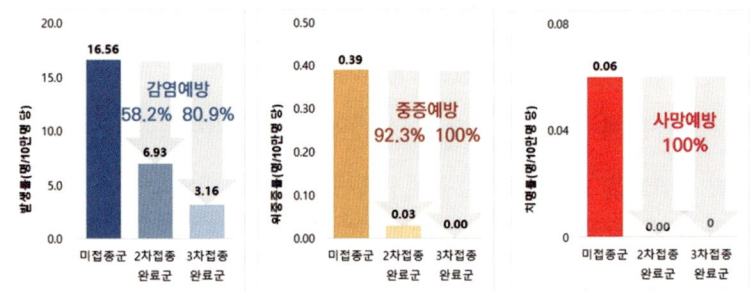

(출처: 질병관리청, 2022.1.13.)

게다가 코로나19 치명률이 가장 높았던 2020년에도 코로나보다 폐렴으로 사망한 사람이 훨씬 더 많았다. 통계청에 따르면 2020년에 코로나19는 표준인구 10만명 명 당 0.8명이 사망한데 비해서 폐렴은 표준인구 10만명 명 당 18명이 사망했다. 즉 코로나 중증도가 높았던 시기에도 코로나 사망자보다 폐렴 사망자가 22.5배나 더 많았다. 그런데도 방역당국은 코로나19만 강조하고 폐렴은 외면했다.

폐렴뿐만 아니라 다른 중증질환도 마찬가지다. 소위 방역전문가들은 암(표준인구 10만명 명 당 86.3명 사망), 심장질환(29.4명), 뇌혈관질환(20.1명) 등 전문적이고 신속한 치료를 요하는 수많은 중증환자들을 고려하지 않은 채, 전체 병상수의 90%를 차지하는 민간병원들이 코로나 환자를 위한 병상을 내놓지 않아서 환자들이 집에서 사망했다며 민간병원들을 비난했다. 0.8명을 살리자고 153.8명을 모두 포기하자는 말인가? 생명이 소중하다면서 코로나 환자의 생명만 소중하고 다른 중증환자들의 생명은 소중하지 않다는 뜻인가? 이것은 명백한 차별이다.

코로나19에서 고령과 기저질환은 가장 중요한 사망 위험인자다. 연령대별 치명률을 보면 특히 80세 이상에서 치명률이 매우 높은 것을 알 수 있다(표 1). 그러나 80세 이상 고령층도 시간이 지남에 따라 치명률이 감소하고 있으며 이런 현상은 대부분(30대까지)의 연령층에서 공통적이다. 이는 변이에 의한 효과일 수도 있고 백신에 의한 효과일 수도 있다.

그런데 특이한 점이 몇 가지 있다.

첫째, 백신접종 전에도 20대 이하의 청년, 청소년, 아이들은 코로나19 치명률이 0%였다. 특히 청소년과 소아는 백신접종과 상관없이 일관되게 치명률이 0%였다. 그러므로 이들은 백신을 맞을 필요가 없었다!

둘째, 30-40대의 코로나19 치명률은 백신접종 전인 2020년 말부터

표 1. 연령대별 코로나19 치명률 변화

연령대	'20.06.01.	'20.11.30.	'21.06.07.	'22.01.14.	'22.02.10.
80세 이상	26.51	18.34	18.79	14.29	10.15
70-79세	11.00	6.45	5.59	4.31	3.27
60-69세	2.77	1.22	1.06	1.05	0.77
50-59세	0.73	0.39	0.27	0.31	0.19
40-49세	0.20	0.08	0.07	0.09	0.05
30-39세	0.15	0.05	0.04	0.04	0.02
20-29세	0.00	0.00	0.01	0.01	0.01
10-19세	0.00	0.00	0.00	0.00	0.00
0-9세	0.00	0.00	0.00	0.01	0.00
	백신접종 전		백신접종 후		오미크론 이후

독감 치명률 0.1%

(원 자료 출처: 질병관리청)

이미 독감 수준(0.1%)보다 낮았다. 50대도 초기 치명률의 절반 수준으로 낮아졌다. 즉 백신접종을 시작하기 몇 달 전부터 노인층을 제외한 상당수의 국민에게 코로나19는 독감 수준으로 전락(?)한 것이다. 그러므로 마스크 착용이나 거리두기 같은 방역활동을 전국적으로 하거나, 백신접종사업을 전 국민을 대상으로 할 필요성이 크지 않았다고 할 수 있다.

셋째, 30대 이상에서 백신접종 후에 치명률이 감소하기는 했지만 백신접종 이후보다는 오미크론 변이 이후에 치명률이 더 많이 감소했다는 점이다. 그렇다면 백신을 접종하지 않고 (고위험군을 중심으로 방역활동을 강화하면서) 오미크론 변이를 기다렸다면 어땠을까? 방역당국과 국민들이 좀 더 차분하게 바이러스의 자연사를 기다릴 수는 없었을까?

넷째, 20대는 백신접종 이후 치명률이 오히려 증가했다. 이는 중년층 이상에서 대체로 치명률이 감소하는 것과 매우 대조적이다. 항체의존면역증강(Antibody Dependent Enhancement, ADE) 현상이라는 것이 있다고 한다. (학생 때 배우지 않은 새로운 개념이라 잘 모르지만) 이것은 백신접종으로 만들어진 항체들 중 질 낮은 항체가 바이러스를 중화하지 못하고 오히려 바이러스가 면역세포를 감염시킬 수 있도록 도와주는 현상이라고 한다. 그렇다면 왜 20대에서만 이런 현상이 나타날까? 그것은 필자의 수준으로는 알 수 없다. 다만 확실한 것은 20대는 백신접종으로 인한 이익을 누리지 못했다는 점이다.

코로나19 치명률이 연령대별로 현저하게 차이가 있음에도 불구하고, 2020년 말부터 노인을 제외한 대부분의 연령에서 독감 수준으로 치명률이 낮아져서 더이상 위험하지 않는데도 전 국민이 '평등'하게 백신을 맞아야 했다. 특히 아이들, 청소년들, 청년들은 80대 이상보다 치명률이 1/1800 정도로 낮음에도 불구하고 학교나 학원에 가기 위해서, 수능시험을 치기 위해서, 군대에 가거나 입사면접을 보기 위헤서 백신접종을 사실상 강요당했다.

코로나19에서 기저질환 역시 중요한 사망 위험인지다. 그러나 방역당국은 기저질환 여부별 치명률을 전혀 공개하지 않고 있다. 치명률이 상대적으로 높은 중년층 이상이라도 기저질환 여부에 따라 치명률이 다를 것이다. 만약 방역당국이 확진자 숫자만 앵무새처럼 떠들 것이 아니라 연령대별 기저질환별 치명률을 '친절'하게 공개했다면 전 국민이 각자의 위험도를 파악하고 좀 더 적절하게, 능동적으로 행동할 수 있었을 것이다.

백신접종에 의한 중증 감소 효과는 어떨까? 그림 13에서 신규 중환자가 가장 많았던 시기는 2021년 12월 말-2022년 1월 초(약 1,100명)와 2022년 3월 말-4월 초(약 1,300명)이다. 그런데 같은 시기에 신규 확진자 규모는 각각 약 7천 명과 약 40만 명 수준으로 엄청나게 차이가 있다. 즉 2022년 봄에는 그전에 비해서 확진자 규모 대비 중환자가 현저하게 감소했다.

그렇다면 이것은 백신 효과일까, 오미크론 효과일까? 답은 역시 그림 13에 있다. 백신접종 완료율이 본격적으로 증가하던 2021년 7월부터 오미크론 변이가 우세종으로 등극하기 전인 2021년 말까지 6개월 동안 중환자 비율이 급격하게 증가했다. (사망자도 증가했다) 게다가 앞에서 말했듯이 이 시기에는 확진자 중에서 접종자 비율이 비접종자 비율보다 훨씬 더 높았다. 그러던 것이 오미크론 변이가 우세종이 되면서 중환자 숫자가 감소했다. (사망자 숫자도 감소했다) 그 후 확진자가 폭증하면서 다시 중환자 숫자가 증가했지만 (사망자 숫자도 다시 증가) 확진자 규모 대비 중환자 규모의 비율 자체는 감소했다. (사망자도 마찬가지) 이것은 중증 및 사망 감소 효과는 오미크론 변이 이후에 뚜렷하게 나타났다는 의미다.

그림 13. 코로나19 신규 확진자, 중환자, 사망자 추이: 2020.2.–2023.2.

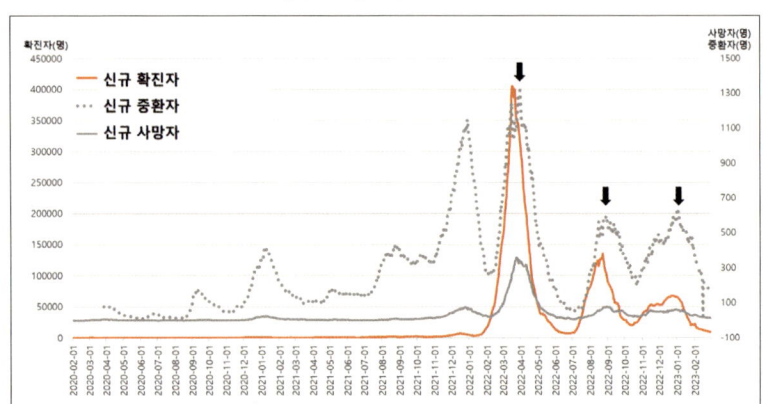

(원 자료 출처: 질병관리청, Our World in Data)

특이한 점은 오미크론 변이 이후다. 화살표로 표시한 세 군데 꼭지점을 보면 신규 확진자 규모 대비 중환자 비율이 오히려 증가하고 있다. 하위 변이가 있다고는 하지만 동일한 오미크론 변이인데 어째서 중환자 비율이 더 증가하는 것일까? 혹시 이것도 항체의존면역증강 현상은 아닐까?

방역당국의 주장과 달리 코로나19 백신접종에 의한 중증 및 사망 감소 효과는 크지 않을 가능성이 높다. 치명률이 현저하게 감소한 것은 백신접종 이후보다는 오미크론 변이 이후이기 때문이다. 게다가 백신접종 이후 오미크론 변이가 우세종이 되기 전까지는 중환자가 오히려 증했다. 한편 오미크론 변이 이후에 치명률은 감소했지만 사망자 숫자 자체는 폭증했는데 그 이유는 확진자 규모 자체가 엄청나게 증가했기 때문이다. 이러한 확진자의 폭증은 검사량의 증가와 어느정도 관련이 있지만 전국민의 절대 다수가 백신을 두차례 이상 맞았는데도 코로나에 그렇게 많이 걸렸다는 것은 감염 예방 효과가 전혀 없다는 뜻이다.

즉 코로나19 백신은 감염 예방 효과가 없었고 중증이나 사망 감소 효과도 방역당국의 주장이나 국민의 기대에 미치지 못했다. 그러므로 백신접종에 의한 중증 및 사망 감소 효과가 그나마 인정받기 위해서는 백신이 부작용이 적고 매우 안전하다는 것이 증명되어야 한다.

3. 코로나19 백신은 안전했나?

2022년 3월부터 코로나19 치명률이 독감(0.1%) 수준으로 급감했다. 이에 대해서 필자는 백신접종보다 오미크론 변이의 역할이 더 크다고 생각하지만 백신접종의 역할을 어느 정도라도 주장하려면 백신 부작용(특히 사망과 중증 부작용)이 거의 없어야 한다.

만약 백신접종 사망자가 매우 적다면 백신접종이 치명률 감소에 일정 정도 기여했다고 할 수 있다. 반면에 백신접종 사망자가 상당수 있다면 백신접종이 국민의 생명을 구했다고 보기가 어렵다. 그리고 만약에 백신접종 사망자가 코로나 사망자보다 훨씬 더 많다면 백신은 효과가 없는 정도가 아니라 국민들을 오히려 위험에 빠트렸다고 할 수 있다.

아쉽게도 백신접종 사망자의 정확한 규모는 알기가 어렵다. 백신접종과 관련되어 사망했더라도 고령(숙환)이거나 중증의 기저질환이 있었던 경우는 백신이 사망에 얼마나 기여했는지 가족들이 판단하기 어려우므로 백신부작용이라고 인지하거나 질병관리청에 신고하지 않았을 가능성이 높기 때문이다.

게다가 질병관리청은 코로나 사망자와 백신접종 사망자에 대해서 이중적인 태도를 보였다. 코로나 사망자 중에는 바이러스 감염이 직접적인 원인이 되어 사망한 경우도 있지만, 바이러스가 기저질환을 악화시켜서 사망한 경우도 있고, 기저질환 자체로 사망하거나 돌연사했는데 단지 PCR검사에서 양성반응이 나왔다는 이유로 코로나 사망자에 포함된 경우도 있다. 즉 사망에 이르는 직접적인 원인이 무엇인지 상관없이 PCR검사에서 양성으로 나오면 모두 코로나 사망자로 집계했다. 이처럼 '코로나19 사망자 = PCR 양성 사망자'가 된 이유는 방역당국이 코로나19 사망자 숫자를 부풀릴 의도로 지침을 그렇게 만들었다기 보다는 코로나 사망자로 분류되면 입원비나 장례비 등에 혜택이 있으니 보호자나 의료기관이 별 거부감 없이 지침을 따랐던 측면도 있을 것이다.

참고로 우리나라는 요양기관 당연지정제를 채택하고 있으므로 모든 의료기관은 정부지침에 무조건 따라야 한다. 반항 같은 것은 있을 수 없다. 게다가 의사 집단의 특성 자체가 애당초 반항과는 거리가 멀다. 부모님 말씀에 순종하지 않거나 교수, 선배 전공의의 지시에 의문을 품거나 반항을 한다면 의대 입학 및 졸업, 전공의 수료가 매우 힘들기 때문이다.

그런데 방역당국은 백신접종 사망자에 대해서는 백신이 직접적인 원인이 되어 사망한 경우만 인정했고 이는 가족들이 백신부작용에 의한 사망이라고 신고한 건수 중 극소수에 불과했다. 심지어 국립과학수사연구원이 부검결과를 통해서, 또는 환자를 진료했던 의사가 진료의견서를 통해서 백신접종으로 인한 사망이라고 의견을 제시한 경우에도 방역당국은 이를 인정하지 않았다. 이런 행태는 PCR검사 양성 결과만으로 코로나 사망자로 인정한 것과 매우 대조적이다. 그리고 백신접종이 기저질환을 악화시켜서 사망한 경우도 인정하지 않았다. 이것도 코로나19 사망자와 달랐다.

코로나 사망자와 백신접종 사망자를 집계(인정)할 때 기저질환 자체로 사망하거나 돌연사한 경우는 제외하는 것이 맞다. 그러나 바이러스가 기저질환을 악화시켜서 사망한 경우를 코로나 사망자로 인정했다면 백신접종이 기저질환을 악화시켜서 사망한 경우도 백신접종 사망자로 인정해야 일관성이 있다. 그러나 질병관리청은 그렇게 하지 않았다. 결과적으로 (의도했건, 의도하지 않았건) 코로나 사망자는 숫자가 부풀려진 반면에 백신접종 사망자는 축소 내지 은폐되었다고 생각한다. 이 문제에 대해서 좀 더 자세한 설명이 필요한 독자는 필자의 전작인 〈아이들에게 코로나백신을 맞힌다고?>를 참고하기 바란다.

    질병관리청 자료에 의하면 코로나19 백신접종 완료율이 10% 정도였던 2021년 6월부터 50%로 증가한 9월까지 4개월 동안에는 코로나 사망자보다 배신접종 사망자가 오히려 더 많았다(그림 14). 그런데 방역당국은 이런 사실을 홈 페이지를 통해서 서류로만 공개했고 국민들에게 구두로 알리지는 않았다. 애당초 방역당국은 확진자 숫자만 매일 강조했지 사망자 숫자는 슬쩍 넘어가는 경우가 다반사였다. 언론 역시 마찬가지다. 만약 우리 국민들이 코로나 '관련' 사망자보다 백신접종 '관련' 사망자가 더 많다는 사실을 알았다면 백신접종률 목표를 달성할 수 있었을까?

그림 14. 2차접종 완료율 대비 누적 사망자 추이: 코로나19 vs. 백신접종('21.3.1.-22.1.31.)

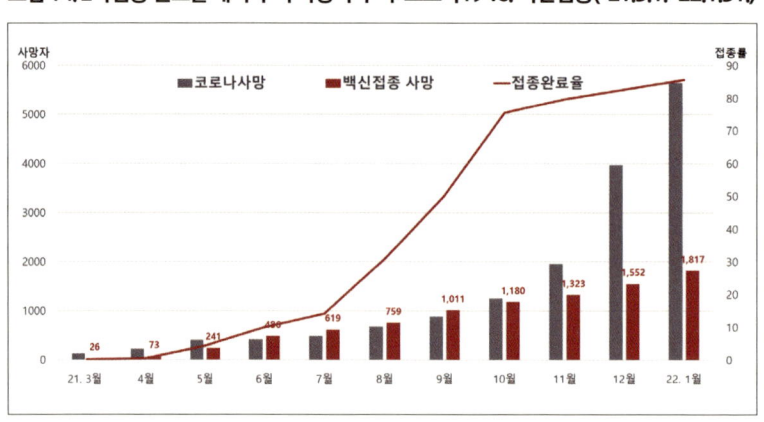

(원 자료 출처: 질병관리청)

    그림 14에서 코로나19 백신접종이 시작된 3월에 26명을 시작으로 접

종률이 증가함에 따라 일정 비율로 접종관련 사망자 숫자가 계속 증가했다. 더 큰 문제는 접종완료율이 올라감에 따라 코로나 사망자 숫자도 같이 증가했다는 점이다. 앞에서 말했듯이 저 시기에는 확진자 중에 접종완료자가 비접종자보다 더 많았다. 즉 백신을 맞았는데도 코로나에 걸렸고 사망자는 더 많이 증가했으며 접종관련 사망자도 증가했다. 신고된 사망자 규모만 봐도 이 정도인데 신고가 누락되거나 심각한 부작용이 발생한 사람들까지 감안한다면 코로나19 백신이 안전하다고 말할 수 있을까?

식품의약품안전처의 태도 역시 문제다. 일반적으로 식약처는 부작용 '의혹'만 있어도 해당 약품의 생산이나 수입을 중단시키고, 판매되거나 환자들에게 처방된 약품까지 모두 회수하여 전수 조사한다. 가장 최근에 문제가 되었던 것이 고혈압 치료제인 발사르탄이다.

2018년 발사르탄 원료 중에 암을 유발할 가능성이 있는 물질이 검출되었을 때 (관련 암환자는 아직 발생하지 않았음) 식약처는 해당 물질이 검출된 약제에 대해서 제조 및 판매중지 조치를 내렸고, 해당 약제를 처방받아 복용하고 있던 환자들에게 의료기관을 방문하여 재처방을 받도록 조치했으며 관련 비용은 모두 건강보험공단이 지불했다(출처: 메디파나뉴스, 2020). 그후 식약처는 문제의약품을 전량 회수하여 성분을 일일이 확인했고, 문제가 없다고 확인된 약품부터 순차적으로 2년에 걸쳐서 제조 및 판매 중지 조치 등을 해제했다.

이것이 다가 아니다. 문제가 일단락된 후 건강보험공단은 발사르탄 파동 이후 발생한 재처방 및 재투여 비용을 제약사들로부터 돌려받기로 결정했고, 이후 제약사 69곳을 대상으로 약 20억 원 규모의 구상금을 청구했다(출처: 같은 기사). 하지만 상당수 제약사들이 구상금을 제때에 납부하지 않자 건보공단은 소송을 준비했다. 이에 제약사는 건보공단을 상대로 채무부존재 확인 소송을 먼저 청구했다. 1심에서는 제약사의 책임이 인정됐으나 제약사가 이에 불복하고 항소를 했고 2023년 8월 현재 아직 결론이 나지 않은 상태다(출처: 메디파나뉴스, 2023).

일반적으로 먹는 약은 주사약보다 부작용이 적다. 그런데 먹는 약에 대해서 국민을 '보호'하기 위해서 발암물질이 포함되었다는 '의혹'만으로 선제적으로 과감한 조치를 단행했던 식약처가 코로나19 백신에 대해서는 국과수가 인정한 사망자가 '실제'로 발생했음에도 불구하고 아무런 조치를 하지 않았다. 방역당국도 이런 사실을 국민들에게 제대로 알리지 않고 코로나19 백신접종 '국가'사업을 강행했다. 이것은 방역당국에 대한 전 국민의 신뢰를 완전히 짓밟은 행위다. 식약처 역시 직무유기다. 백신 부작용에 대한 자세한 설명은 필자의 전작인 〈아이들에게 코로나 백신을 맞힌다고?〉를 참고하기 바란다.

코로나백신 '관련' 사망자가 얼마나 되는지 '직접'적으로 파악할 수는 없지만 '간접'적으로 가늠할 수 있는 방법이 있다. 그것은 바로 초과사망률(Excess Mortality)이다.

초과사망률이란 모든 원인에 의한 사망률을 그전 5년간의 사망률과 비교하는 것으로 어떤 재해가 그 사회에 미친 전반적인 영향을 객관적으로 파악할 수 있는 지표다. 예를 들어 코로나 기간의 초과사망률은 코로나19가 발생하기 전 5년(2015~2019년) 동안의 주간 연령별 평균 사망률을 기준으로 코로나 기간 동안 사망률이 그보다 더 높아졌는지, 또는 더 낮아졌는지 비교하는 것이다. 이것은 코로나19로 인한 직접 사망뿐만 아니라 코로나19에 대응하는 과정에서 발생한 모든 종류의 간접 사망까지 포함하므로 각 나라의 의료체계와 방역정책이 제대로 작동했는지 종합적으로 비교할 수 있다.

초과사망률에는 코로나19에 의한 실제 사망자 수도 반영되지만 우리나라는 PCR검사가 매우 보편화되어 있는 데다, 건강보험이 유일한 의료제도이므로 코로나19 관련 사망자가 누락될 가능성이 거의 없다. 그러므로 우리나라에서 초과사망률의 의미는 코로나19 사망자보다는 코로나 사태의 간접적인 영향 즉 백신부작용을 포함한 다른 원인으로 인한 사망자의 변화를 가늠할 수 있다는 점이다.

예상과 달리 2020년과 2021년의 대부분 기간 동안은 초과사망 발생하지 않았다(그림 15). 즉 코로나19 사망자가 계속 발생했지만 예년에 비해서 전체 사망자 숫자가 늘어나지는 않았다. 초과사망자가 의미있게 증가하기 시작한 것은 2021년 말이다. 특히 2022년 3-4월에 초과사망자 숫자가 수직 상승했다. 앞에서 2022년 3-4월에 확진자가 폭증하면서 코로나 사망자도 현저하게 증가했다고 설명했는데 그렇다면 이 기간에 발생한 초과사망은 코로나19의 영향일까?

그림 15. 코로나19 신규사망자 vs. 누적 초과사망자 추이: 2020.2.-2023.5.

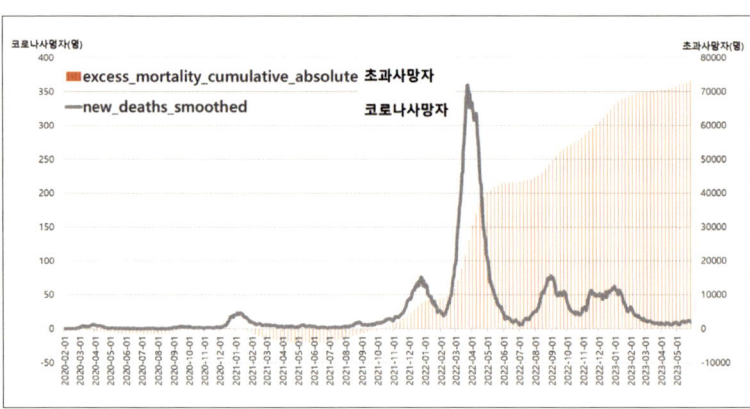

(원 자료 출처: 질병관리청, Our World in Data)

답은 '그렇지 않다'이다. 그림 15에서 코로나19 신규사망자와 초과사망자는 단위가 1:200으로 다르다. 코로나 신규사망자가 가장 많았을 때가 2022년 3월 말에 359명이었지만 같은 시기에 누적 초과사망자는 무려 2만 6천(26,336) 명이 넘었다. 즉 코로나 신규사망자는 초과사망자의 일부에 불과했다. 게다가 2022년 5월 이후에 코로나 신규사망자는 급격하게 감소했지만 누적 초과사망자는 오히려 뚜렷하게 증가하고 있다. 그러므로 초과사망자의 증가는 코로나 사망자로 설명되지 않는다.

코로나 신규사망자와 누적 초과사망자를 같은 스케일로 놓고 비교해 보면 코로나로 인한 사망이 초과사망자의 증가에 아무런 영향을 미치지 않았다는 것을 명확하게 알 수 있다(그림 16). 2022년 3월부터 누적 초과사망자가 수직 상승하고 있지만 코로나 신규사망자는 거의 일직선을 보이고 있기 때문이다. 코로나로 인해 초과사망이 발생한 것이 아니라면 도대체 무슨 이유로 예년보다 더 많은 사람들이 사망한 것일까?

그림 16. 코로나19 신규사망자 vs. 누적 초과사망자 추이: 2020.2.-2023.5.

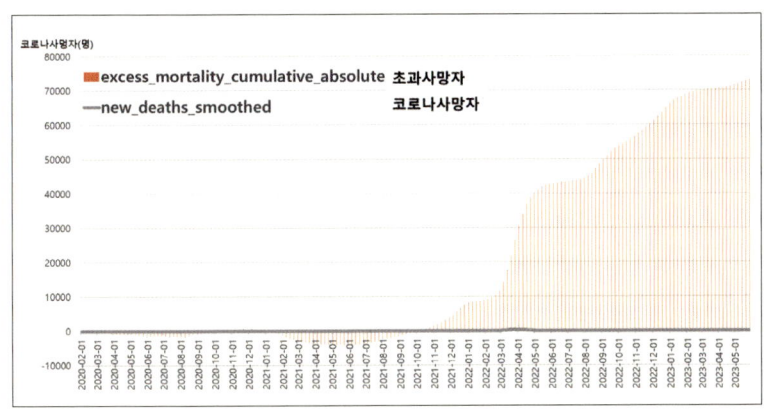

(원 자료 출처: 질병관리청, Our World in Data)

코로나19 치명률과 초과사망률을 비교해 보면 초과사망 현상이 코로나로 설명되지 않는다는 것을 다시 확인할 수 있다(그림 17). 오미크론 변이가 우세종이 되면서 2022년 3월부터 코로나 치명률은 0.1%대로 떨어졌지만 초과사망률은 반대로 하늘을 찔렀다. 2022년 3월 27일에 초과사망률이 무려 89%를 기록했지만 같은 날 코로나 치명률은 불과 0.12% 였다.

그림 17. 코로나19 치명률 vs 초과사망률 추이: 2020.2.–2023.4.

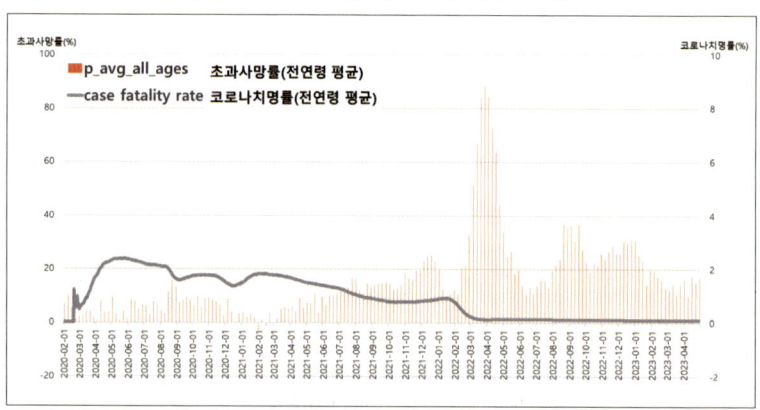

(원 자료 출처: 질병관리청, Our World in Data)

누적사망자 숫자를 비교해도 코로나로는 초과사망 현상을 설명하지 못한다는 것을 재차 확인할 수 있다(그림 18). 대체로 코로나19 누적사망자가 증가하면서 누적 초과사망자도 증가하지만 코로나 사태 초기부터 2021년 9월까지는 코로나 누적사망자가 꾸준히 증가하고 있음에도 불구하고 초과사망자는 예년보다 오히려 감소했다(마이너스 값). 즉 2021년 가을까지는 초과사망이 발생하지 않았다. 그러던 것이 2021년 12월부터 코로나 누적사망자와 누적 초과사망자 간에 천 명 이상 차이가 나기 시작했고 2022년 4월부터는 누적 격차가 현저하게 벌어지고 있다.

그림 18. 코로나19 누적사망자 vs. 누적 초과사망자 추이: 2020.2.-2023.5.

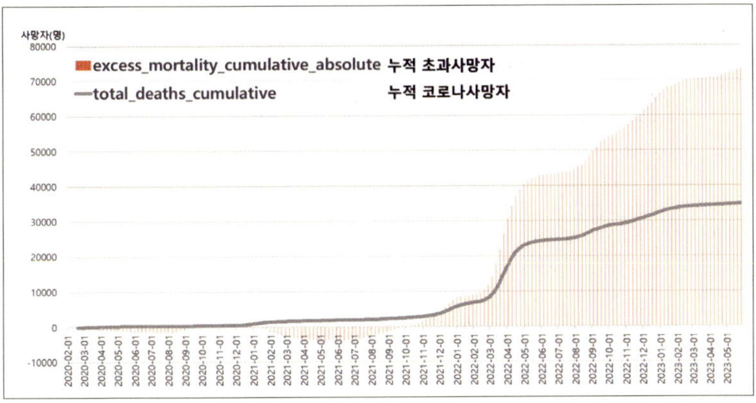

(원 자료 출처: 질병관리청, Our World in Data)

2023년 5월 말까지 코로나19 누적사망자는 34,754명인데 누적 초과사망자는 73,129명이다. 즉 코로나 사망자 숫자만큼의 국민이 다른 이유 때문에 예년보다 더 많이 사망한 것이다. 그 이유가 무엇일까?

아직 속단할 수는 없지만 필자는 백신부작용에 의한 사망자 규모가 코로나 사망자와 초과사망자 간의 격차를 상당부분 설명할 수 있지 않을까 '추측'하고 있다. 백신접종자의 누적 추이와 초과사망자의 누적 추이가 비슷한 기울기를 보이기 때문이다(그림 19). 즉 2022년 2월부터 4월까지 초과사망자가 급격하게 증가하는 기울기는 기본접종 완료자가 증가하는 기울기와 비슷하고, 그후 초과사망자가 완만하게 증가하는 기울기는 추가접종자가 증가하는 기울기와 비슷하다. 게다가 백신접종 (특히 추가접종) 전에는 앞에서 말했듯이 초과사망 현상이 발생하지 않았다.

그림 19. 코로나19 백신접종자, 누적사망자, 초과사망자 추이: 2020.2.-2023.4.

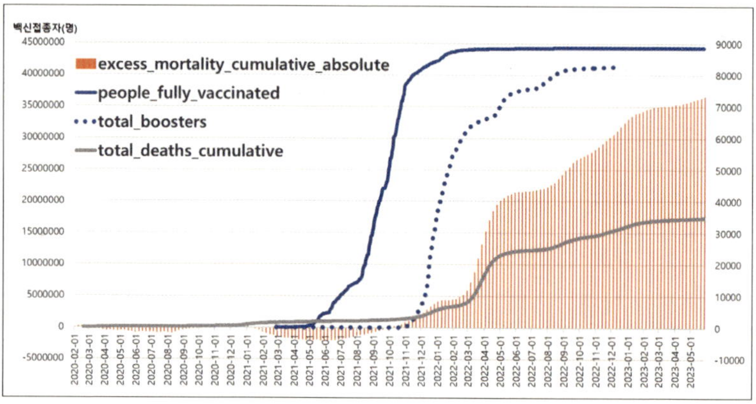

(원 자료 출처: 질병관리청, Our World in Data)

    2022년 4월 이후 초과사망자가 증가한 이유가 혹시는 사람들이 백신을 맞고 자유롭게 돌아다녀서 교통사고 사망자 증가한 것 때문일까? 아니면 5대 사망원인인 암, 심장질환, 폐렴, 뇌혈관질환, 자살 등에 의한 사망자가 예년보다 현저하게 증가한 것 때문일까? 아쉽게도 2022년 사망원인통계가 아직 발표되지 않아서 알 수 없다. (통상적으로 9월 말에 발표함) 그러나 한 가지 확실한 것은 절대 다수의 국민이 백신을 맞았다는 사실이다.

    코로나 사태 이전 5년과 비교해서 우리 국민들의 일상이 달라진 것은 코로나19 감염증과 백신접종밖에 없다. 그런데 코로나 사망자 규모가 초과사망자 규모를 설명하지 못한다면 나머지는 코로나 사태의 간접 효과로 설명할 수밖에 없으므로 간접 효과 중 최소한 일부는 백신부작용이 아닐까 의심스럽다.

만약 백신접종이 초과사망과 관련이 있다면 더욱 걱정되는 부분은 앞으로의 미래다. 백신접종자 수는 2021년 가을 이후 거의 평행(Plateau)인데 비해서 초과사망자 숫자는 꾸준하게 계속 증가하고 있기 때문이다. 즉 초과사망자의 증가는 2023년 현재까지 뿐만 아니라 앞으로도 계속 증가할 수도 있다.

연령대별로 코로나19 치명률이 현저하게 차이가 나는 것과 마찬가지로 초과사망률 역시 연령대별로 큰 차이를 보인다(그림 20). 초과사망의 증가는 65세 이상 고령층에서 뚜렷하게 나타났으며 2022년 상반기에 가장 높았다. 즉 코로나 사망자와 초과사망자는 연령대가 비슷했다. 이것은 단지 필자의 주장이 아니라 통계청이 발표한 내용이기도 하다(계봉오, 2022).

특히 85세 이상에서 초과사망이 현저하게 발생했는데 2022년 3월 말에는 무려 180%를 기록했다. 같은 시기에 75-84세와 65-74세는 초과사망률이 약 70%였다. 게다가 85세 이상의 초과사망률은 2022년 여름 이후에도 50% 수준을 계속 유지하고 있는데 이것은 필자 세대가 부모님들의 부고를 수시로 접하고 있는 현실을 잘 설명하고 있다. 그나마 다행인 것은 소아와 청소년층은 초과사망이 거의 발생하지 않았다는 점이다. 오히려 대부분 마이너스 값이었다. 15-64세 역시 2022년 3-4월을 제외하면 예년과 비슷한 수준의 사망률을 보였다.

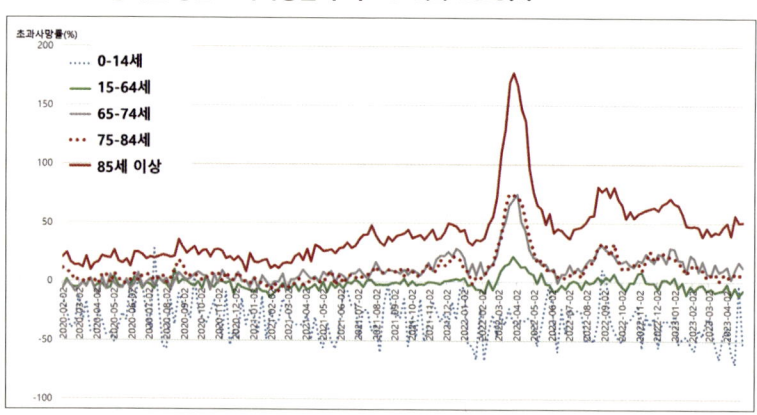

그림 20. 연령대별 평균 초과사망률 추이: 2020.2.-2023.4.

(원 자료 출처: 질병관리청, Our World in Data)

방역당국은 아이들이 노인들에게 코로나19를 전파하므로 노인들을 보호하기 위해서 아이들에게 백신을 접종해야 한다고 주장했다. 그러나 그 주장은 잘못된 것이다(이은혜, 2021). 두 가지 점에서 잘못인데 첫째는 아이들이 집에 있는 할머니, 할아버지에게 코로나19를 전파하지 않았다는 점이다(그림 21). 이것은 필자의 주장이 아니라 질병청이 발표한 내용이다. 다만 질병관리청이 국민들에게 제대로 알리지 않았을 뿐이다.

질병관리청이 매주 발행하는 《주간 건강과 질병》에 의하면 모든 연령에서 코로나19의 주요 선행확진자는 또래 집단이었다(장진화 등, 2022). 즉 비슷한 연령대끼리 코로나19 바이러스를 주고받았다는 뜻이다. 60세 이상 확진자 역시 선행확진자는 같은 연령대의 노인들이었다. 즉, 아이들이 노인들을 감염시킨 것이 아니었다 반면에 10세 미만 확진자들은 다른 연령대와 달리 선행확진자가 또래 집단과 30~40대였다. 이것은 30~40대 부모들이 자녀들을 코로나에 감염시켰다는 의미다. 10대 청소년 역시 또래 집단과 부모에게 주로 감염되었다. 다시 말하면 질병청은 아이들이나 청소년들이 할머니, 할아버지를 코로나에 감염시킨 것이 아니라는 점을 명확하게 알고 있었다. 그런데도 할머니, 할아버지를 보호하려면 아이들과 청소년들이 코로나 백신을 맞아야 한다며 부모들을 속였다.

그림 21. 코로나19 선행확진자와 확진자 연령 관계 분포

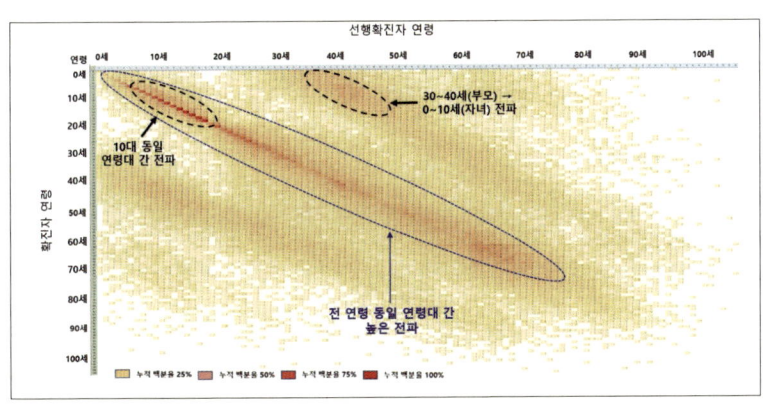

(출처: 《주간 건강과 질병》 제15권 제4호, 질병관리청 2022)

둘째는, 설령 아이들이 노인들을 감염시킨다고 하더라도 아직 코로나

19 백신의 안전성이 아직 확보되지 않은 상황에서 어른들이 살자고 아이들을 미지의 위험에 노출시키는 것은 명백한 '아동학대'라는 점이다. 어른들이 아이들을 보호해야지, 거꾸로 어른들이 살자고 아이들을 방패막이로 쓴다는 것은 매우 비윤리적이다. 그것을 원하는 할머니, 할아버지는 없을 것이다. 조부모 본인들이 원하지 않을 일을 방역당국(정부)이 나서서 조부모들을 나쁜 사람으로 만든 셈이다. 이에 대해서 자세한 설명이 필요한 독자들은 필자의 전작인 《아이들에게 코로나 백신을 맞힌다고?》를 읽어보기 바란다.

이상에서 코로나19 백신패스의 정당성 여부를 확인하기 위해 백신접종 전후 확진자와 사망자의 추이를 살펴보았고, 백신의 안전성 여부를 간접적으로 파악하기 위해서 초과사망률을 살펴보았다.

결론적으로 절대 다수의 국민들이 코로나19 백신을 맞았지만 백신접종 후에 확진자와 사망자가 더 증가했다. 그러므로 코로나백신은 감염 예방 효과가 없다. 백신이 호흡기 바이러스 감염을 예방할 수 없다는 것은 의대 1학년이 배우는 미생물학의 내용이다. 그리고 백신의 중증 및 사망 감소 효과는 기대에 미치지 못했다. 코로나19 치명률이 높은 고위험군(고령층, 기저질환 등)은 백신접종으로 인한 중증이나 사망 감소 효과가 어느정도 있을 수 있지만 초과사망률(특히 고령층)을 고려할 때 과연 효과가 있다고 할 수 있을지 의문이다. 코로나19 치명률이 높은 집단과 초과사망률이 높은 집단이 정확하게 일치하기 때문이다. 이를 명확하게 규명하는 것은 즉 고령 등 고위험군에서 백신의 정량적인 효과를 분석하는 것은 필자 같은 일개 의사의 몫이 아니라, 모든 자료를 갖고 있는 질병관리청과 그 주변에 있는 소위 '전문가'들의 몫이다.

방역당국은 백신패스를 내세워 비접종자를 2등 국민으로 취급하면서 청소년을 포함한 전 극민에게 백신접종을 사실상 강요했음에도 불구하고 오미크론 변이 이후 코로나 확진자가 걷잡을 수 없는 수준으로 폭증했다. 이처럼 백신접종이 코로나19 바이러스 감염을 예방하지 못했으므로 백신접종을 사실상 강제하는 백신패스는 정당성을 인정받을 수 없다.

사망이나 중증 감소 효과는 다소 있을 수 있지만 백신의 효과보다 변이 자체에 의한 효과가 더 클 것으로 추정된다. 오히려 백신접종 후 초과사망률이 지속적으로 증가하고 있는데 이를 설명할만한 다른 변수가 없으므로 초과사망과 백신접종의 연관성이 의심된다.

백신접종 후에 초과사망률이 계속 증가하고 있어서 부작용에 대한 검토가 필요함에도 불구하고 코로나 치명률이 현저하게 맞은 청소년과 청년들에게 백신접종을 강요한 것은 도저히 묵과할 수 없을 정도로 비윤리적인 짓이다. 게다가 델타 변이에 이어 오미크론 변이를 거치면서 바이러스의 독성이 현저하게 낮아져서 (독감 수준) 더 이상 위험한 질병이 아님에도 불구하고 2022년 3-4월에 검사량을 급격하게 늘려서 확진자를 양산했다. 이에 대해서 혹시 지난 정권이 대선을 앞두고 어떤 정치적인 의도가 있었던 것은 아닌가 하는 의혹이 든다.

지금이라도 질병관리청은 백신 부작용에 대해서 과학적인 검토를 해야 하며, 연령대별로 백신접종의 득(코로나 사망 및 중증 감소)과 실(사망과 중증 부작용)을 비교해야 한다. 이런 내용을 포함하여 코로나19 백서를 작성 및 공개하고 제2의 코로나 사태를 대비해야 한다. 특히 공개가 필요한 내용은 다음과 같다.

- 연령대별 기저질환 여부별 코로나19 치명률
- 코로나 관련 사망자 중 직접 사인, 간접 사인, 동반 사인의 비율
- 코로나 사망자의 감염 당시 거주환경(집, 급성기 병원, 요양병원 등 만성기 병원, 양로원 등 요양시설 등등)
- 백신접종 이후 코로나 사망자 중 백신접종 여부별, 기저질환 여부별 치명률
- 오미크론 변이 이후 접종자와 비접종자의 코로나 치명률
- 백신접종 관련 사망자 중 직접 사인, 간접 사인, 동반 사인의 비율
- 백신접종 관련 사망자 중 군대·경찰·소방관 등 특수직업군의 비율

코로나 사태 이전에도 우리는 코로나 바이러스와 함께 살아왔다. 코로

나바이러스는 가장 흔한 감기 바이러스 중 하나다. 독감을 일으키는 인플루엔자 바이러스 역시 변이에 따라 대유행을 만들면서 인간과 오랫동안 공존해왔다. 그러므로 우리는 앞으로도 계속 코로나19 바이러스와 함께 살아가게 될 것이다.

이제까지 독감백신은 고령층 등 고위험군을 위주로 맞았고, 감기백신은 아예 존재하지 않았다. 그러므로 앞으로 우리는 고위험군 위주로, 희망자에 한해서 독감백신을 접종하는 선에서 호흡기 감염병 바이러스들과 같이 살아야 한다.

좀 더 자세한 내용이 궁금한 독자들은 필자의 전작인 〈코로나는 살아있다(북앤피플, 2021, 대표저자)〉, 〈아이들에게 코로나 백신을 맞힌다고?(북앤피플, 2021)〉, 〈건강보험이 아프다(북앤피플, 2023)〉의 '코로나19 방역 유감'을 참고하기 바란다.

참고문헌

하진호, 이지연, 최소영, 박숙경, 질병관리청 수도권질병대응센터 감염병대응과. 2023.02.09. 수도권 코로나19 발생 현황과 특성(2020.1.20. ~ 2022.8.31.). 질병관리청. 주간 건강과 질병 제16권 제5호 111-136.
https://www.phwr.org/journal/view.html?pn=current_issue&uid=75&vmd=Full

통계청. 2021.09.28. 2020년 사망원인통계 결과.
https://www.kostat.go.kr/board.es?mid=a10301060200&bid=218&act=view&list_no=403046

메디파나뉴스. 2020.08.28. 불순물 함유 발사르탄 판매중지 2년만 일단락…이제는 소송.
https://www.medipana.com/article/view.php?news_idx=262003&sch_menu=1&sch_gubun=5

메디파나뉴스., 2023.06.23. 발사르탄 채무부존재 소송, 장기화에 8월말 변론 종결 예고.
https://www.medipana.com/article/view.php?news_idx=313550&sch_cate=D

계봉오. 2022.12.13. 코로나19로 인한 초과사망. 한국의 사회동향 2022. 40-49. 통계청 통계개발원
https://kostat.go.kr/board.es?mid=a90104010301&bid=12303&act=view&list_no=422223&tag=&nPage=1&ref_bid=12303,12304,12305,12306,12307,12308,12309,12310,12311,12312,12313,12314

장진화, 박신영, 안선희, 양성찬, 김성순, 박수빈 등. 2022.01.27. 2021년 국내 코로

나19 확진자 발생 주요 특징. 질병관리청. 주간 건강과 질병 제15권 제4호 225-234. https://www.kdca.go.kr/board/board.es?mid=a20602010000&bid=0034&list_no=718475&act=view

5. 페미니즘에 갇힌 대한민국

전 혜 성
서울대 불어불문학과 대학원 수료
전) 국제AIM 이사
현) (사)바른인권여성연합 사무총장

들어가며

　윤석열 대통령이 대선 후보 시절 내놓은 가장 짧고 강력한 공약이라면, 단연 "여성가족부 폐지"일 것이다. 다분히 선동적으로 보이는 이 일곱 글자에 담긴 함의는 적지 않다. 여성가족부는 지난 몇 년간 국민으로부터 수차례 폐지 요구를 받았다. 대한민국 정부 수립 이래 수많은 국민으로부터 부처 폐지 요구를 받은 것은 여가부가 유일할 것이다. 여러 가지 이유가 있겠지만, 가장 큰 이유는 정부 부처로서 기능을 제대로 하지 못하고 있고, 우리나라는 이미 성공적인 양성평등 이행국가로서 여성만을 지원하기 위한 부처가 더 이상 필요하지 않기 때문이다.

또 다른 이유로는 여가부가 대한민국 전체 여성의 지위와 권익 보호를 위해 존재해야 함에도, 여가부 사업 예산으로 특정 여성단체들을 재정적으로 지원하고 먹여 살리는 일에 몰두하며 평범한 여성들의 삶을 실질적으로 향상시키는 일에는 무능했기 때문이다. 보조금 횡령 및 사기 혐의로 재판받은 윤미향 의원과 정의기억연대(정의연)에 2016년부터 2020년까지 약 16억 원을 지급한 것이 그 대표적인 예이다.

여가부 산하의 한국양성평등교육진흥원(이하 양평원)은 성폭력예방교육, 성인지교육 등을 통해서 페미니스트 단체들에게 일자리를 제공해 왔을 뿐 아니라, 이를 통해 남성을 잠재적 가해자로, 여성을 피해자로 보는 페미니즘을 어린 아이들에게 교육의 이름으로 강제함으로써 사회에 확대, 재생산해왔다. 정부 부처인 여가부가 공공성과 국가 예산을 확보하여 페미니스트 단체들과 공생하며 국가 전체를 페미니즘이라는 정치이념으로 오염시켜온 셈이다.

필자가 활동하는 단체가 2019년부터 지금까지 여가부 폐지 운동을 적극적으로 펼쳐온 것은 바로 이런 이유에서였다. 대한민국은 지난 30년간 '약자'라는 프레임과 여성 인권이라는 명분을 앞세워 권력의 핵심부에 진입한 소수의 여성해방론자가 부르짖는 완전한 성평등 실현을 향해서 아직도 직진 중이다. 자신들의 목표를 달성하기 위해 그들은 대중이 조선시대 혹은 1970, 80년대를 배회하도록 가부장제 서사를 계속해서 읊조린다.

페미니즘의 실체가 무엇인지, 대한민국이 어떻게 페미니즘에 갇히게 되었는지에 대한 그간의 부족한 연구를 정리하고, 앞으로 대한민국이 나아가야 할 올바른 여성운동의 방향에 대한 필자의 고민을 이 짧은 글을 통해서 나누고자 한다.

1장 문재인, 페미니즘 정부

2021년 5월 5일 어린이날 온라인을 뜨겁게 달구었던 소식이 있었다. 이른바 〈페미니즘 세뇌 교사 지하조직 사건〉이다. 어린 학생들에게 조직적으로 페미니즘 사상 교육을 한 것으로 추정되는 초등학교 교사들의 딥웹이 적발된 것이다. 당시 이 사건에 대한 수사를 촉구하는 청와대 청원은 올라온 지 하루 만에 24만 명 이상의 동의를 얻으며 청와대에 답변을 요청했다. 많은 시민단체들은 청와대와 정부 청사 앞에서 수사를 촉구하는 기자회견을 갖고 수사를 의뢰하며 서울중앙지검에 진정서를 제출하기도 했다. 물론 제대로 된 수사는 이루어지지 않았고, 이 사건은 온라인상에서 일어난 해프닝으로 국민의 기억 속에서 사라져갔다.

당시 적발된 사이트는 범죄조직과도 같이 매우 은밀하고, 치밀하게 어린 초등학생들에게 페미니즘이라는 정치 이데올로기를 주입하려는 4년여 간의 행적을 그대로 드러냈다. 사이트에서는 "교사(라는 직업)는 청소년기 이전의 아이들의 심리를 이용하여 그들의 생각을 바꾸고 때로는 아이들 간의 정치에도 개입할 수 있다는 장점이 있다." "선별 학생은 되도록 가정 형편이 어렵거나, 부모가 있어도 부재하다고 판단되는 아이들을 진로상담 혹은 학교생활 상담이라는 명목으로 미리 선별하라."는 충격적인 내용이 지령처럼 내려졌고, 이 정황을 포착한 사진 자료들을 보는 내내 현실과는 전혀 다른 차원의 세계를 눈앞에서 목격하는 것 같은 이질감마저 들었다. 이 다른 차원의 세계에서 교사라는 자들은 우리의 상식이 알고 있는 교육자가 아니라, 교사라는 탈을 쓰고 자신들의 목적을 위해 학생을 철저히 도구로 이용하고 사상 주입이 먹히지 않는 학생들이 집단 따돌림을 당하게 유도하는 등 악행을 서슴지 않는 빌런들이었다.

22년 5월 13일 자 조선일보에 [2022 다시 쓰는 젠더 리포트] (1) "왜 서로에게 분노하나"라는 기획 기사가 실렸다. 가장 뜨겁게 사랑할 나이에 가장 맹렬히 서로를 미워하는 청년 세대의 남녀갈등 문제를 다룬 기사는 조선일보와 서울대 사회발전연구소가 공동으로 대선 직후 진행한 '2022 대한민국 젠더의식 조사'를 인용하며, 응답자의 66.6%는 '한국 사회 남녀갈등이 심각하다'는 인식을 갖고 있다고 전했다. 한국 사회의 젠더갈등에 대해 외신들도 "세계적으로 유례가 없는 일"이며, "한국에선 중·장년

층보다 젊은 세대의 젠더갈등이 훨씬 심각하다는 사실이 유럽 독자들에겐 놀라운(mind-blowing) 현상"이라는 프랑스 공영 RFI 라디오 특파원 니콜라스 로카의 말도 언급했다.[1]

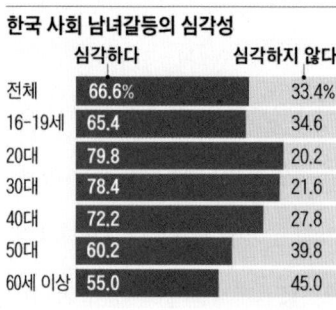

조선일보 22.05.13

현재 우리나라의 가장 큰 사회 문제로 꼽히는 것은 저출산과 고령화 문제일 것이다. 작년 한국의 합계 출산율은 0.78명으로 경제협력개발기구(OECD) 회원국들 중 10년째 최하위 수준이다. 23년 4월 5일 자 중앙일보는 이탈리아의 한 일간지가 '한국의 엄마들이 파업한다: 동아시아 호랑이의 멸종 위기'라는 제목의 기사를 통해 한국의 저출산 현상의 근본 원인으로 '남녀갈등'을 꼽았다는 소식을 전했다.[2] 현재와 같은 추세라면 2050년 우리나라의 경제 성장률은 0% 안팎으로 추락하고, 경제 규모도 세계 15위권 이하로 하락할 것이라는 관측과 함께 국가소멸에 대한 위

---

[1] "국민 67% '젠더갈등 심각'…한국 남녀, 왜 서로에게 분노하나", 김윤덕, 조선일보(2022.05.13.) https://www.chosun.com/national/national_general/2022/05/06/7GH3AXAYIJHQVK6EDV4CX75PUA/
[2] "한국 저출산 원인은 남녀갈등…여성 헤어롤은 '반항' 상징", 한지혜, 중앙일보(2023.04.05) https://www.joongang.co.kr/article/25152868

기감이 고조되고 있다. 저출산의 근본 원인으로 지목된 남녀갈등 문제가 지난 5년간 매우 큰 폭으로 증가한 것을 보면, 처음부터 대놓고 페미니즘 정부를 자처했던 문재인 정부가 저출산을 더 심각하게 만들었다고 해도 과언이 아니다.

문재인 정부는 출범 당시부터 페미니즘 정부를 표방했다. 페미니즘은 정부 정책 전반에 걸쳐 막대한 영향을 끼쳤는데, 그중에서도 심각한 것은 바로 학교 교육에 끼친 영향이다. 문재인 정부는 출범과 동시에 페미니즘이라는 정치 이데올로기를 공교육 안에 본격적으로 안착시켰다. 페미니즘 교육을 공교육에 정착시키는 핵심적 역할을 한 것은 여교사들로 구성된 전교조 여성위원회라고 할 수 있다. 2017년 5월 문재인 정부의 출범과 함께 전교조 여교사들의 페미니즘 교육 실천 운동이 속도를 내었는데, '초등성평등연구회', '초등젠더교육연구회 아웃박스', '성평등 연구 교사 모임', '전국 페미니스트 교사 모임' 등이 우후죽순처럼 일어나며 SNS와 해시태그를 적극적으로 활용하여 페미니즘 이데올로기를 확산시켰다. 특히 '아웃박스'는 학생들의 일상 속 성차별적 시각을 바로잡겠다면서 미디어에 드러난 성차별과 혐오성 언어의 문제점을 찾아내고, 성별 고정관념을 깨뜨리는 나다움 교육, 즉 "여자답게 남자답게? 아니 나답게!"라는 젠더교육을 연구, 개발하는 활동을 하고 있다. 예를 들어 초등학생들과 함께 인기 동요 '상어 가족'에 담긴 성차별과 성별 고정관념 찾기 활동 등을 하는 것이다. '아웃박스'는 2023년 서울시 성평등 기금 공모에도 참여하여 서울시의 지원으로 〈모두를 위한 성평등 학교〉라는 사업을 지금도 진행 중이다.

이러한 교육의 가장 큰 문제점은 개인이 타고난 성별 고유의 생물학적 특성까지 여자다움, 남자다움이라는 편견과 고정관념으로 본다는 것에 있다. 사회적 성 역할에 대한 다양성을 말하는 것이 아니라, 성별 자체에 대한 고정관념에서 벗어나야 한다는 왜곡된 논리를 '성평등 교육'이라는 이름으로 학생들에게 강제함으로써 학생들이 다양한 성을 수용하게 만들고 타고난 여성성, 남성성을 부정하게 만들며 건강한 자아정체성을 형성하는 것을 방해한다.

페미니즘 교육을 의무화하는 과정을 살펴보면 전교조와 여성단체들, 언론사들, 청와대와 교육부, 여성가족부, 국가인권위원회가 마치 사전에 기획한 것처럼 조직적으로 움직이며 겨우 몇 개월 만에 목표를 관철한 것을 발견할 수 있다.

2017년 9월 전교조 여성위원회는 전국대의원대회에서 "우리에겐 페미니즘 교육이 필요합니다"라는 특별결의문을 채택하였고, 11월에는 경향신문에 〈학교에 '페미니즘 교육'이 필요한 3가지 이유〉라는 광고를 게시하였다. 2018년 1월에는 어린 학생들이 학교에서 여성비하적 요소가 들어있는 단어들을 아무렇게나 쓰는 현실을 지적하며, 초·중·고에서 페미니즘 교육을 의무화하라는 청와대 청원이 올라왔다. 이 청원에 한 달 동안 213,219명이 동의하였고, 18년 2월 27일 청와대 SNS 방송을 통해 당시 윤영찬 청와대 국민소통수석의 다음과 같은 공식 답변을 얻어냈다. "페미니즘 교육은 인권교육과 통합적으로 이뤄져야 하며, 초등학교 때부터 기본권 같은 보편적 인권을 비롯한 통합적 인권 교육이 체계적으로 이뤄질 수 있도록 해야 한다." 다시 말해서 초등학생부터 페미니즘을 인권으로 교육해야 한다는 것이다.

같은 날 청와대 앞에서는 초·중·고 학교 페미니즘 교육 의무화를 요구하며 '포괄적 성교육 권리보장을 위한 네트워크'와 '페미니즘 교육 실현을 위한 네트워크', 한국여성민우회, 한국성폭력상담소, 전교조 등 80여 개 여성·시민단체들이 "모두를 위한 페미니즘 교육, 지금 당장!"이라는 기자회견을 열었다. 또 3월 5일 연합뉴스에서는 우리에겐 페미니스트 선생님이 필요하다는 부제를 단 "페미니즘을 초·중·고에서 교육해야 한다?"는 영상과 카드뉴스를 통해 '페미니즘 교육' 의무화에 대한 방송을 통해 여론을 부추겼다.

이렇게 일사불란한 과정을 거쳐 마침내 매우 노골적인 '페미니즘' 교육이 성평등과 인권의 이름을 달고 초·중·고에서 연간 15시간 이상의 의무 교육으로 공교육에 유입되고 본격적으로 학생들에게 주입되기 시작했다. 그리고 이러한 의무화된 페미니즘 교육은 젊은 세대의 남녀갈등을 더 심각하게 만들었다. 마치 바다에 커다란 그물망을 친 것처럼 정치에 대체로 무관심한 어린 여학생들과 젊은 여성층을 덮쳐서 민주당 앞으로 끌어갔다.

공식화된 페미니즘 교육 외에 학교 현장에서 페미니즘 이데올로기가 더욱 은밀하게 마수를 뻗치고 있는 실상이 드러난 것이 앞서 언급한 〈페미니즘 세뇌 교사 지하조직 사건〉이라 할 수 있다. 교육이 정치적 수단으로 전락해버린 현장을 봐온 것이 하루 이틀은 아니지만, 그 속살을 마주한 충격과 고통은 아직도 가시지 않는다. 우리는 드러난 몇 개의 정황들을 퍼즐처럼 맞추어보면서 어렵지 않게 다음과 같은 사실을 마주할 수 있다. 첫째 페미니즘 교육의 의무화에 가담했던 문재인 정부와 교육부, 여성가족부, 국가인권위원회, 여성·시민단체들, 교사 조직 모두가 페미니즘이 명백히 정치적 이데올로기라는 것을 인지하고 있다는 것, 둘째 짜고 치는 고스톱판을 보듯이 이들이 매우 긴밀한 연결점을 갖고 움직이면서 학생들에게 매우 의도적으로 페미니즘 사상을 주입했다는 것이다. 그리고 그 결과 정치에 무관심한 젊은 여성층은 자연스럽게 민주당을 정치적으로 지지하는 세력으로 편입되었다.

2장 페미니즘과 젠더 이데올로기

페미니즘(여성주의)은 일반적으로 '여성의 권리 및 기회의 평등을 핵심으로 하는 여러 형태의 사회적·정치적 운동과 이론들을 아우르는 개념'을 일컫는다. 페미니스트들은 여성주의를 사회적 약자이자 피해자인 여성의 인권을 남성과 평등하게 끌어올리는 '성평등운동'이라고 주장한다. 페미니즘은 계몽주의, 평등주의, 자유주의, 마르크스주의 등 다양한 철학적 사조들을 반영하고 있지만, 그중에서도 우리나라를 지배하는 페미니즘은 마르크스주의에 뿌리를 두고 사회구조를 철저하게 여성의 관점에서 재해석하며, 그 해결책으로 '여성해방'을 주장하는 급진적 페미니즘(래디컬 페미니즘)이라고 할 수 있다.

1960대 후반부터 신(新)마르크스주의의 한 분파로서 등장한 급진 페미니즘은 기존의 세계를 남성 중심의 가부장적 사회로 인식하고, 모든 사회 문제가 남성이 헤게모니를 가지고 지배하는 구조적 오류에서 기인한다고 본다. 국내에서 이러한 급진 페미니즘은 유교적 이념 안에서 오용된 가부장제를 숙주로 하여 자리잡았고, 민주화운동을 거치며 정당성을 확보하여 정치와 행정부 안에 뿌리를 내리며 급성장했다. 현재 우리나라는 UNDP의 2020년 성불평등지수(GII)에서 세계 189개국 중 11위, 아시아 1위를 기록한 명실상부한 양성평등 선진국이다.

상황이 이렇다 보니 여전히 여성을 차별받는 대상으로 여기며, 국민 전체가 아닌 여성만을 대상으로 정책을 펼치는 여가부가 성별 갈등의 진원지로 비판받고 있다. 그런데도 여가부를 비롯한 페미니스트들은 GII 지수는 의도적으로 배제하고, WEF(세계경제포럼)이 발표하는 성격차지수(GGI)만을 근거로 피해자 서사를 반복한다. 2015년 8월 "여성혐오에 대항한다"는 명분을 내걸고 남성 혐오를 목적으로 개설된 사이트 메갈리아의 등장과 함께 여성운동은 더욱 급진적인 양상을 띠기 시작했다. 권력화된 기성세대 페미니스트들을 뒷배에 둔 탓일까? 올드 페미니스트(Old

Feminist)들의 승리의 면류관을 이어받을 유일한 계승자로서 너무 오만했던 탓일까? 메갈리아에서 WOMAD로 이어지는 영 페미니스트(Young Feminist)들은 정치권과 카르텔을 형성하여 피해자 담론을 확대·재생산하며 남성에 대한 극단적인 혐오를 쏟아냈다. 이들은 이내 스스로 헤어 나올 수 없는 모순에 빠졌고, 대중들의 저항과 비판을 받기 시작했다.

처음부터 혐오를 내세운 영 페미들의 선택이 나쁜 선택이었다는 것은 금세 드러났다. 극단적 페미니즘은 남성에 대한 과격한 혐오 표현으로 배설되었고, 페미니즘 교육을 받은 10대들과 여대생들은 급진 페미니스트들의 행태를 무비판적으로 수용하여 이에 동의하지 않는 여학생들에게 가혹한 언어폭력을 가했다. 여성이 여성을 혐오하고 폭력을 행사하는 모순에 빠진 것이다. 과연 누구를 위한 페미니즘인가? 현재 우리나라를 뒤덮은 극단적 페미니스트들의 행태는 페미니즘의 근본 목적, 즉 여성이 남성과 동등한 권리와 평등을 찾아가고자 하는 목적에서 벗어났다. 이들은 그저 이미 박제된 낡은 이데올로기 위에 구축된 '1그램의 이론'에 '1톤의 피해의식'을 얹어서, 여성들에게는 끊임없이 피해자 의식을 강요하고 남성들에게는 더러운 혐오를 쏟아내었다. 그리고 결과는 참담했다. 혐오의 칼끝은 남성에게, 특히 아버지에게 향했고, 거친 칼날을 같은 여성에게도 휘둘렀다.

급진 페미니즘과 함께 유럽과 미국 등으로부터 유입된 젠더 이데올로기는 생물학적인 성별(sex)을 사회적인 성(gender)으로 대체하고 성소수자 그룹(LGBTQ)을 옹호하며, 건전한 사회규범과 성(性)도덕을 무너뜨리며 가정이라는 제도 자체를 공격함으로써 기존의 사회 질서를 전복하려는 젠더 혁명을 줄기차게 시도하고 있다.

1) 페미니즘의 흐름

페미니즘은 통상적으로 제1물결(The First Wave), 제2물결(The Second Wave), 그리고 제3물결(The Third Wave)로 구분한다. 제1물결 페미니즘은 일반적으로 여성의 법적 동등성의 필요성을 제기한 1840년대부터 여성에게 참정권이 부여된 1920년대까지로 본다. 이 시기의 여성운동은 계몽주의와 미국의 독립전쟁, 프랑스 혁명의 영향을 받았다.

사회구조 안에서 남녀의 타고난 성별을 기반으로 겪는 제도적·법적 불평등을 해결하고 남성과 동등한 법적, 정치적, 사회적 권리의 획득을 주된 목표로 삼았다. 1866년 여성 참정권 운동이 시작된 이래, 수많은 여성의 노력과 희생으로 사회의 다양한 부분에서 법적으로 동등한 권리를 얻게 되었다.

제2물결 페미니즘은 1960대 후반에 칼 마르크스의 계급 이론에 뿌리를 두고 일어난 급진적 여성해방운동이다. 1968년 프랑스 소르본느 대학에서 일어난 "금지하는 것을 금지하라"는 68 학생혁명의 흐름에 합류한 여성들은 남성 지배적인 사회구조 속에서의 여성의 억압과 소외, 불평등에 대해 반발하기 시작했다. 이 시기의 페미니즘은 여성이 억압받는 근본적인 이유를 남성 중심적인 사회구조에서 찾는다는 의미에서 래디컬 페미니즘(radical feminism)이라고 불린다. 이들은 남녀의 지배 관계가 '생물학적인 차이'에서 시작되었으며, 그 차이가 남성이 여성을 지배하는 사회구조를 만들고, 그 결과 여성을 억압하고 사회적으로 소외시켰다고 주장한다. 2세대 페미니즘 운동은 교육받은 앵글로색슨 백인 중간계급 여성들의 운동이었다는 특징을 반영하며, 다수의 여성 이론가들이 나오면서 가부장 사회를 비판하는 페미니즘 이론을 정립하기 시작했다.

대표적인 인물들로는 "여성은 태어나는 것이 아니라 만들어지는 것이다(One is not born, but rather becomes a woman)"라는 매우 유명한 명제를 남긴 『제2의 성』(The Second Sex)의 저자 시몬느 드 보봐르(Simone de Beavoire), 제2물결의 시작을 알렸던 『성의 정치학』(Sexual Politics)의 저자 케이트 밀렛(Kate Millet), 『성의 변증법』(The Dialectic of Sex)의 저자 슐라미스 파이어스톤(Shulamith Firestone)이 있다.

『제2의 성』에서 여성의 여성성은 타고난 것이 아니라, 남성 중심적 사회가 여성을 지배하고 억압한 결과로서 후천적으로 나타나는 것이라고 주장한 보봐르는 래디컬 페미니스트들에게 가부장제의 기틀을 마련해 주었다. 또 "여성은 만들어지는 것이다"에 내포된 또 다른 의미로서 생물학적인 성(sex)과 사회적인 성(gender)의 구분 가능성으로, 이후 젠더 이데올로기의 근간을 마련해 주었다.

케이트 밀렛은 여성 억압의 뿌리는 가부장제의 성 및 성별 체계에 깊이 박혀있으며, 생물학적인 성을 기반으로 하는 남성-여성 관계는 권력과 지배의 관계로 이해해야 한다고 주장함으로써 사적인 영역이었던 성을 정치적 영역으로 공론화시켰다. 궁극적으로 가부장제에 의한 남성 지배를 타파하기 위해서 여성의 성적 자유와 해방을 외쳤고 자신의 이론을 레즈비언적 삶으로 증명하였다.

슐라미스 파이어스톤은 가부장제의 원인을 여성의 결혼, 더 나아가 여성의 "임신과 임신을 담당하는 역할"(childbearing and childbearing roles)에서 찾고 여성이 억압된 사회에서 진정한 자유를 찾기 위해서는 임신과 출산의 압제에서 벗어나야 한다며 인공 자궁 기술을 도입한 "인공생식"(artificial reproduction)이 필요하다고 주장하였다. 그녀 역시 결혼을 거부하고 레즈비언의 삶을 통해 자신의 이론을 실천했다.

70년대에 활발하던 급진적 페미니즘 운동은 80년대에 들어와서 백인 중산층 여성들의 전유물이라는 비판에 부딪히며, 유색인종 및 소수민족

여성들이 목소리를 내기 시작함으로써 다양한 분파를 만들어가기 시작했다. 인종, 계층, 성적 지향, 문화 등의 요인으로 여성들 간의 차이를 인지하면서 다원화된 페미니즘은 일치된 목소리를 내지 못하면서 서서히 퇴조하였다. 다른 한편으로는 90년대에 들어서 본격적으로 생물학적인 성(sex)가 아닌 사회적인 성(gender)에 관심이 집중되는 변화가 쥬디스 버틀러(Judith Butler)를 중심으로 일어났다.

2) 젠더 이데올로기의 등장

1990년 쥬디스 버틀러는 『젠더 트러블: 페미니즘과 정체성의 전복(Gender Trouble: Feminism and the Subversion of Identity)』에서 '여성'과 '남성'의 대립을 가능하게 하는 경계의 해체를 주장함으로써, '여성' 중심의 관점을 무의미하게 만들었다. 후기구조주의 언어학자이자 페미니스트, 레즈비언으로 버틀러는 순수 언어학에 기반한 후기구조주의 언어 이론을 '성'이라는 개념에 적용하여 젠더 이론을 체계화하였다.

20세기 초반 언어학을 기반으로 한 후기구조주의는 언어의 원리를 바탕으로 세상을 이해하는데, 이 이론에 의하면 인간의 지식체계는 자의적이고, 관계적이며, 유동적이고, 불안정하며 궁극적인 의미, 혹은 중심적인 진리는 처음부터 존재하지 않는다는 것이다. 후기구조주의는 절대적 의미의 부재와 주체인 인간의 부재는 전통적 서구 철학사상의 근간을 뒤

엎는 획기적인 사고의 전환을 가져왔다. 후기구조주의는 70년대 본격적으로 자리를 잡게 된 포스트모더니즘적 사고의 기틀을 마련하였으며, 90년대를 기점으로 젠더를 하나의 이데올로기로 자리매김하는 데 주도적인 역할을 하였다.

후기구조주의의 이해를 바탕으로 한 버틀러의 『젠더 트러블』은 다음의 두 가지로 요약할 수 있다. 첫째 생물학적인 성(sex)과 사회적인 성(gender)은 분리될 수 있는 개념이 아니며, 젠더가 섹스를 결정한다(Gender comes before sex)는 것이다. 버틀러는 섹스란 '자연스러운' 것이 아니며, 사회적 관습과 기대 등 후천적이고 사회적인 요인에 의해 오랜 시간에 걸쳐 만들어진 젠더정체성이 자연화된 개념으로 본다. 다시 말해서 섹스나 젠더, 둘 다 철저히 문화적인 개념이라는 것이다. 둘째 젠더는 수행적이라는 것이다. 다시 말해 젠더는 사회 속에서 반복적인 수행을 통해 구성되는 결과이며, 선험적인 정체성이란 존재하지 않는다. 그에게 수행적인 행위에 집중하는 생물학적인 몸은 어떠한 행위를 하게 하는 통로일 뿐 행위를 일으키는 요인이 될 수 없다.

이러한 주장은 남성과 여성을 구분하는 생물학적인 차이를 무의미하게 만들며, 전통 규범에서 벗어나는 모든 성행위를 가능한 것으로 만든다. 생물학적인 성에 기초한 모든 구별을 해체하고자 했던 버틀러는 '여성'이라는 범주를 넘어 다양한 섹슈얼리티 문제로 확장하여 퀴어이론의 창시자로 불리게 되었다. 버틀러가 구축한 젠더 이론은 큰 파장을 일으키며 현대사회를 지배하는 젠더 이데올로기로 자리매김하게 되었다.

서구 사회에서는 2세대 페미니즘의 하향세와 맞물려 젠더 이데올로기가 확산되었던 반면, 우리나라는 특이하게 90년대 이후 래디컬 페미니즘 이론과 젠더 이론이 거의 동시에 유입되면서 현재 우리 사회에 큰 혼란을 일으키고 있다. 현재 국내의 급진적 페미니스트들은 6□70년대 미국과 유럽의 여성들의 집단적 해방과 투쟁을 오마주(hommage)하듯 극단적인 남성 혐오, 여성 우월주의를 재현하면서 동시에 성소수자 권리 운동에도 몰두하고 있다.

급진 페미니스트들의 남성 혐오는 남녀 분열과 사회 분열을 초래하고, 여성과 여성 사이에도 분열을 일으킨다. 대표적으로 여자 대학교 학생들의 커뮤니티를 중심으로 일어나 고등학교, 중학교 여학생에게 번져나가고 있는 탈코르셋 운동은 다른 여성을 억압한다. 미적 아름다움을 추구하는 것은 오랜 인류의 고유한 본능이지만, 안드레아 드워킨 같은 페미니스트들은 이를 "남성우월주의 문화에서 여성을 혐오하는 하나의 측면"이며, 꾸미기 관행은 여성의 삶과 신체에 악영향을 끼친다. 시간 낭비, 돈 낭비, 자존감을 해친다"고 비판했다.

페미니스트 단체의 젊은 여성 활동가들과 특히 여자 대학생 사이에 번지는 탈코르셋 운동은 화장을 거부하고, 머리를 남자처럼 아주 짧게 자르고, 여성성을 강조한 의상은 일체 거부한다. 교내외에서 탈브라 소동을 일으키며, 몸의 해방을 주장한다. 문제는 여대생들의 탈코르셋 동참 요구가 동기나 후배 여학생들에게 또 다른 폭력으로 이어지고 있다는 점이다. 화장하고 다니는 학우에게 "너 같은 애들이 여성 인권을 후퇴시킨다"라고 비난하거나, "결국 남자 친구한테 (성폭력 혹은 죽임을) 당할 것"이라는 과격한 표현을 써가며 압박을 가한다. 페미니즘은 연대 의식을 강하게 요청하며 "우리는 연결될수록 강하다. 자매애는 강하다" 이런 선동적 구호로 여성들을 묶어 억지로 페미니즘에 편입시키려고 하는데, 이에 동참하지 않는 여성들을 조롱하고 혐오, 비판, 차별, 협박한다. 이것이 여성 인권을 위한다는 페미니즘의 민낯이다.

우리나라는 오늘날 양성평등에 있어서 충분한 인식의 단계에 와 있다고 볼 수 있지만, 성주류화 정책을 통해서 여성의 인권 향상을 위한 명목으로 많은 예산을 투입하여 지나친 배려와 혜택을 제공함으로써 오히려 남성을 역차별하는 모순된 결과를 초래하고 있다. 이런 사회 분위기 속에서 급진적 페미니스트들의 파행적 사고와 언행은 오히려 남녀평등과 화합을 방해할 뿐이다. 페미니스트들이 대다수 국민이 동의할 수 없으며 정당성이 없는 성평등을 지금도 여전히 외치는 이유는 무엇일까? 그것은 페미니즘이 본질적으로 정치 권력을 획득하기 위한 수단이기 때문이다.

사실 엄밀하게 말하면 페미니즘의 가장 큰 수혜자인 이론가, 연구자, 활동가들은 양성평등을 원하지 않는다. 그들의 목적은 여성의 지위와 권한 강화이고, 그것은 상층부에 있는 소수의 특권층 여성에게만 의미가 있는 목적일 뿐, 보통의 평범한 여성들, 나아가 보이지 않는 사회 밑바닥 여성들의 삶은 철저히 간과된다. 페미니즘의 실체를 모른 채 양성평등과 페미니즘을 같은 것으로 간주하여 페미니즘을 지지하는 사람들(어린 학생들, 보통의 여성들, 남성들)은 실제로는 페미니즘 카르텔을 위한 희생양이 될 뿐이다. 조금 과장된 표현일지 모르지만, 사실 아무리 노력해도 페미니즘에서 말하는 남녀가 완전히 동등한 유토피아는 이 세상에서 결코 실현되지 않을 것이고, 페미니스트 권력층은 그 사실을 알면서도 자신들의 권력을 독점하고 확장하기 위해서 다수의 평범한 여성들을 계속 이용하는 것이다. 양성평등하지 않은 세상이야말로 그들이 여성 인권이라는 약을 팔기 좋은 최적의 시장인 셈이다. 우리는 이렇게 권력에 눈이 먼 사람들이 성평등이라는 구호를 앞세워 여성 대중을 정치에 이용하는 현실을 직시해야만 한다. 그러나 안타깝게도 대중들은 이 사실을 놓치고 있다. 그리고 대다수의 보수정당에 속한 정치인들은 여성 유권자의 마음을 잡기 위해 알면서도 성평등을 내세우는 여성 개인 혹은 여성단체들을 너그럽게 용납한다.

3장 한국 여성운동의 흐름과 여성정책의 문제점

1) 한국 여성운동의 흐름

이번 장에서는 한국의 여성운동의 흐름과 급진 페미니스트들이 페미니즘을 이용하여 권력을 획득하게 된 과정, 그리고 〈21대 총선젠더정책〉에 대해서 간략하게 살펴보고자 한다.

해방 이후부터 1960년대까지 우리나라 여성운동의 주된 관심사는 여성 계몽과 전쟁으로 남겨진 여성에 대한 보호였다. 현대 여성단체의 기원이 이 시기에 많이 형성되었다. 이 시기는 오래된 유교 문화에 의한 남존여비와 가부장제의 폐해가 사회 전반에 여전히 남아 있어 매매혼, 조혼, 민며느리제, 축첩제 등이 잔존하고 있었으며, 여성들의 역할은 대부분 가정에서의 육아와 가사, 농사일에 머물렀다. 동시에 여성들의 근대적인 삶에 대한 욕구가 다양하고 활발한 여성운동으로 전개되었다. 1945년 '건국부녀동맹'이 좌우 합작으로 결성되었지만, 여기서 우익 여성들이 탈퇴하여 '한국애국부인회' 등의 단체를 조직하면서 정치적으로는 좌우가 매우 뚜렷하게 분리하여 활동했다. 애국부인회는 투표권 계몽, 문자 해독, 생활개선, 전재민 구호, 법률 개정 운동 등을 펼치며 여성의 사회적 지위 향상을 도모하는 활동을 하였다.

해방 이전에 이미 YWCA(1922 김활란), 대한기독교여자절제회(1923 홍에스더), 한국걸스카우트연맹(1946 김성실) 등 7개 단체가 조직되었고, 대한여학사협회(1950 김활란), 여성문제연구회(1952 황신덕), 가정문제상담소(1956 이태영), 대한어머니회(1958 고황경), 한국여성단체협의회(1959 김활란, 이하 여협)을 비롯하여 47개 단체가 조직되었다. 좌익세력은 '건국부녀동맹'에서 우익 여성들이 탈퇴하자, 조직을 개편하여 '조선부녀총동맹'을 결성하고 150여 개 지부, 총 인원수 80만 명으로 마르크스주의에 입각한 여성운동을 전개하였으나, 미군정 하에서 조직력이 약화하여 북한의 여성단체로 통합되기도 하였다.

이 시기에 출발한 여성문제연구원(1952)은 김대중 대통령의 부인 이희호 여사가 상임간사를 맡았던 단체로서 법적 논리와 법 개정을 통해 여성의 법적 지위와 사회·경제적 지위를 동반 상승시키고자 노력하였다. 여성문제연구원은 가부장적인 법률을 개정하기 위한 연구를 통해 남녀평등권, 간통죄의 남녀 쌍벌 제도, 임금·승진의 차별 철폐, 소비자운동, 가족법 개정 등을 주도하였다.

1960~70년대에는 국제 친선, 여성지위향상, 생활개선운동 등 관제적 활동을 전개하였다. 여협이 세계여성단체협의회(ICW, 1960년, 보수성향)에 가입하고 회장 김활란이 유엔대표회의와 국제적십자회의에 참가하는 등 여러 단체가 국제적 네트워크를 구축하고 교류하였다. 국제여성단체협의회실행위원회(1971), 세계여성대회(1975년, 멕시코) 등 유엔의

행동강령 제정에 대한 국가 단위의 대응이 이루어졌고, 국가주도의 가족계획 프로젝트와 새마을운동을 통한 생활개선의 성공사례를 해외에 소개하는 활동이 중심이 되었다. 이런 관제적 활동은 대학교육을 받은 중산층 젊은 여성들을 중심으로 많은 비판을 받았다. 여성의 고등교육과 경제활동 기회가 증가하고 여성 지위가 변화함에 따라 여성운동의 방향이 조정되어야 할 필요성이 제기되었기 때문이다.

이 시기에 공업화, 도시화의 진행으로 변화된 노동시장에서의 문제와 경제성장과 양극화에 따른 비인간화에 대항하는 '인간화(humanization)' 문제가 여성운동의 중요한 목표가 되었다. 크리스찬아카데미(1969 강원룡)는 이런 인간화를 중심으로 여성들을 의식화하는 인적 자원 개발에 몰두하였다. '인간화' 문제는 1971년에는 '모자복지사업문제', 1972년의 '여성고등교육문제', 1973년의 '현행 가족법개정문제' 등으로 추진되었다. 지속적인 민법개정 운동을 전개한 가정법률상담소(1956, 이태영)가 여협, YWCA와 함께 1972년 범여성 가족법개정 촉진회를 결성하여 호주제 폐지, 친족 범위 결정의 남녀평등, 동성동본불혼제의 폐지 등 10개 요구를 내건 가족법개정 운동을 확대 전개하였다. 또한 좌파 여성들은 래디컬 페미니즘을 국내 여성 문제에 적용한 이론적 정립과 군사정권에 대항한 반독재 민주화운동, 여성해방운동, 산업현장에서의 노조운동 등을 전개했다.

1980년대의 여성운동은 여성 문제를 가부장제라는 구조 속에서 인식한 좌파들이 여성해방의 주체를 '여성 전체'로 확대함에 따라 광범위한 대중 여성이 각 계층에서 다양하게 전개하였다. 여성노동조합 활동은 민주화운동과 연계하여 임금 차별, 정년 차별, 평생 노동권 확보, 모성보호 쟁취 등을 주장하였다. 민주화운동에 참여했던 고학력 중산층 여성은 구체적인 여성 문제를 사회구조적 차별의 문제로 접근하였고, '여성의 전화(1983)' 설립을 통해 가정폭력의 문제를 사회로 끌어냈다. 여성평우회(1983)는 여성해방운동의 주체로 기층여성을 설정하였으며. 여성평우회를 포함하여 21개 여성단체가 모인 한국여성단체연합(이하 여연)이 1987년 출범했다. 여연은 현재까지 여성운동의 한 축을 이루는 인적 자원을 제공하고 있으며, 여연 출신 인사들을 중심으로 핵심적인 여성 권력층이 형성되어 있다. 또한 이 시기는 대중매체를 통해 여성 개인의 삶과 구체적 체험을 래디컬 페미니즘의 관점에서 조망하고 가부장제를 비판하는 대중적인 문화운동이 전개되었다.

이 시기의 가장 주목할만한 점은 이화여대 여성학과(1982), 한국여성개발원(1983), 한국여성학회(1984) 등이 설립됨에 따라 국가를 매개로 여성학 학자들과 연구자들, 여성단체 진영이 역할 분담 및 상호보완적인 역학관계를 형성하여 이론과 실제를 체계적으로 정립하여 사실상 국가 페미니즘을 공고하게 다지게 된 것이다. 여성개발원과 여성정책위원회(1983), 정무장관(제2)실(1988)의 공 조로 여성차별철폐협약 가입을 위한 여성정책의 기초가 정립되었다.

1990년대의 가장 큰 특징은 유엔 세계인권선언과 제4차 세계여성대회의 의제가 국내 정책에 도입되었다는 점이다. 유엔의 여성차별철폐협약 비준을 위하여 정부, 여성계, 학계의 긴밀한 협력 관계가 구축되었고, '여협'과 '여연'의 연대로 국회 여성정책 전담 기구인 '여성특별위원회'가 설치되었다. 이 시기 페미니즘 운동은 대학의 여성학과에서 정립된 페미니즘 이론과 세계인권대회(1994년), 세계여성대회(1995) 강령 등으로 국가적인 페미니즘 정책의 정당성과 추진 동력을 확보하는 것으로 진일보했다. 여성정책의 기본법으로 5년 단위의 여성정책 기본계획이 수립되고 추진되는 기반을 '여성발전기본법(1995)' 제정을 통해서 확보하였다,

　대표적 여성단체인 '여협'과 '여연' 사이에는 여성주의에 대한 이념적 좌표의 차이가 존재하였고, 보수성향을 띤 여협이 관변성과 함께 대외활동에 매우 소극적이었던 반면, 여연은 조직 안팎의 인적·물적 자원을 동원할 수 있는 리더십과 정치적 역량 확보하는 동시에 여성 개인의 문제를 정치적인 문제로 부각시키며 페미니즘 운동의 대중화와 지역화 역량을 강화해나갔다. 전문가와 대중이 결합하여 정책 제안, 모니터링 등을 통해 법·제도 개혁과 여성정책에 적극 개입하고, 이와 연계하여 산하기관 및 단체들이 정부와 지자체 등에서 여성정책 관련 사업을 수행하는 구조를 만들어냈다. 이렇게 좌파 여성단체들은 여성에 대한 폭력을 '인권'이라는 주제로 풀어내어 사회적 정당성을 획득하고, 가정폭력□성폭력 특별법, 성매매방지법과 같은 여성인권법 제정 운동을 전개하며, 법 제정 및 시행에 따른 관련 상담, 학교 성교육, 성폭력가해자교육, 성희롱예방교육 등

사업을 위탁받거나 단체를 설립함으로써 더욱 세력을 확장해갔다.

특히 1998~2007년 사이 여성정책은 1995년 북경에서 열린 제4차 세계여성대회에서 채택된 '성주류화 전략'의 영향을 받았다. 김대중 정부 시절 대통령 직속의 여성특별위원회가 2001년 여성부로 신설, 장관급 부처로 격상되었고, 여성 노동자운동은 부당해고 소송을 통해 남녀고용평등법 개정(1999)과 남녀차별금지법 제정의 성과와 함께 '직장 내 성희롱' 문제를 '성적 자기결정권'이라는 용어와 함께 공론화하였다.

2000년대 이후 여성운동의 담론은 유엔을 등에 업고 '실질적 남녀평등사회의 실현'을 목표로 한 제2차 여성정책기본계획의 추진 전략에 따라 '성(젠더)주류화' 정책의 이행으로 정립되었다. 여성 인권운동으로 성매매방지법(2004) 제정과 호주제 폐지(2005) 등 법률적 성과와 함께 여성, 가족 등 담론의 이론화를 통해 공공정책의 의제를 발굴하며 이론가, 활동가 등이 주류 고위 정책결정자로 진출하는 순환 체계를 확보하여 사실상 성주류화 정책을 국가의 공공정책으로 삼아 현재에 이르고 있다.[3]

---

3) 대표적 여성단체와 핵심 인물들은 아래와 같다.
 - 여성평우회(1983년) 출신: 지은희 전)여가부 장관, 김상희 의원, 한명숙 전)총리, 김희선 전)의원 등
 - 한국여성의 전화(1983년) 출신: 정춘숙 의원, 신혜수 유엔인권정책센터 상임대표, 이계경 전)여성신문 대표 등
 - 한국여성단체연합(1987년) 출신: 박영숙 전)의원, 이우정 전)의원, 이미경 현 코이카 이사장(전)의원), 한명숙 전)총리, 지은희 전)장관, 정현백 전)장관, 남인순 의원, 권미혁 전)의원, 나영희 현 국민연금공단 복지 이사, 신혜수, 장향숙, 최영애 전)국가인권위원장 등
 - 한국여성민우회(1987년) : 민우회 생협을 통한 풀뿌리 여성 좌파 운동의 본산
 - 한국정신대문제대책협의회(1990년) 출신: 윤미향 의원, 지은희 전)의원, 이미경 전)의원, 신미숙, 신혜수, 강혜숙
 - 한국성폭력상담소(1990년) 출신 : 최영애 전)국가인권위원장, 이미경 전)의원
 - 한국여성재단(1999년) 출신: 정영애 전)여가부 장관, 이연숙 전)의원, 이효재 전)정대협 대표, 장필화, 이혜경, 남인순, 권미혁, 박영숙
 - 여가부 산하기관: 박봉정숙 전)한국여성인권진흥원(2009년) / 권인숙 의원, 전)한국여성정책연구원 원장 / 나윤경 전)한국양성평등교육진흥원

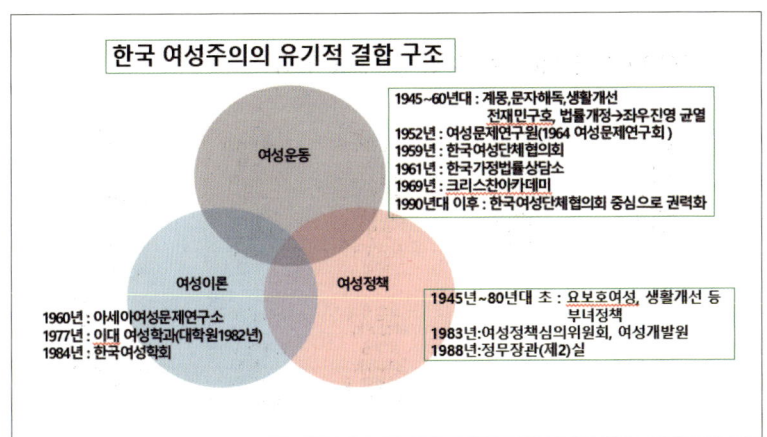

2) 현행 여성정책의 문제점

　북경행동강령(1995)이 제4차 유엔 세계여성대회(북경)에서 발표, 채택된 이후 유엔의 여성정책은 성주류화(Gender Mainstreaming)전략으로 전환하였다. '성(젠더)'라는 어젠다가 여성계의 중심 과제 및 전략으로 들어온 것이다. 성주류화 전략이란 여성문제는 정치적 측면 뿐 아니라 경제, 사회, 문화, 인권과도 밀접히 관련이 있으므로, 국가의 모든 정책영역에서 중요하고 본질적인 주류로 다루어져야 하며, 모든 정책 결정에 있어 여성의 참여 증진과 성인지적 관점의 고려가 이루어져야 한다는 전략이다. 성주류화 전략은 성인지 정책과 프로그램의 이행과 보고 및 성인지 예산의 시행을 요구한다.

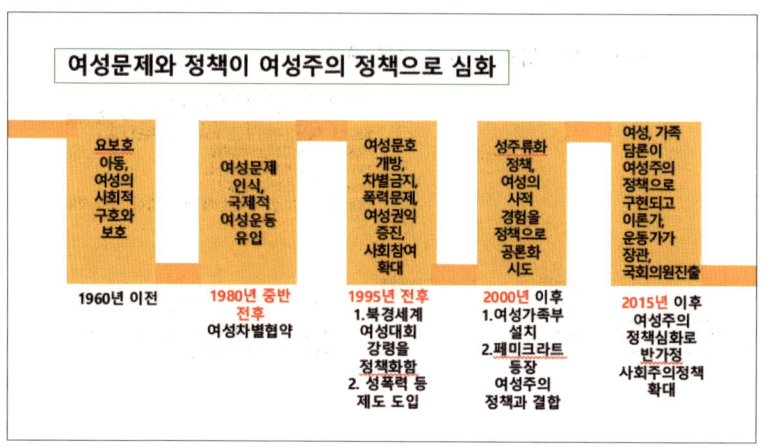

　북경대회 이후 국내의 성주류화 전략이 성별영향평가, 성인지예산, 성인지교육으로 실행되기 시작했다. 성주류화 전략에 따른 여성정책 기구의 변화를 다시 연도별로 정리해보면 1998년 여성특별위원회 신설 → 2001년 여성부 출범 → 2005년 건강가정기본법 관련 사무 이관받아 여성가족부로 변경 → 2008년 영유아보육 관련 사무 보건복지가족부로 하여 다시 여성부로 개편 → 2010년 보건복지가족부로부터 청소년, 가족 관련 사무 이관받아 현재 여성가족부의 모습을 갖추었다. 1995년 여성발전기본법 제정된 후 2015년에 이를 양성평등기본법으로 명칭 변경하여 성주류화 정책을 위한 법률적 근거를 확립하였다.

　제도적으로는 사회 각 조직의 모든 정책을 성평등 관점으로 통합하여 여성할당제, 동일 채용 등을 적용하였다. 2005년에는 성별영향평가를 본격적으로 시행하였고, 2010년에는 성인지예산 제도를 시행하였는데 2010년 7조 5000억원이던 성인지예산은 10여 년만인 2021년 35조에 달하여 국가 전체 예산의 거의 10%에 달하는 규모가 되었다.

여성가족부는 성주류화 정책의 컨트롤타워로서 산하기관인 한국여성정책연구원은 성평등 관점의 연구를 통해 관련 통계와 지표를 제공하고, 한국양성평등교육진흥원은 성인지교육 강사를 양성, 파견한다. 이러한 적극적인 성주류화 정책으로 인해 국가 전체가 성평등 관점, 사실상 페미니즘 관점으로 재편되어 온 셈이다. 여성가족부는 현재 우리나라의 성평등 수준과는 상관없이 국가 정책 전반에 젠더평등 관점을 지속적으로 유지, 강화하고자 하는 시도를 계속하고 있다. 그 대표적인 예가 바로 지난 21대 총선을 앞두고 여가부의 후원으로 여연이 발표한 〈지속가능한 성평등사회를 위한 총선젠더정책〉이다. 국가 페미니즘 20년의 결정체와도 같은 이 책자의 내용을 살펴보면 이들이 꿈꾸는 세상의 모습이 기가 찰 노릇이다. 보편적 상식을 가진 국민이라면 도저히 받아들이기 힘든 내용들이 가득하다. 그런데도 소위 우파라는 여성 정치인들이 이 내용에 동조하는 현실은 그만큼 페미니스트 세력이 주류권력층이 되었다는 반증일 것이다.

성주류화 전략의 가장 큰 폐해는 강제적인 성인지적 관점의 교육을 통해서 페미니즘을 의식화한다는 것이라 할 수 있다. 이는 특히 지난 5년 동

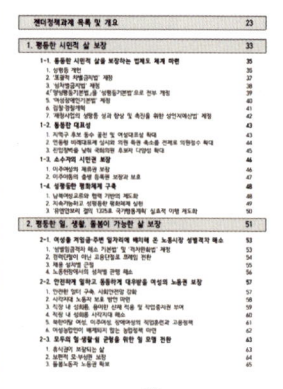
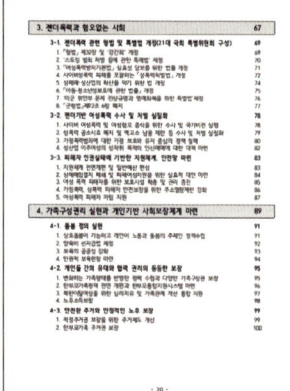

안 페미니즘 정부를 자처했던 문재인 정부에서는 특히 페미니즘 교육이 학교 교육에서 의무화됨에 따라 가치관이 형성되는 시기의 학생들에게 강제되었다. 다음 장에서는 페미니즘 교육에 대해서 살펴보겠다.

4장 페미니즘 교육

2017년 7월에 있었던 위례별초 사건을 보자. 당시 위례별초등학교에 근무하던 전교조 소속의 최현희 교사는 닷페이스라는 매체와의 인터뷰 영상에서 "왜 여자아이들은 운동장을 갖지 못하지? 남자아이들이 전유해야 하지? 아무도 이런 여성혐오를 가르쳐주지 않는다"라며, "학교에서 페미니즘 교육을 하고 있다."고 밝히면서 논란을 불러일으켰다. 특히 그는 교무실 자신의 업무용 책상 칸막이에 여러 가지 포스터를 부착하였는데, 그 내용이 "남자는 다 짐승? 남성에게 필요한 것은 목줄입니다"라는 문구의 인쇄물과 성소수자 관련 포스터를 부착하면서 많은 비판을 받았다. 해당 포스터는 페미니스트 커뮤니티인 '여성시대'에서 서울 지하철에 광고하기 위해 제작된 22건의 도안 중 하나로, 서울지하철 광고심의위원회에서 '남성 혐오 메시지가 뚜렷하여' 광고 게시 거절 판정을 내렸던 포스터였다.

양성(성)평등 교육, 성폭력 예방 교육이라는 이름을 달고 사실상 래디

컬 페미니즘의 이론을 초·중·고에서 진행하고 있다. 소위 전문 강사라는 이름으로 학교 현장에 투입되는 강사들은 다보스포럼에서 발표하는 WEF 자료를 인용하여 한국의 성격차지수가 세계최하위권을 기록하고 있다면서, 한국의 성별 불평등이 여전히 심각하다는 잘못된 전제 위에서 페미니즘 교육을 지속하고 있다. 한국이 아시아 1위, 세계 10위의 성평등 국가임을 나타내는 성평등지수(UNDP 발표)는 언급하지 않은 채, 여성은 약자이자 피해자이고 남자는 가해자, 범죄자로 규정하는 자료를 중점적으로 보여줌으로써 의도적으로 남성 혐오를 조장하는 셈이다.

페미니즘 교육은 특히 성폭력에 대해서 일방적으로 여성이 언제나 피해자임을 강조한다. 페미들이 한남충, 소추소심 등 워마드 용어로 남성을 폄훼하는 행위에 대해서는 여성들이 당했던 혐오와 차별에 대한 미러링일 뿐이라며 정당화하고 전혀 다른 잣대로 판단하는 이중성을 보인다.

나무위키

서울시 교육청 발표 〈2018년 학교 성폭력 예방 및 근절 대책〉 공문에서 '성폭력 개념'을 다음과 같이 설명하고 있다. "성폭력 개념은 성희롱, 성추행, 성폭행 등 상대방의 의사에 반하여 성을 매개로 가해지는 신체적, 언어적, 정신적 폭력을 모두 포괄함"이라 정의하고 있다. 이렇게 광범위한 '성폭력'의 개념은 남학생들에게 위축감을 준다. 대학교 내에서도 동아리 활동 중 일상적으로 나누는 대화가 남녀 대학생들 간에 성희롱 사건으로 비약되는 경우가 급증하고, 성희롱이나 차별, 혐오 등으로 남학생들을 고발하는 일이 비일비재하게 되었다.

최근 필자가 주변 학부모들에게 듣는 충격적인 이야기는 학교에서 이렇게 모호하고 광범위한 성폭력 개념을 적용하여 남학생들을 위축시키다 보니, 이성에 대한 자연스러운 호기심을 갖는 청소년기의 학생들 사이에 여학생들은 여학생들끼리, 남학생들은 남학생들끼리 동성 간에 성적 접촉이 늘고 있다는 것이다. 상식을 벗어난 래디컬 페미니즘이 학교 현장에 이런 독초를 심고 있다.

페미니즘 교육을 주도해 온 것은 여성가족부 산하 기관인 한국양성평등교육진흥원(이하 '양평원')이다. 2018년 6월 래디컬 페미니스트로 알려진 나윤경 씨가 양평원 원장으로 임명되고 그는 양평원이 '성인지 교육 프로그램 허브'가 되겠다는 의지를 밝혔다. 그는 '양성평등 교육'과 '페미니즘 교육'은 다르다고 강조하며, '페미니즘 교육'이란 자본주의의 구조와 모순을 함께 가르치는 것이라고 명확히 밝히기도 했다.[4] 2021년 4월 경, 양평원 공식 유튜브 계정과 공식 홈페이지인 '젠더온'에 올린 중학생용 성교육 영상에서 '남자는 잠재적 가해자이며, 스스로 나쁜 사람이 아니라는 걸 증명해야 할 시민적 의무가 있다'는 나윤경 씨의 발언은 엄청난 비판을 받았다. 위에서 잠깐 살펴본 학교 현장에서의 래디컬 페미니즘 교육과 궤를 같이하는 발언이다.

지난 대선에서 '여성가족부 폐지'라는 공약이 나왔던 것은 페미니즘 교육을 포함한 이념편향적 정책에 대한 국민적 반감의 표출이었다. 하지만 여가부가 존속하고 있는 현재에도 '포괄적 성교육'을 포함한 페미니즘 교육은 여전히 진행 중이다.

1) 포괄적 성교육

2017년부터 "초·중·고등학교 페미니즘 교육 의무화 교육 지금 당장!"이라는 구호를 내걸고 전교조 여교사들과 여성단체들이 연대하여 페미니즘 교육 의무화를 실현하기 위한 행동에 돌입하면서 주장하기 시작한 것이 '포괄적 성교육 권리보장'이다. 그들은 '포괄적 성교육 권리보장'이 유네스코, 세계보건기구(WHO), 유엔여성기구가 2018년 1월 펴낸 〈성교육 국제 실무 안내서〉를 따른 것으로 설명한다.

---

4) '양성평등 교육' 넘어 '페미니즘 교육'으로", 여성신문(2018.10.03.)

국제 사회에서 포괄적 성교육에 대한 필요성이 공식적으로 제기된 것은 1994년 카이로 세계인구대회와 1995년 북경 제4차 세계여성대회부터이다. 그 배경을 조금 더 살펴보면 1994년 세계인구대회에서 '재생산권' 개념이 전면에 등장하고, 1995년 제4차 세계여성대회에서는 재생산권에 '성적 자기 결정권'을 포함한 '성·재생산 건강 및 권리(SRHR:sexual and reproductive health and right)'를 여성의 인권으로 선언했다. 이후 2009년 유네스코의 국제 성교육 가이드라인(International Guide to Sexuality Education)이 출간되면서 일부 유엔 기구들이 회원국들에 구속력이 없는 포괄적 성교육을 진행하도록 압박해 왔다.

유네스코의 가이드라인은 '포괄적 성교육을 성(sexuality, 섹슈얼리티)에 대한 인지적·정서적·신체적·사회적 측면에 대하여 배우는 교육과정으로 아동과 청소년에게 건강과 복지, 존엄성에 대한 인식 능력, 존중을 기반으로 하는 사회적·성적 관계 형성 능력, 권리에 대한 이해와 보호 능력을 높이는 지식, 태도, 가치를 갖추는 교육'이라고 명시하고 있다. 다양성에 기반하여 청소년이 향후 타인과 원만하게 관계를 맺고 살아가기 위해 남녀 역할이나 남녀 관계에 대한 오랜 편견을 벗어나 생물학적인 성만을 다뤘던 기존의 성(sex, 섹스)교육에서 벗어나, 인권과 성평등의 개념을 포괄하는 교육으로 전환해야 한다는 새로운 목표를 제시하였다.

따라서 포괄적 성교육은 성과 관련된 모든 내용을 교육한다는 목표 아래, 청소년이 자유롭게 성관계할 수 있는 '성적 자기 결정권'을 인정하고 콘돔과 피임약을 권장하는 '세이프 섹스(safe sex education)' 교육을 시행한다. 나아가 항문성교를 포함한 동성 간의 성행위를 정상으로 가르치고, '재생산권'이라는 이름으로 '마음대로 낙태할 권리'를 가르치며, 수십 개에 달하는 성적 욕망을 정체성으로 인식하게 하는 '성별 정체성', '성적 지향', '다양한 성'을 인권과 다양성으로 가르친다.

포괄적 성교육은 '동의'를 전제로 한 청소년들의 성행위를 성적 자기 결정권으로 가르친다. 성에 대한 조기 노출이 초래하는 위기 임신에 빠진 여학생들이 마음대로 낙태할 권리를 달라고 외치기도 하고, 아기를 낳아 쓰레기통에, 화장실 변기에, 야산에 버리는 영아 유기범이 되기도 한다. 그러나 이 여학생들의 삶에 대한 책임은 누가 지는가? 섹스와 낙태가 권리라고 가르쳐 온 사람들은 이 아이들의 친구인 척하며 아이들을 앞세워 래디컬 페미니즘을 법제화하거나 정책화하는데 몰두하고 있다. 피임약과 낙태의 부작용에 따르는 모든 책임은 결국 오롯이 아이들이 져야만 한다. 포괄적 성교육은 아이들에게 성행위가 단순히 즐거운 놀이인 것처럼 가르치고 성행위에 뒤따르는 결과들에 대한 책임은 배제함으로써, 성에 대한 올바른 가치관을 형성하는 것을 저해하고 있지 않은지 면밀하게 살펴봐야 한다.

인구보건복지협회는 보건복지부 산하 사단법인으로 과거 산아제한에 앞서왔던 대한가족계획협회의 새로운 이름이다. 1961년에 4월 설립된 대한가족계획협회는 같은 해 6월 IPPF(국제가족계획연맹)에 가입하고 국가의 가족계획사업을 시행해왔다. 3명의 자녀를 3년 터울로 35세 이전에 단산하자는 60년대의 3·3·35운동, 딸 아들 구별말고 둘만 낳아 잘기르자는 70년대의 둘 낳기 운동, 둘도 많다는 한자녀 낳기 운동까지 인구억제를 위해 강력한 산아제한 조치를 지속하였고 1983년에는 인구가 4천만을 돌파하자 인구폭발방지 범국민결의대회 서명 캠페인을 열기도 하였다. 인구보건복지협회가 가입한 국제가족계획연맹에 대해서 조금 살펴보자.

우리나라와 미국 전역의 낙태와 피임 산업의 배후에 있는 '미국가족계획협회(Planned Parenthood Federation of America)'를 포함하여 세계 180개국의 회원국을 가지고 있는 '국제가족계획연맹(International Planned Parenthood Federation)'은 피임과 불임시술, 낙태를 주로 기아에 허덕이는 빈곤국에 전파함으로써 '잘못된 사람들의 출산을 완벽하게 방지'하고 올바른 유형의 시민들에게만 출산을 허용하고자 했던 마거릿 생어의 우생학적 소신의 결실이라 할 수 있다. 여기에 유엔과 록펠러재단, 빌 게이츠와 조지 소로스 등 세계적인 유력한 조력자들이 힘을 보태왔는데, 이들은 입을 모아 불필요한 인구 과잉이야말로 지구의 위기를 초래하는 골칫덩어리이며 이를 해결하기 위해 양질의 '생식보건' 서비스를 제공하는 선한 사명을 위해 전 세계에서 낙태를 여성의 권리라고 주장해왔다. 전통적인 결혼과 가족제도를 거부하고 남성과 동등한 자유와 평등을 누리기 위하여 임신과 출산, 양육이라는 삶의 굴레를 벗어나는 것을 성해방으로 보는 급진적 페미니스트들과 우생학이 IPPF를 통해서 결합하였다. 이들은 자신들의 목표를 실현하기 위해 피임과 낙태를 자기 결정권으로 행사하도록 만들었다.

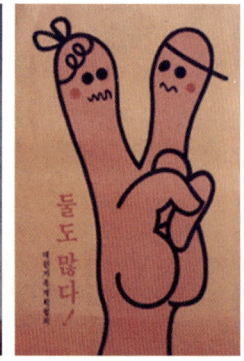

인구보건복지협회 홈페이지 www.ppfk.or.kr

낙태는 페미니스트들의 주장하는 포괄적 성교육의 중요한 어젠다이다. 성적 자기결정권을 행사하여 즐거운 성행위를 마음껏 누리기 위해서 피임과 불가피한 임신으로부터 자유로워질 낙태를 권리로 주장하기 때문이다. 세계 최저출산율로 국가소멸 위기에 처한 대한민국에서 인구보건복지협회가 낙태를 권리로 포장하는 포괄적 성교육을 적극적으로 홍보하고 있다는 것은 아이러니가 아닐 수 없다.

https://m.post.naver.com/viewer/postView.naver?volumeNo=29340273&memberNo=22718804&vType=VERTICAL

　명시적이지는 않지만, 현재 국내 초·중·고등학교의 성교육, 성평등 교육은 포괄적 성교육 지침에 따르고 있으며, 학교뿐 아니라 '아하! 서울시립청소년성문화센터'를 비롯한 전국의 지역 성문화센터에서 포괄적 성교육이 활발하게 진행 중이다. 특히 한국청소년성문화센터협의회(한성협)는 「아동·청소년 성보호에 관한 법률」에 근거하여 운영되는 청소년 성교육 전문기관으로 인정되어, 전국 57개 센터를 설치, 운영하고 있다.

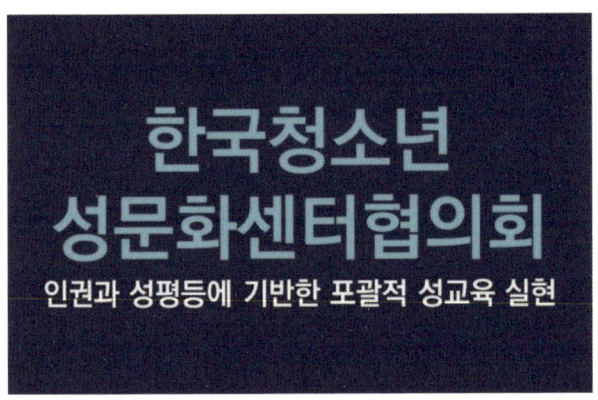

https://www.facebook.com/photo.php?fbid=512566577538183&set=
pb.100063545349442.-2207520000.&type=3

이러한 유네스코의 '포괄적 성교육' 내용이 문재인 정부가 만든 2022 개정 교육과정 시안에 포함되어 학부모들의 엄청난 반대와 저항을 불러 일으켰다.

22년 10월 18일 국회에서 열린 '유네스코 포괄적 성교육에 대한 국제적 저항운동' 국제 학술 세미나에서 메인 발제를 맡았던 위르겐 윌커스 스

GMW연합 블로그(2022.12.06.) https://blog.naver.com/dreamteller/222947899727

위스 취리히 대학 교수는 유네스코의 '포괄적 성교육'에 대해 "유럽인권법원은 성교육을 금지하지는 않지만 어떤 형태의 '세뇌'는 금지하며 학생들의 성도덕에 영향을 주는 것을 목적으로 해서는 안 된다"고 지적했다.

이날 세미나에서 울산대 교육학과 이제봉 교수는 구(舊)동구권이 몰락하고 전통적인 공산주의 폭력혁명과 군사력을 통한 위성국가 수립이 어려워지자 자유민주주의 체제를 파괴하기 위해 새롭게 수립된 전략이 바로 성(性) 혁명이라고 비판하며, 포괄적 성교육은 "시대에 뒤떨어진 수구 좌파의 체제전복 전략"이라고 강조했다.

중요한 것은 포괄적 성교육이 외형적으로는 자기 결정권, 인권, 다양성을 강조하지만, 실제로는 그 뿌리가 마르크스주의와 맞닿아 있는 급진적 페미니즘에서 나와 사회의 근간이 되는 가정과 도덕 및 윤리를 해체하고 궁극적으로는 자유민주주의 체제의 전복을 시도하는 정치교육이라는 데에 있다.

팬앤마이크(22.10.18) http://www.pennmike.com/news/articleView.html?idxno=57810

2) 성인지 감수성(gender sensitivity)과 나다움 교육

2018년 4월 "성인지 감수성을 잃지 말아야 한다."는 최초의 대법원 판결 이후 성인지 감수성이라는 정체불명의 단어가 뿌리 깊은 성차별 사회를 극복할 대안인 것처럼 일반화되기 시작했다. 성인지 감수성은 "오늘 더 예뻐 보이네!" "최근에 살 빠진 것 같아"와 같이 여성의 외모나 몸매에 대한 사소한 일상의 자유로운 대화조차 금지하고 있다. 2000년 초반 여성계에서 젠더라는 용어를 대중화하여 자신들의 무기로 삼은 후 강조되어 온 젠더 감수성과 성인지 감수성이 명징해야 할 법률의 판결에서까지 인용되면서 그야말로 광풍처럼 우리 사회를 강타하고 있다.

성인지 감수성이란 사회에 만연한 성별 간의 불균형을 얼마나 인지하고 있는가에 대한 민감성으로 정의할 수 있다. 이 용어는 여성을 언제나 피해자로서만 인지하려는 래디컬 페미니즘과 양성의 구분 자체를 해체하고 다양한 성을 수용하라는 젠더 이데올로기를 내포하는 용어이다. 21년 4월 서울시장과 부산시장의 보궐선거가 치러졌다. 두 시장 모두 성 비위 사건으로 물러나고 치러지는 보궐선거에 대해 당시 이정옥 여성가족부 장관은 "국민 전체가 성인지 집단 학습의 기회"라는 발언으로 물의를 빚었다. 물론 문제의 두 고위 공직자는 명백한 성추행범으로 비판받아 마땅했지만, 성인지가 모든 국민이 갖추어야 할 필수 덕목이라도 되는 것처럼 공식 발언하며 여가부가 성인지 정책의 중심에서 국민 모두에게 페미니즘을 강요하는 실상이었다.

20년 8월 당시 야당이었던 국민의힘 의원이 국회 교육위원회 회의에서 여성가족부의 「나다움 어린이책 교육문화사업」의 일환으로 일부 초등학교에 배포한 성교육 도서가 "성관계와 동성애, 동성혼을 지나치게 미화하고 있다"고 지적하였다. 이후 '나다움 어린이책'과 '성인지 감수성'이 학부모들의 찬반 논쟁을 촉발하며 뜨거운 감자로 떠올랐다. 여가부 추진 사업인 '나다움 어린이책'은 공식 블로그에서 '성인지 감수성을 바탕으로 나와 남을 긍정하고 다양성과 공존을 지향하는 책'이라 설명하고 있다. 이때 성인지 감수성은 성별과 무관하게 스스로가 존중받을 권리를 가진 개인임을 깨닫는 것으로 정의된다. 그러나 여기서 말하는 다양성, 공존, 개성 존중은 일종의 기망적 말장난에 지나지 않는다.

성인지 감수성은 소수자와 사회적 약자를 차별하거나 배제하는 표현을 금지하는 PC(Political Correctness)주의와 맥을 같이 한다고 볼 수 있다. 이는 엄연히 현실에 존재하는 남성다움, 여성다움이라는 개념을 구시대적인 이분법적 사고로 치부하고, 자연스러운 남녀의 차이를 성차별로 간주하는 페미니스트들의 언어 전술이다. 페미니스트들은 남녀 성별의 차이 자체를 젠더폭력의 원인으로 규정하며, 이 젠더폭력을 없애기 위해서는 전통적인 여성다움, 남성다움이라는 시대착오적 고정관념을 없애고 그것을 나다움이라는 개인의 정체성으로 대체해야 한다고 주장한다.

언뜻 들었을 때는 그럴싸하지만, 그들의 이러한 주장이 얼마나 억지스러운가를 파악하는 것은 어렵지 않다. 남성다움과 여성다움은 성 역할에 대한 고정관념에서 나오는 것만을 의미하지 않는다. 남성과 여성의 차이는 매우 근본적이다. 그 둘 사이에는 엄연히 염색체, 호르몬, 생식기 등 절대 바꿀 수 없는 생물학적 차이가 존재하고, 그 생물학적 차이가 사회적 역할에 반영이 되는 것은 매우 자연스러운 것이지만, 그들은 이러한 진실에는 완전히 눈을 감는다.

심각한 것은 이런 내용을 담은 책들을 초등학교와 유치원 아이들에게까지 읽히며 어릴 때부터 페미니즘과 젠더 이데올로기를 자연스럽게 받아들이도록 조용한 성혁명을 시도하고 있다는 것이다. 여성가족부의 '나다움 어린이책'은 남녀 사이에 생물학적이고 의학적인 차이가 존재함에도 불구하고 성이 자신의 느낌과 환경, 끌림으로 구성된다고 주장한다. 이 터무니없는 주장을 근거로 다양성과 개성의 이름으로 동성애자나 소아성애자, 트렌스젠더 등도 모두 인정하도록 한다. 아이들에게 동성애도 괜찮은 것으로 가르치기 시작한 이후 국내 청소년 에이즈 감염자가 급증했다는 통계는 충격적이다.

또한 어린이들에게 "재미있거든"이라는 표현을 동원하여 성적 호기심을 자극하고, 정서와 가치관을 형성해가고 있는 어린이들에게 개입하여 성정체성과 가치관을 왜곡할 수 있는 무분별한 성교육 도서들을 읽게 하는 것은 아동의 발달단계조차 전혀 고려하지 않은 무책임하고 가학적 행위이다. 여가부가 다양성과 인권을 내세워 성인지 감수성 향상과 성평등을 위한 도서라며 보급하는 나다움 책장사업은 정부가 초등학생들의 성교육에 지나치게 개입하는 위험천만한 일이 아닐 수 없다. 남녀갈등과 대결을 더욱 가열시키고 동성애, 트렌스젠더 등을 옹호하는 성인지 감수성은 학교와 모든 영역에 침투하여 맹활약 중이다.

여성가족부가 배포한 나다움 어린이 성교육 도서

성인지 감수성이라는 용어가 슬그머니 우리 사회에 들어와서 우리의 자녀 세대에게 교육이라는 이름으로 강제되고 있다. 성인지 감수성 앞에서는 모든 것이 용납 가능하기도 하고, 반대로 모든 것이 용납 불가능하게 되기도 한다. 상황과 무관하게 여성은 피해자가 되고, 남성은 가해자가 된다. 모든 성범죄는 여성에 대한 혐오와 차별의 범죄가 된다. 사실상 페미니즘의 산물에 불과한 이 단어가 우리의 자유로운 표현과 관계 형성을 억압하고 우리를 페미니즘 안에 박제하고 있다. 개인의 다양성과 개성 존중이라는 양의 탈을 쓰고 성별 갈등을 조장하여 사회를 분열시키고, 더 나아가 성별 해체를 통해 건강한 가정을 기초로 하는 사회를 해체하는 정치혁명의 도구가 되고 있다.

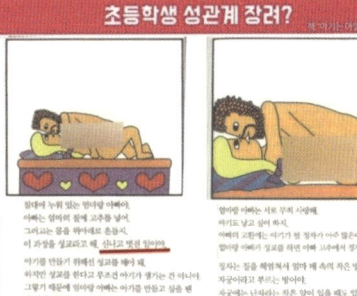

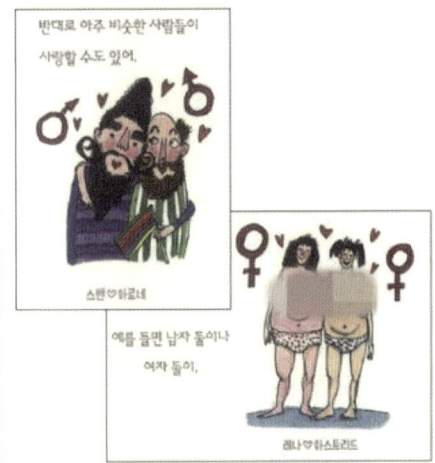

나가면서

　급진 페미니즘과 젠더 이데올로기에 기반한 성주류화 정책은 지난 20여 년간 대한민국을 페미니즘에 가두었다. 모든 국민이 페미니즘 안에서 살아가도록 강요받았고, 여성들에 대한 오랜 '적극적 우대 조치'는 젊은 남성들에게 차별적이었다. 성주류화 정책은 여기서 멈추지 않고 이제 생물학적 섹스와 사회적 성 역할인 젠더의 개념을 허물고 성별 자체를 해체하려는 해체주의적 시도로 도약하여 차별금지법의 제정을 통해 LGBTQ 등을 인정하도록 하고 강제하고 있다.

　페미니즘은 우리 사회의 대립과 분열을 초래하는 강력한 권력 집단을 형성하여 개인의 보편적이고 자유로운 권리를 침해하고 있다. 또한 여성에만 집중된 성별과 세대를 하나로 묶는 토대인 건강한 가족과 가족을 기본단위로 한 공동체 문화를 무너뜨리고 있다. 그리고 이러한 사상에 동의하지 않는 사람들을 차별주의자 혹은 구세대라는 프레임에 가두고 입에 재갈을 물리는 방식으로 억압한다.

　페미니즘은 결코 멈추지 않고 진화할 것이다. 페미니스트들이 원하는 것은 자신들의 지위 향상과 권한이기 때문에, 계속해서 그 탐욕의 손을 뻗어 원하는 것을 취하려 생떼를 쓰고 억지를 부릴 것이다. 페미니즘은 소수 엘리트 여성들의 정치운동일 뿐이다. 남성을 가해자로, 여성을 피해자로 인식하는 오류의 일반화에 불과한 페미니즘이 평범한 여성의 삶에 미치는 영향이란 남성을 혐오하고 두려워하게 되는 것, 남녀가 분리되는 것, 그리고 약간의 부스러기 같은 복지혜택이 전부일 것이다.

국가가 주도한 페미니즘 정책의 유일한 공로라면, 한 세대 만에 놀라운 성평등사회를 이루어낸 것이라고 할 수 있겠다. 그러나 그 부작용도 만만치 않은 것이 지금 우리의 현실이다. 현재의 여성주의 운동을 반성하고 남성과 여성의 바람직한 관계와 역할을 찾기 위해 노력해야 할 시점이다. 우리가 이룩한 성평등 위에서 이제 국민으로서 여성이 무엇을 할 것인가 하는 시대의 물음에 답할 차례이다. 우리 사회를 유교적 가부장 사회로 고정해두고 그 구조적 모순에서 여성은 차별과 혐오의 대상이 되고 있다는 그 쩐내 나는 피해의식을 벗어버릴 때이다.

더 나은 내일을 향한 한 발을 내딛기 위해 국가 페미니즘의 본류인 여성가족부를 폐지하고 새롭게 출발할 수 있기를 간절히 고대한다. 갈등을 넘어 존중과 협력, 상생이라는 새로운 남녀 관계가 정립되기를 바란다.

참고문헌

그 페미니즘은 틀렸다, 오세라비, 2018, 좁쌀한알
성인지감수성트러블, 오세라비, 안요한, 전혜성 공저, 2020, 가을밤
페미니즘의 민낯, 현숙경, 2022, 바른북스
페미니즘은 어떻게 괴물이 되었나, 오세라비, 나연준, 김소연 공저, 2020, 글통
한국여성단체연합 30년의 역사, 한국여성단체연합, 2017, 당대

전 혜 성

현) 사단법인 바른인권여성연합 사무총장

15년간 청소년들에게 바른 가치관을 심어주기 위한 교육활동에 헌신하던 중, 2019년 인헌고 사태를 통해 페미니즘 교육의 실태를 알고 페미니즘의 실체를 알리기 위해 시민단체 활동을 시작하였다. 현재 사단법인 바른인권여성연합의 사무총장으로서 우리 사회에 만연한 페미니즘을 극복하고 생명과 가족을 지키기 위한 공익활동에 전념하고 있다.

6. 반동과 저항 그리고 교훈

이 영 풍

전 KBS보도본부 기자
전 KBS아프가니스탄 종군 특파원
「공감으로 집권하라」 저자

반동

문재인 정권의 언론장악 신호탄!
언론에 폭로된 민주당 언론장악 시나리오 문건

 2017년 5월 집권한 뒤 4달 만에 문재인 정권의 이른바 공영방송 장악 시나리오 문건이 언론에 공개됐다. 2017년 9월 7일 조선일보의 특종 보도를 시작으로 폭로된 문재인 정권의 언론장악 시나리오 사건은 이후 문건의 시나리오대로 흘러갔다는 점에서 최초 기획자와 실행자, 집행자의 실체가 밝혀져야 할 필요가 있다. 당시 조선일보는 관련 보도에서 더불어민주당 관계자가 작성한 것으로 보이는 비공개 검토보고서 내용을 폭로했다. 보고서에 따르면 더불어민주당은 KBS·MBC 등 공영방송을 '언론 적폐'로 규정했다. 이를 청산하기 위해 공영방송 사장과 이사진 퇴진을 위한 촛불 집회 등 시민단체 중심의 범국민적 운동을 추진해야 한다는 내부 문건을 만들었다. 구체적인 전술도 소개됐다. 당시 야당인 자유한국당의 추천을 받은 이사들의 개인 비리를 부각시켜 퇴출시켜야 한다는 제안도 포함됐다. 본 문건은 더불어민주당의 전문위원실이 만든 것으로 전해졌는데 2017년 8월 25일 민주당 의원 워크숍에서 국회 과학기술정보방송통신위원회 소속 의원들이 공유했던 것으로 알려져 충격을 줬다.

보고서의 상세내용을 보면 이른바 한국의 공식적인 정당이 어떻게 이런 노골적인 언론장악 문건을 작성하고 의원 워크숍에서 공유할 수 있는지에 대한 근본적인 의문이 일었다.

KBS, MBC 사장을 어떻게 몰아낼 것인가에 대한 주요 내용은 아래와 같았다.

① 민주당은 고대영 KBS 사장과 김장겸 MBC 사장 등의 퇴진과 관련해 "정치권이 나설 경우 현 사장들과 결탁되어 있는 자유한국당 등 야당들과 극우 보수 세력들이 담합해 자칫 '언론 탄압'이라는 역공 우려가 있

다"며 우려했다. ② 이런 비판을 피하기 위한 전술로 '방송사 구성원 중심 사장·이사장 퇴진 운동' 전개 필요성 등을 제안했다. 이것은 민주당이 공영방송 사장과 이사장 퇴진운동 전면에 나설 경우 정치적 부담이 있기 때문이었다. 따라서 친 민노총 성향의 방송사 노조, 시민단체·학계 등에 영향력을 행사하는 방식으로 우회적 전술을 구사해야 한다는 취지로 이해됐다. ③ "시민사회·학계·전문가 전국적·동시다발적 궐기대회, 서명 등을 통한 퇴진 운동 필요"와 "언론적폐청산 촛불시민연대회의(가칭) 구성 및 촛불 집회 개최 논의" 등도 주요 투쟁 전술로 제안했음이 드러났다. ④ 사측 및 사장의 비리·불법 행위 의혹 등과 관련해 감사원에 국민감사청구를 추진하자고 제안했다. ⑤ 방송통신위원회를 활용해야 한다는 내용도 포함됐다. 특히 ⑥ KBS 고대영, MBC 김장겸 사장 퇴진 전술과 관련해서는 방통위의 관리·감독 권한을 최대한 활용해 사장의 경영 비리(공금 사적 유용) 등 부정·불법적 행위 실태를 엄중히 조사해야 한다고 제안했다. ⑦ 금년(2017년) 11월경 방송사 재허가 심사 시 엄정한 심사를 통해 책임을 물어야 한다며 예컨대 '조건부' 재허가를 통한 수시·정기 감독을 실시할 수 있다고 설명했다.

공영방송 사장을 축출하기 위해 사장 임면권을 갖고 있는 이사진을 어떻게 몰아낼 것인가도 구체적으로 적시했다. ① 야당(자유한국당) 측 이사들에 대한 면밀한 검증을 통해 개인 비리 등 부정·비리를 부각시켜 이사직에서 퇴출시켜야 한다고 제안했다. ② 구체적으로 MBC를 관리·감독하는 방문진(방송문화진흥회)의 강도 높은 진상 조사 실시 등을 제안했다. ③ 고영주 MBC 방문진 이사장, 이인호 KBS 이사장의 실명을 직접 거명하며 각각 즉시 퇴진할 것을 촉구할 필요가 있음, 청와대 낙점설 진상 재규명, 관용차량 부당 사용에 대한 책임 추궁 필요 등도 주장했다.[1]

이 문건이 폭로되자 더불어민주당의 강훈식 민주당 원내대변인은 문제의 문건이 더불어민주당의 공식 문건이 아니라며 해명했다. 그는 "한 언론(조선일보)에 보도된 '공영방송 경영진 교체' 등의 내용을 담은 문건은 우리 당의 공식 문건이 아님을 밝힌다"며 "관련 실무자가 의원과 논의하기 위해 워크숍 준비용으로 만든 것일 뿐이다"고 말했다. 이어 "워크숍에서도 문제의 문건 논의가 진행되지 않았고, 당시 큰 쟁점이었던 방송법에 대한 우리의 입장을 중심으로 논의됐다"며 "실무자 개인의 의견인 이번 문건을 무기로, 공영방송의 독립성과 공정성을 보장하기 위한 우리 당의 방송개혁 노력을 '방송장악 음모' 등으로 호도하는 일이 없기를 바란다"고 일방적으로 주장했다. 박홍근 당시 민주당 원내수석부대표도 거들었다. 그는 기자들에게 보낸 문자메시지에서 "워크숍 당일에는 이 문건 내용으로 논의가 진행되지 않았고, 당연히 당 지도부에는 보고나 전달도 되지 않았다"며 "문건 내용대로 주요 과제를 우리 당이 실행하고 있다는 것은 과장된 억측"이라고 주장했다.[2]

---

1) 민주당이 작성한 공영방송 정상화 문건 무슨 내용 들어있나, 월간조선
   http://monthly.chosun.com/client/mdaily/daily_view.asp?idx=1314&Newsnumb=2017091314
2) 민주당 '방송 장악' 내부문건 논란, 한국경제, 2017.9.8.
   https://www.hankyung.com/politics/article/201709088159i

하지만 이런 구차한 변명이 사실상 거짓이었음을 깨닫기까지는 얼마 걸리지 않았다. 실제로 KBS와 MBC 내부의 민노총 세력이 민주당발 공영방송 장악문건 시나리오대로 움직이는 그 마각을 드러내기 시작했기 때문이었다.

**민노총 언론노조의 홍위병 난동 –
2017년 9월 KBS MBC 민노총 세력의 총파업 돌입**

KBS 민노총 세력의 경우 고대영 前 사장을 축출하기 위한 총파업에 돌입한 시기는 2017년 9월 초였다. 당시 KBS기자협회(협회장 박종훈 기자)가 8월 말 먼저 선제적인 근무 거부를 시작했고 이어서 민노총 KBS본부노조(위원장 성재호 기자, 현 KBS보도본부 통합뉴스룸국장)가 총파업에 돌입했다. 이들은 총파업 100일 승리대회를 여의도 KBS민주광장에서 열었는데 당시 언론보도를 보면 이들의 움직임은 민주당이 작성한 공영방송 장악문건의 시나리오대로 흘러갔음을 알 수 있다. 총파업 진행 과정에서 이들은 민주당 공영방송 장악문건에 등장했던 홍위병 난동의 실체를 그대로 보여줬다. 총파업 진행 흐름을 봐도 이들의 총파업이 왜 민주당 언론장악 문건 시나리오대로 흘러간 홍위병의 난동인지를 잘 알 수 있다.

이들은 해임하기 쉬운 이사를 골랐다. 주로 사립대 교수나 로펌의 변호사 출신을 주요 축출 사냥감으로 삼았다. 민노총 세력의 잇따른 집회 등으로 사립대 법인이나 관련 법무법인이 큰 부담감을 느껴 해당 이사의 KBS 이사직 사임을 받아내기가 상대적으로 쉬운 탓이다. 이들은 이사진이 근무하는 대학교 등 사적인 공간까지 침범해 집회 차량을 동원한 집회를 벌임으로써 축출 대상으로 낙인찍은 이사들을 사회적으로 고립시키는 전술을 구사했다. 심지어 이사나 사장의 집 근처에서 집회를 열고 사퇴를 압박하는 수법을 쓰기도 했다. 이사회에 출석하려던 KBS 강규형 이사 등에 대한 집단린치 사건이나 폭행 의혹 사건도 부지기수로 발생했음은 주지의 사실이다. KBS 이사회의 경우 당시 자유한국당 추천이사였던 강규형 명지대 교수가 민노총 세력의 축출 대상 1호로 지목됐다. 그럼에도 불구하고 민노총 세력이 '사람 잘못봤다'는 뼈아픈 후회를 하기까지는 강규형 이사 본인이 지난한 고통을 겪어야만 했던 몇 년이 필요했다. 강규형 교수가 문재인 대통령을 상대로 자신의 KBS 이사직 해임 무효소송에서 대법원 최종 승소를 이끌어 낸 것은 2021년 9월이었다.[3] 이른바 공영방송 홍위병의 난동 이후 4년이 지난 시점이었다.

민노총 세력은 2017년 12월 12일 여의도 KBS 본관로비에서 총파업 승리대회 100일 집회를 열었다. 이들은 당시 집회에서 고대영 KBS 사장과 비리 이사 즉각 해임을 촉구했다. 당시 집회에 참여했던 이광용 KBS

---

[3] 강규형 전 KBS 이사, 해임처분 취소소송 최종 승소, 중앙일보, 2021년 9월 10일
https://www.joongang.co.kr/article/25005939

아나운서는 "방통위가 어제(2017년 12월 11일) 강규형 이사에게 사전 통지를 했고, 22일 청문을 거쳐 오는 26일 방통위 전체회의에서 강규형 이사에 대한 해임을 결정하게 될 것 같다"며 "해임이 결정되면 27일 또는 28일 중 대통령이 이를 최종 결재할 것으로 본다"고 내다봤다고 PD저널은 보도했다. 현재 KBS보도본부장인 손관수 기자의 발언도 소개되었는데 그는 며칠간 단식했던 김환균 민노총 언론노조 위원장(MBC기자)와 성재호 민노총 KBS본부노조 위원장이 단식을 풀어야 한다며 이렇게 발언했다. "KBS는 어제 큰 고비를 넘겼지만 앞으로 투쟁 전략과 KBS의 미래를 고민해야하는 노조 위원장의 책임은 더욱 막중하다. 더 막중한 임무를 원활하게 수행하기 위해 단식을 풀고 가열찬 투쟁에 나서주기 바란다".[4] 손관수 기자는 이후 고대영 사장이 축출되고 민노총 세력이 추대한 것으로 비판받았던 양승동 사장이 들어서자 KBS 사장 비서실장, 광주방송총국장, 보도본부장으로 영전에 영전을 거듭했다. 또 그와 함께 집회 현장에 자주 등장해 사진 기록으로 남아있는 동향인 김의철 기자는 고대영 사장 축출 이후 양승동 사장 체제에서 보도본부장, 계열사인 KBS비지니스 사장으로 영전에 영전을 거듭하다 양승동 사장 후임의 KBS사장으로 최종 등극했다. MBC도 사정은 마찬가지였다. 2017년 8월 24일부터 8월 29일까지 민노총 MBC 본부노조는 총 6일 동안 총파업 투표를 진

---

4) 총파업 100일 맞은 KBS "고대영 사장 퇴진 시간문제"..."방통위 2017년 12월 26일 강규형 이사 해임할 것" PD저널, http://www.pdjournal.com/news/articleView.html?idxno=61350

행됐고, 개표 결과 총원 1,758명 중 투표 1,682명(95.7%)에 찬성 1,568명(93.2%)의 지지로 총파업이 가결되었다. 또 민노총 MBC노조는 총파업 돌입 시점을 2017년 9월 4일 자정부터로 공표했다.[5] 이 과정에서 민노총 세력과 별개인 KBS제1노동조합 지도부도 2017년 9월 총파업에 합류할 것을 결정했다.

운명의 2017년 크리스마스, 강규형 이사 해임…공영방송 사장 축출 시나리오 완성

문재인 집권 여당의 언론장악 시나리오 문건대로 작업이 진행되는 가운데 홍위병의 난동 앞에 당해낼 자는 없었다. 결국 KBS 강규형 이사의 해임 소식이 전해졌다. 2017년 12월 27일 방송통신위원회의 강규형 이사 해임 건의 의결 소식이 전해진 날. 민노총 세력은 이를 크리스마스 선물이라며 과천의 방송통신위원회 집회에서 환호했고 민노총 조합원끼리 부둥켜안고 눈물을 흘렸다. 이들의 이러한 집단 히스테리 장면은 고대영 KBS 사장의 해임 무효 최종 승소[6] 소식이 전해진 최근까지도 유튜브 영상에서 시청할 수 있다. 이후 공영방송 사장 축출 시나리오는 현실이 됐다. 강규형 KBS 이사의 해임 이후 고대영 KBS 사장은 2018년 1월 10일에 해임안이 상정됐고 2018년 1월 22일에 해임 제청안이 통과됐으며

---

5) 2017년 공영방송 총파업, https://namu.wiki/w/2017%EB%85%84%20%EA%B3%B5%EC%98%81%EB%B0%A9%EC%86%A1%20%EC%B4%9D%ED%8C%8C%EC%97%85

6) 대법원 "2018년 文의 고대영 KBS 사장 해임은 위법"…확정 판결, 문화일보 https://www.munhwa.com/news/view.html?no=2023063001039910021001

2018년 1월 23일 문재인 대통령이 전자결재로 재가함으로써 2018년 1월 24일 0시부로 해임됐다. MBC 김장겸 사장은 2017년 11월 중순 이미 방문진의 결정으로 해임 처리됐다. MBC 민노총 세력은 KBS보다 훨씬 빠른 속도로 MBC 장악했다.

불법보복기구를 통한 민노총 왕국 건설 – 사장 KBS 양승동 MBC 최승호

민노총 세력은 양승동 KBS PD와 최승호 MBC PD를 각각 공영방송의 사장으로 옹립하며 공영방송을 최종 장악했다. 이들이 공영방송 KBS와 MBC를 장악한 뒤 가장 먼저 자행한 조치는 이른바 적폐청산 작업이었다. 명분은 그럴싸하게 이른바 이명박 박근혜 정권 시절 불공정 방송 청산 작업이라고 포장했다. 하지만 실상은 反 민노총 세력을 탄압했다는 비판에서 결코 자유롭지 못했다. 적폐청산기구는 KBS 〈진실과미래위원회(2018년 6월)〉 MBC 〈정상화추진위원회(2018년 1월)〉 등의 간판을 달고 공영방송사를 공포 분위기로 몰아넣었다. KBS 〈진실과미래위원회〉의 경우 감사실과 별도로 조직된 기구여서 설립초기부터 그 정당성을 놓고 이론이 제기됐다. 즉 1 공공기관, 1 감사실 기능을 규정한 공공기관 감사법에 위배될 수도 있다는 지적이 잇따랐지만 〈진실과미래위원회〉 설립과 실행작업은 일사천리로 진행됐다. 강규형 이사를 축출한 뒤 그 자리를 차고 들어온 민주당 추천의 김상근 이사장이 주요 역할을 했다. 그리고 전임 사장 시절 주요 보직 간부들을 주요 타깃으로 한 직장 내 괴롭힘 행위가 버젓이 벌어졌다. 이와 관련한 상세한 내용은 KBS제1노동조합(위원장 허성권)이 2023년 2월 발행한 〈보복과 부역 항쟁의 KBS-진미위 흑서 쟁투의 기록〉에 상세히 정리되어 있다.[7] MBC 〈정상화위원회〉도 별반 다르지 않았다. MBC노동조합(제3노조)이 펴낸 '2017 MBC 잔혹사'를 보면, 'MBC 정상화위원회'는 최승호 MBC 사장이 부임한 직후인 2018년 1월 19일 출범했고, 2017년 파업을 주도한 민노총 MBC본부노조가 중심이 됐다. MBC 〈정상화위원회는〉 총 262명을 조사해 12명에 대해 징계를 요구했는데 이 가운데 민노총 소속 징계자는 한 명도 없었다. 최승호 MBC 사장 재임 기간 중 19명이 해고됐는데 이후 MBC 정상화위원회의 강압조사 등으로 이후 MBC 사측이 대부분의 소송전에서 패소하는 주요인으로 작용했다.[8] KBS 〈진실과위원회〉도 마찬가지여서 양승동 KBS 사장은 대법원에서 근로기준법 위반 혐의를 인정받아 최종 300만 원의 벌금형을 선고받았다. 2018년 KBS 〈진실과미래위원회〉의 운영규정을 제정하는 과정에서 KBS 과반수 근로자의 동의나 청취 없이 취업규칙상 징계사유를 추가하는 내용의 운영 규정을 시행한 혐의를 받았기 때문이었다. KBS와 MBC 등 양대 공영방송사에서 反 민노총 세력을 제거하고 난 뒤 대한민국 공영방송은 어떤 행태를 보였는지는 새삼 강조할 필요가 없다. 주진우, 김재동, 최경영 등으로 대표되는 편파, 왜곡, 불공정 방송이 매일 민노총 노영방송 KBS MBC의 전파를 나고 전 국민에게 확산됐다.

---

7) KBS노조, '진미위 흑서' 출판기념회, 연합뉴스-KBS노동조합은 서울 여의도 한국보이스카웃빌딩에서 '보복과 부역, 항쟁의 KBS 진미위 흑서, 쟁투의 기록' 출판기념회를 연다. 책은 2018년 출범해 2019년 활동을 마친 KBS 과거청산기구인 '진실과 미래위원회'(진미위)를 불법보복기구로 명명하고, 활동기간에 벌인 만행을 고발한다.
8) 2017 MBC 잔혹사 ③-정상화위원회의 '칼춤', 데일리안 https://www.dailian.co.kr/news/view/1190145

역류에 대항한 저항의 몸부림

KBS 양승동 체제를 정면 비판하다

문재인 정권 하의 양승동 사장이 KBS 사장으로 오면서 나는 부장 시절 가입이 유보되었던 노동조합에 다시 가입했다. KBS 양승동 체제와 맞서 싸우기로 결심했기 때문이다. 아래는 〈미래한국〉과의 인터뷰 내용이다. KBS 양승동 체제의 문제점은 무엇인지를 공개 비판했다. 그리고 전망은 어떠할지? KBS의 미래는 어떻게 가야 하는지를 조망했다.

이영풍 KBS노동조합 정책공정방송실장 "KBS 양승동 체제 공영방송에 흑역사 썼다"

"KBS 양승동 체제 공영방송에 흑역사 썼다"

> 수신료 인상 총력전을 펼치고 있는 KBS가 최근 숙의 토론 방식으로 진행한 공론조사에서 국민참여단 79.9%가 수신료 인상에 찬성한다는 결과가 나왔다고 밝혔다. 그러나 여론은 싸늘하다. 수신료 폐지도 모자랄 판에 인상은 말도 안 된다는 것. 오는 하반기 현 KBS 이사회 이사들의 임기가 만료되고 연말에는 신임 사장 선출을 앞두고 있는 가운데 〈미래한국〉은 이영풍 KBS노동조합 정책공정방송실장을 만나 KBS 현안에 관한 이야기를 들었다.

> 양승동 KBS 사장 해임안이 얼마 전 이사회에서 부결됐습니다. 양 사장 체제에서 '검언유착' 오보가 있었고, 여러 프로그램을 통해 편파 보도 논란도 크고 무엇보다 적폐청산으로 불리는 KBS 내 편 가르기를 양 사장이 주도한 것으로 알려졌는데요, 큰 표차로 해임안이 부결됐습니다. 어떻게 보셨습니까?

해임안이 진작에 나왔어도 할 말이 없을 지경이죠. 양승동 사장 체제는 KBS를 망치는 끝판왕의 정수를 보여주고 있어요. 막장경영, 보도참사, 리그 인사의 전형을 만들었다는 평가가 나오죠. 사실 양승동 체제가 시작될 때 국내 정치판과 유사했어요. 자기들끼리만 정의로운 정권이 등장하면 마치 모든 문제가 한 방에 해결될 것처럼 떠들었잖아요? KBS도 마찬가지였어요. 자기들끼리 보기에 정의로운 사장이 KBS를 장악하면 모든 문제가 한꺼번에 해결되고 천국행 KBS가 열릴 줄 알았지요. 그런데 시간이 지날수록 경영은 어려워졌죠? 많은 지표가 말해주잖아요. 보도는

또 어땠나요? '검언유착 의혹보도사건', '오늘밤 김제동' 편파방송 사건은 기본이고 최근 서울, 부산시장 선거보도도 보세요. 하얀색 페라가모 구두는 어디 갔으며 빽바지는 어디로 사라졌나요? 생태탕은 또 어땠나요? 정도가 심해도 너무 심하니 야당 정치권이 보도 관련자들을 고발한 것 아니겠어요? 해도 해도 너무 했던 것이죠. 그런데 왜 정의로운 사장님이 오셨는데 이 지경에 이르렀을까요? 자기들만의 회전문식 리그 인사가 문제죠. 거의 대부분의 간부급 요직에 민주노총 산하 KBS본부노조 출신들로 채웠으니 내부 견제나 감시, 경쟁 같은 시스템이 작동하기 어려운 구조가 돼 버린 거죠. 특히 보도라인 주요 간부들을 보세요. KBS가 언제부터 특정 지역 향우회가 됐나요? 그래서 모두들 우려스럽게 바라보는 거예요. 여권 추천 이사들에게는 별 기대도 안 했으니 해임안 부결은 당연히 예상했던 것이라 별로 놀랍지도 않아요. 여권 추천 이사들은 최소한의 중립성과 KBS 사장 권력에 대한 감시기능을 해야 할 텐데 이게 제대로 작동하지도 않는 것 같아요. 참 큰일이에요.

겉으로 그럴싸한 '정치적 후견주의'에 담긴 꼼수

> 양승동 사장 해임안 부결은 결국 KBS 지배구조에서 오는 근원적인 모순에서 비롯된 게 아닌가 싶은데요, 정부 여당 추천 이사가 7명이고 야당 추천이 4인으로 구성되어 있는 KBS 이사회 자체가 불공정하게 느껴집니다. 정부 여당 입김을 받는 이사들이 전횡할 수 있는 구조로 오랫동안 여야 정치권이나 언론계에서도 이 지배구조를 바꿔야 한다는 주장을 해왔죠. 하지만 여러 관련 단체 생각이 조금씩 다른 것으로 압니다. 언론노조 KBS본부와 KBS 노동조합 의견은 구체적으로 어떻게 다른 겁니까?

민주노총 산하 KBS본부노조의 외견적 주장은 그럴 듯 보입니다. 정치적 후견주의를 배제하자는 것인데 이것을 반대하는 사람이 누가 있겠어요? 그런데 속살을 살짝 들춰 들여다보면 완전히 다른 얘기를 하고 있음을 알게 돼요. 방통위가 국민추천위원회를 구성해 이사도 뽑고 사장도 선발하자는 얘기죠. 그런데 여기서 두 가지 문제가 발생합니다. 방통위는 사실상 행정부의 하부조직인 셈인데 행정부 산하기관이 공영방송 이사나 사장을 뽑는 국민추천위원회를 구성하겠다는 것 자체가 삼권분립을 부정하는 거죠. 대한민국 자유민주주의에 대한 이해가 천박한 겁니다. 특히 여기서 국민은 누구를 말하는 것인가요? 프랑스 대혁명 시절의 '파리 코뮌'이 연상되는군요. 그 결론은 모두가 자폭한 '키요틴'이었잖아요? 너무 위험한 독재적 발상이라는 겁니다. KBS 기자였고 전 부사장인 정필모 의원이 이 법안 발의를 주도하는 것을 보니 참 부끄러울 뿐이에요. KBS노동조합은 여기에 반대합니다. 만일 전 국민이 대통령 선거하듯 공영방송 사장 선출을 위한 국민투표를 한다면야 한번 찬성해 볼 수 있겠죠. 그런데 정필모 의원 법안대로 방통위가 구성하는 국민추천위원회를 만들겠다는 발상은 자기 사람을 그럴듯하게 포장해 공영방송 이사와 사장으로 낙하산 투하하겠다는 심산이죠. 반대합니다. 그럼 대안은 뭘까요? KBS노동조합은 지난 10여 년 동안 보수와 진보 정권이 교차 집권하는 데도 아랑곳하지 않고 줄기차게 주장했어요. 특별다수제가 돼야 한다고 말이죠. KBS 사장 뽑는다고 국민투표를 할 수는 없는 것 아닌가요? 기회비용이 너무 들어갈 테니 말이죠. 그럼 국민의 대의기관인 국회의 의회주의 시스템을 효율적으로 차용하면 되잖아요? 그게 지금 여야 7:4 추천구조 아닌가요? 기존의 제도나 시스템은 하루아침에 만들어진 게 아니에요. 긴 시간 동안 입장이 다른 상대방이 토론하고 협상해 만들어놓은 역사적 유산이에요. 그런 점에서 이를 마구 무시하고 완전히 새로운 것을 해보겠다는 식의 말장난을 해서는 안 돼요. 그리고 여기에 특별다수제를 가미하면 완벽하지는 않지만 공영방송 사장의 정치적 독립 달성에 조금은 다가갈 수 있지 않을까요? 사실 문재인 정권 들어서기 직전까지 민주노총 산하 언론노조와 KBS본부노조는 당시 야당의 박홍근 의원 법안대로 특별다수제를 찬성했습니다. 그런데 왜 문재인 정권이 집권하자 입 싹 닦고 다른 말을 하나요? 그래서 신뢰성과 진정성에 의문이 생긴 거죠. KBS노동조합은 특별다수제에다 분권형 이사 선출을 가미한 지배구조 개선 투쟁도 하고 있어요. 이사들이 너무 수도권 거주자 편향적이에요. 비수도권 지역에 거주하거나 생활하는 분들이 이사로 온 적이 거의 없어요. KBS는 모든 국민으로부터 수신료를 받는 공영방송이고 국민의 방송인데 그럼 해당 지역에 거주하거나 생활하는 분들이 이사로 많이 진출하면 좋겠어요. 그래야 공영방송의 전 국민 대표성이 강화되죠. 저희의 투쟁에 화답하듯 최근 국회 과방위 소속 황보승희(부산 중영도) 의원이 KBS와 EBS 등 공영방송 이사선출 과정에서 지역 안배를 하는 이사 선임 구조가 필요하다는 데 공감하고 관련 법안을 발의하겠다고 밝힌 바 있어 저희는 기대하고 있습니다.

> 얼마 전 언론노조가 한국사회여론연구소에 의뢰한 여론조사에서 국민 10명 중 8~9명은 현재 공영방송 3사(KBS MBC EBS) 이사 및 사장 선출 방식이 부적절하며

> 시민 참여가 보장돼야 한다는 의견을 보였다고 발표했더군요. 문재인 정부에서 익히 경험했듯 '시민 참여'에 숨은 꼼수가 있는 것 같은데요. 순수하게 믿어도 됩니까?

방금 말씀드린 대로 국민팔이, 시민팔이로 시청자들의 눈을 속이려는 작업이죠. 그런 여론조사가 어딨어요? 무작위로 전화해보세요. 전화 받는 거의 모든 사람들은 그렇게 대답하겠죠? 오히려 수신료 내는데 내 손으로 공영방송 사장 안 뽑겠다는 응답을 하는 사람이 이상한 사람이겠죠. 그런데 그 국민이나 시민을 누가 어떻게 선정하느냐는 거예요. 방통위? 중립성이 보장될까요? 그래서 국민팔이해서 공영방송 KBS를 영구장악하겠다는 오해를 사는 겁니다. KBS 내부에서도 '국민추천위'에 대해 시큰둥한 반응이 나와요. 사내 코비스(KOBIS) 게시판 여론을 보면 알죠. 직원들의 호응도가 아주 낮게 나와요. 말은 안 하지만 10여 년 이상 KBS 다닌 사람들은 다 알죠. 또 말장난 치는구나. 뭐 이런…

> 강규형 전 KBS 이사가 2심에서도 해임 부당 판결을 받았습니다. 문 대통령이 불복해 대법원에 상고를 했더군요. '강규형 사태'를 처음부터 끝까지 가까이서 지켜보셨을 텐데요.

투쟁의 역사적 승리죠. 원래 강규형 이사를 몰아낸 것은 박근혜 정권 당시 여권 추천 이사들 창피 주고 외압을 넣어 쫓아낸 다음 여야 추천 이사의 구도를 집권 문재인 정권에 유리하게 만들어 주려는 거였잖아요? 애견동호회 공금유용 등을 주장해서 민주노총 산하 KBS본부노조가 강규형 이사의 자택과 직장인 대학으로 찾아가 괴롭혔던 사진들과 동영상이 유튜브에 돌아다녀요. 그것을 보면 60년대 중국 문화대혁명 시절 홍위병이 저러지 않았을까 생각이 듭니다. 앞서 말씀드렸지만 우리 사회가 유지하는 기존의 법률과 의사결정 시스템은 오랜기간 동안 정치적 입장이 서로 다른 상대방들끼리 머리를 맞대고 토론하고 협상하는 지난한 과정을 거쳐서 만들어놓은 거예요. 그것을 한방에 엎어버리고 완전히 새판을 짜자고 달려들면 스탈린 시대 소비에트 소련이나 마오쩌둥 시절 문화대혁명과 다를 게 없습니다. 그래서 남은 게 뭡니까? 정의로운 사장님의 막장경영, 보도참사, 리그 인사 아닌가요? 이제 지난 4년간의 광란의 행보를 뒤돌아보고 반성하고 책임져야 해요. 그런 의미에서 강규형 전 이사의 승소 소식으로 그래도 아직까지 사법 정의가 조금은 살아 있구나라는 생각합니다.

수신료 문제, '응징'차원에서 바라보면 곤란

> KBS 수신료 인상 문제도 큰 관심거리입니다. 얼마 전 KBS가 시민 80%가 수신료 3830원 인상에 찬성한다는 공론조사 결과를 발표했는데요, 시중 국민 여론과 완전히 정반대였습니다. 도대체 어떻게 된 겁니까? 관심이 덜한 틈을 타 기습적으로 수신료를 올리려는 것 아닌가요? KBS본부노조는 사측과 함께 찬성 입장일 테지만 KBS노동조합 입장은 뭔지 궁금합니다.

공영방송 수신료에 대한 오해부터 말씀드리겠습니다. 방송을 잘못하거나 자신의 정치적 입장과 다른 소리를 낸다고 해서 공영방송 수신료 시스템을 폭파 시킨다거나 해체해 버리겠다는 여론은 우리나라 공영방송 시스템에 그리 도움이 되지 않는 것 같아요. 정치인들이 부패하고 썩었다고 정치판을 갈아엎자고 하면 속은 순간 후련하겠죠. 하지만 그 이후 정치 '회의주의'가 횡행하게 되고 그 빈틈을 좌우 극단주의 전체주의 세력이 밀고 들어왔던 것을 인류는 이미 스탈린과 히틀러 등을 통해서 체험했잖아요? 수신료를 공영방송을 응징하는 도구로 생각하는 것은 그런 위험성을 내포한다고 볼 수 있어요. 지금 전 세계 공영방송의 수신료 수준을 한번 보세요. 영국 BBC, 일본 NHK 등은 1년에 25만 원에서 30만 원 가량의 수신료를 징수해요.

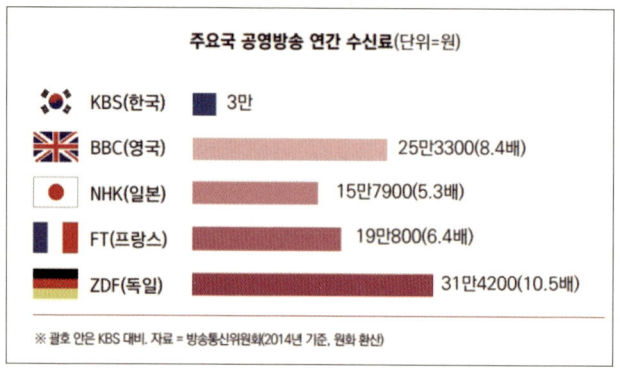

우리나라와 비교해 볼 때 엄청난 차이가 나죠? 이런 수준의 수신료를 징수하게 만드는 시스템을 향후 구축할 필요가 있어요. 그런데 문제는 우리나라에 공영방송을 자처하는 언론사가 너무 넘쳐난다는 거예요. TBS의 김어준 방송도 그런 것이겠죠. 그래도 이것은 아니죠. 1국가 1공영언론이 장기적인 관점에서 맞다고 봅니다. 공영언론사는 사주가 없고 국민

이 주인인데 이런 언론사를 너도나도 하겠다는 것은 사실 특정세력을 앞세워 공영언론을 장악하겠다는 속셈이 큰 게 아닐까요? 그것을 막아야 해요. 수신료를 마치 공영방송을 응징하겠다는 수단으로만 본다면 보다 본질적인 문제를 풀기가 어려워질 거예요.

> 국민들은 KBS본부노조와 KBS노동조합의 차이를 잘 모릅니다. KBS 양대 노조가 어떻게 성격이 다른지, 어떤 차이가 있는지 설명해주시죠.

KBS본부노조의 경우 목소리가 커서 그런지 상대적으로 잘 알려져 있지만 KBS노동조합 활동에 대해서는 시민들이 잘 모르고 있습니다. KBS본부노조는 민주노총 산하 언론노조라는 산별노조에 가입돼 있어요. 조합원은 2500여 명이고요. KBS노동조합은 산별에 가입돼 있지 않은 기업별 노조예요. 조합원은 1200여 명이고요. KBS본부노조는 자신들의 산별노조인 언론노조의 강령에도 나오다시피 노동자 세력의 정치세력화를 도모하고 국제 언론노동자들의 단결을 주장하는 조직이라고 보면 될 거예요. KBS노동조합은 순수 기업별 노조라 정치적인 성향을 그렇게 강하게 드러내지는 않아요. 다양한 스펙트럼의 조합원들이 혼재하는 것 같아요. 하지만 지금 확실한 것은 KBS노동조합은 양승동 체제에 대해 강력하게 반대하고 있다는 것이고요. 민주노총 산하 KBS본부노조는 자신들이 지지한 양승동 체제에 대해서 적극적으로 비판하지 않는 것 같습니다. 노동조합은 기본적으로 사측의 권력 남용에 대해 감시 견제하는 역할을 맡는 게 숙명과 같은 것인데 양승동 체제 하의 민주노총 산하 KBS본부노조가 그런 소금의 역할을 제대로 했는지는 세간의 평가가 이미 나와 있다고 봐야지요.

> 오는 하반기에 KBS 이사회를 새로 구성하게 되고 양 사장 임기도 12월로 끝납니다. 내년 대선, 지방선거와 맞물려 굉장히 중요한 인사가 될 텐데요, 공정한 관리를 위해 어떤 인물이 선임되어야 할지 개인 의견이나 KBS노동조합 차원에서 입장이 있을 것 같습니다.

KBS 이사의 기본 책무는 KBS 사장 권력에 대한 적절한 감시와 견제라고 봐야죠. 그렇다면 여권이나 야권 추천 이사 할 것 없이 중립적으로 사장 권력을 비판하고 잘못을 지적해야 하겠죠. 정도의 차이는 있을 수 있겠지만 여권 추천 이사부터 자신들을 추천한 정권의 눈치를 보지 말고 국민 눈높이에 맞춰 사장 권력의 횡포와 실정에 대해서는 가차 없이 지적하고 비판해야 해요. 야권 추천 이사들은 말할 필요도 없죠.

> 다매체 다채널 시대에 공룡 몸집과 같은 KBS는 더 이상 필요하지 않다는 의견이 점점 늘고 있습니다. 그리고 그 속에서 공영방송이란 것도 불필요하다는 목소리가 커지고 있고요. KBS에 몸담고 있는 입장에서 'KBS를 없애야 한다'는 시각은 어떻게 보시는지요, 또 KBS 미래를 전망하신다면요?

앞서 말씀드린 대로 공영방송 시스템은 그동안 정치적 이해관계가 다른 상대진영의 지난한 토론과 협상의 역사 산물이에요. 그래서 함부로 급진적으로 논의해서는 안 될 것 같아요. 양승동 사장 체제가 지난 3년여 동안 편파방송을 하고 막장경영을 한다고 해서 그 화풀이로 공영방송 KBS

를 아예 없애버리자고 한다면 이것은 빈대 몇 마리 잡으려고 초가삼간 다 태우는 격이 아닐까요? 저는 개인적으로 다매체 다채널 시대가 심화되고 넷플릭스가 새로운 콘텐츠 시장에서 우위를 차지하는 시대가 열려도 공영방송의 역할과 책무는 존중받아야 한다고 봐요. 다매체 다채널, 넷플릭스 매체는 자본의 영향력을 상당히 받게 되는 시스템이잖아요? 국민의 수신료로 운영되는 공영방송 KBS는 그래서 완전히 다른 길을 가야 해요. 그래야 살아남습니다. 이런 점에서 양승동 사장은 공영방송의 긴 역사 속에서 부정적인 흑역사를 썼다는 지적을 두고두고 받을 겁니다. 양승동 식으로 했다가는 국민들이 더 이상 공영방송 KBS를 그냥 두지 않을 것이라는 뼈아픈 교훈을 우리는 지금 목격하고 있는 것이죠. KBS가 죽는 길은 정권을 위한 자발적 부역방송입니다. 반면 KBS가 살길은 국민을 위한 봉사와 헌신의 방송을 하면 될 것이라고 봐요. KBS 임직원 모두가 국민을 주인공으로 모시는 봉사와 헌신의 방송. 그게 살길인 거죠.

쟁투의 서막, 황상무 〈KBS뉴스9〉 앵커를 떠나보내며

신사업기획부장을 끝내고 나는 부장급 직원이 많이 가입하는 KBS 공영노조에도 가입했다. 내부 투쟁은 정말 힘들다. 그래서 나는 노동법상 보호받는 합법 조직인 노동조합이라는 울타리가 필요했다. 아래는 공영노조 부위원장으로 활동하면서 〈미래한국〉과 인터뷰한 내용이다.

[인터뷰] 이영풍 KBS공영노조 부위원장 "황상무 앵커를 떠나게 한 공영방송 KBS가 부끄럽다"

"황상무 앵커를 떠나게 한 공영방송 KBS가 부끄럽다"

문재인 정부 내내 편향 시비가 끊이지 않던 KBS가 최근 수신료 인상 여론에 귀를 바짝 세운 모습이다. 지난 추석 연휴 방송돼 큰 성공과 화제를 낳았던 '나훈아 쇼'도 수신료 인상을 위한 근거로 동원됐다. 양승동 사장은 10월 국회 과학기술정보방송통신위원회 국정감사에 출석해 "국민에게 위로와 용기를 주는 제2, 제3의 나훈아 쇼를 만들겠다. 대하사극도 부활하고, 고품질 한류 콘텐츠를 계속 만들겠다"고 했다. 최근 종영 방침이 결정된 '저널리즘 토크쇼 J(시즌 2)'도 수신료 인상 추진을 앞둔 사전작업이라는 해석이 분분하다. 이런 가운데 간판 앵커로 활약했던 황상무 앵커는 "KBS가 적대정치에 편승해선 안 된다"며 사표를 던지고 떠났다. 정권 내내 적폐청산 논리에 따라 내부 갈등으로 시끄러웠던 KBS. 대한민국 대표 공영방송은 지금 어디로 표류하는 것일까? 〈미래한국〉은 최근 화제가 된 '공감으로 집권하라'는 책을 펴낸 이영풍 KBS공영노조 부위원장과 만나 이야기를 들었다.

일단 황상무 앵커에 관해 여쭐게요. KBS 뉴스9 간판이었던 황 앵커가 사직하면서 남긴 "공영방송이 한쪽 진영 서면 안 된다"는 메시지가 잔잔한 화제가 됐었습니다. 황 앵커와 특히 가까운 사이였던 것으로 알고 있는데요, 곁에서 본 황 앵커의 사직 경위는 뭔가요?

사직한 황상무 앵커는 저를 비롯한 KBS의 많은 선후배들과 막역한 관계를 유지한 훌륭한 언론인이었죠. 아쉬워요. 저런 인재를 KBS가 붙들지 못하다니 말이죠. 제가 시사토크 팀장을 할 때 앵커로 같이 일한 적이 있

어요. 뉴스의 핵심을 잘 짚어내고 정리해서 알기 쉽게 쏙쏙 풀어주는 달 란트가 대단했어요. 아마도 KBS 뉴스9 역대 앵커 중 세 손가락 안에 든 다는 소리 들으면 섭섭해 하실 방송인일 거예요. 왜 떠났을까요? 마지막 떠나는 날 제게 그러더군요. "절이 싫으면 중이 떠나야지. 그리고 그동안 마시던 우물에 침을 뱉는 건 아니다. 잘 있어"라고 하시더니 훌쩍 떠났어 요. 중은 그대로였는데 절이 돌변한 거죠. 사실 뭐 방송이라는 게 이제 뉴 미디어, 유튜브 방송 시대에 특별한 존재인가요? 주인인 시청자들에게 좋 은 정보 잘 전달하고 힘 있는 권력기관을 잘 견제하고 가끔씩 국민들에게 즐거움을 주면 그보다 더 좋은 게 어디 있겠어요? 국민들의 희로애락을 함께 해야 할 국민의 방송 KBS라는 절이 갑자기 문재인 권력의 나팔수로

전락했다는 비판을 받으면서 KBS라는 절이 스스로 제 품격을 추락시켰던 거죠. 최소한의 금도라는 게 있잖아요? 넘어서는 안 되는 뭐 그런 불문율. 그게 양승동 KBS 체제에서는 다 무너져 내린 거죠. 그걸 양승동 체제의 주요 실세들은 개혁이나 혁신이라고 떠들어대는 모양인데 제 귀에는 헛소리처럼 들려요. 특히 양승동 체제 실세들의 특성이라고 한다면 국민들의 희로애락(喜怒哀樂) 가운데 분노할 '노(怒)' 이데올로기에만 집중하는 거 같아요. 그래서 방송이라는 국민 모두의 공기(公器)를 가지고 보복의 프로파간다, 증오의 선전선동을 하는 것 같아요. 그것은 국민의 방송이 아니지요. 문재인 정권의 앵무새, 하수인, 대리인에 불과한 거죠. 그러니 국민들이 불만을 터뜨리는 겁니다. 분노의 이데올로기를 특정 정치세력의 편에 서서 프로파간다 하는 순간 그것은 공영방송이 아니라 특정정당 선전위원회 방송매체인 거죠. KBS인으로서 그런 짓을 어떻게 할 수 있나요? 그래서 훌륭한 중이 절을 떠난 거죠. 전 그렇게 봐요.

> 실제 여론조사 상으로 보면 국민들이 KBS의 편향된 보도에 대한 불만이 많은 것으로 나타나고 있습니다. 구성원으로서 본 KBS의 상황은 어떤가요?

편향된 보도라는 것은 대부분 정치뉴스에서 많이 벌어지겠죠? KBS 보도본부나 제작본부에서 만들어지는 시사, 뉴스 프로그램은 현재 특정 정치세력 편향성이 심각하다고 봐요. 편향성은 특정 지역 편향성과 민주노총 편향성을 지적할 수 있어요. 첫 번째로 보도본부를 보자면 뉴스 프로그램을 생산하는 제작책임자들부터 특정 지역 출신들이 장악한 것으로 보여요. 역대 KBS 사장 체제 하에서 보도본부 주요 간부들의 출신 지역은 비교적 적절하게 지역 안배를 했어요. 지난 고대영 사장 체제에서도 보도본부 빅5라고 할 수 있는 보도본부장, 보도국장, 시사제작국장, 주간단의 출신 지역을 보면 호남, 충청, 영남 등으로 골고루 분포돼 있었어요. 이게 양승동 체제에 들어와 다 무너졌어요. 지금 KBS 보도본부의 주요 실세 간부들은 거의 다 특정 지역 출신들이에요. 보도본부장과 통합뉴스룸국장(보도국장) 시사제작국장, 정치부장 등이 전부 특정 지역 출신입니다. 이것은 특정 지역 폄하 발언이 아니에요. KBS 보도본부가 향우회 하느냐는 비판을 받을 수 있는 빌미를 스스로 제공했다는 지적인 것이죠. 그래서 지금 KBS의 정치뉴스가 더불어민주당 편향적인 경향성을 보인다고 비판하면 뭐라고 답할 건가요? 무소의 뿔처럼 그냥 계속 달릴 건가요? 참으로 답답해요. 두 번째로 특이한 점은 사내 민주노총 노조인 KBS본부노조 출신이 아니면 주요 간부로 발탁되기 힘들다는 거예요. 황상무 앵커는 소속 노조가 없는 무노조원이었죠. 특정 노조 출신이 아니면 KBS의 주요 프로그램을 생산하는 라인에 배치되기 어려워진 게 지금 KBS의 현실이에요. 특정 지역 편향성과 민주노총 편향성이 결합되면 어떤 결과가 나올까요? 결과는 뻔하잖아요. 그래서 KBS의 미래가 지금 암울하다는 거예요. 특정 지역 편향성과 민주노총 편향성이라는 중병에 걸려 있는 게 지금 KBS의 민낯이라고 봐요.

특정 지역 인사편중·민주노총 편향성에 시달리는 KBS

> KBS의 왜곡 보도 사례도 많았지만 특히 최근의 이른바 검언유착 오보는 심각했습니다. KBS조차 바로 다음날인가 사과방송을 했죠. 그런데 보도 관련자들 징계는 굉장히 가볍게 났더군요. KBS가 적폐청산한다고 만든 기구 '진실과미래위원회'에서 과거 보도를 이유로 중징계를 내린 것에 비해 형평이 맞지 않는다는 생각이 듭니다. 다른 부분에서도 이런 식으로 형평이 맞지 않은 사례가 많습니까?

KBS 인사규정 제55조는 명령불복종이나 근무태만, 지휘감독 소홀에 대한 규정이에요. 그런데 지난번 '진실과미래위원회'라고 있었잖아요? 우리는 '진미위'로 쓰고 '보복위원회'로 읽는다고 말해요. 그 진미위가 8명의 기자들에게 똑같은 인사규정 55조를 적용해 징계를 내렸는데요, 최고 정직 6월에서 감봉까지 중징계를 내렸어요. 반면 이번 '검언유착 의혹사건' 당사자들에게는 솜방망이 처벌을 내렸죠. 견책과 감봉 1월이 전부예요. 너무 했죠. 특히 검언유착 의혹사건 보도는 방심위에서 행정제재 조치까지 받아 벌점 1점까지 받았어요. 방송사 인허가에 영향을 줄 수 있는 중대 결정이었는데도 말이죠. 그래서 이것은 사실은 NHK나 BBC 같았으면 사장이나 회장이 국민들에게 사죄하고 사퇴했어야 할 주요 사안이에요. 문재인 정권의 내로남불이 KBS에도 그대로 투영되고 있어요. 부끄러운 줄 몰라요. 책임질 줄 몰라요. '국민 너희들은 떠들어라. 양승동 체제는 간다' 뭐 이런 거 파렴치 수준이 도를 넘은 거죠. 그러니 국민들이 좋아하겠어요? 솜방망이 징계를 할 게 아니라 양승동 사장 본인이 국민 앞에 사죄하고 사장직을 사퇴했어야 할 사안이라고 봐요.

> 그런데 많은 국민들은 KBS 내부에 복수노조가 활동하고 있는 것을 잘 몰라요. 어떤 노조들이 있고, 인원이나 어떤 성격을 지녔는지 등 특징에 대해 소개해 주시죠.

KBS의 전체 조합원은 약 4800명 된다고 보면 되어요. 조합이 생긴 순서대로 우리는 1, 2, 3노조로 불러요. 1노조는 현재 KBS노동조합인데요 기업별 노조이고 조합원은 1300여 명 수준이에요. 2노조는 민주노총 산하 언론노조에 소속된 KBS본부노조인데 최근 조합원 3000명을 달성했다고 주장하는데 확인한 바는 아니에요. 그리고 3노조는 KBS공영노동조합으로 약 100명 정도입니다. 1노조와 3노조는 각각 기업별 노조로 보면 되어요. 2노조는 산별노조인 민주노총 언론노조의 지침을 하달 받는 체제이니 완전 다르죠. 외부에서는 1노조는 중도우파, 3노조는 강경우파, 2노조는 강경좌파 노조라고 평가를 하던데 사안마다 약간씩은 다르긴 하지만 큰 흐름은 그게 맞는 거 같고요. 2노조가 민주노총 소속으로 돼 있는 점을 특별히 예의주시해서 보면 이해가 잘 될 거예요.

> 언론노조는 정치활동 역량을 강화하고, 민주노총과 모든 진보정치세력과 연대한다는 강령과 규약을 가진 사실상의 정치노조 아닌가요? 국민 전체가 세금처럼 수신료를 납부하는데 공영방송에 이런 노조가 존재한다는 것 자체를 이해 못하는 국민들이 많습니다. 이 점은 어떻게 생각하십니까?

맞아요. 민주노총 산하 언론노조에 소속된 KBS본부노조가 문제예요. 언론노조의 경우 강령이 모두 5개가 있어요. 그런데 4번과 5번을 잘 살펴

볼 필요가 있어요. 4번은 노동자 정치세력화를 기치로 비민주적 법, 사회제도의 개혁과 인간의 존엄성을 보장, 자유, 평등 실현의 한 길에 힘차게 나선다고 규정하죠. 아주 주관적이고 편향적인 거죠. 우리나라에 노동자만 있나요? 그럼 농민은요? 자영업자는요? 영세업체 사장님들은 어쩌나요? 그러니 KBS본부노조가 지향하는 국민이라는 것은 일반 대중이 경험적으로 알고 있는 국민이 아닌 거죠. 강령 5번도 문제죠. 5번은 전 세계 노동자가 모두 하나라는 인식 아래 국제연대운동을 실천하고 전쟁을 반대하며 항구적 세계 평화 실현을 위해 노력한다는 것인데요. 이런 거 어디서 많이 본 거 아닌가요? 아마도 국제사회주의 선언이나 공산당 선언에 등장할 것 같은 국제사회주의자 강령과 비슷하잖아요? 전 세계 노동자들이여 단결하라? 이런 것은 100여 년 전 국제사회주의자 강령인데 말이죠. 특히 이런 특정 정치세력 편향적인 노동조합에 가입된 기자나 PD는 뭐냐 이 말이에요. 국민들이 주는 수신료로 운영하는 KBS의 기자나 PD, 아나운서들은 직업윤리 의식이 달라야 한다고 봐요. 그런데 이들 상당수가 지금 민주노총 산하 언론노조에 소속돼 있잖아요. 여기서 모든 비극이 시작되는 거예요. 전 이것은 헌법이나 방송법상 문제가 된다고 봐요. 언젠가 이게 법률적인 판단이 내려질 때가 올 겁니다. 이건 매달 꼬박꼬박 2500원의 수신료를 내는 국민들에 대한 모욕이고 사기 치는 것 아닐까요?

> 공영방송 사장을 국민들이 뽑겠다는 취지로 최근 여권에서 방송법 개정안을 내놨죠. 방통위가 국민위원회 위원 100명을 위촉해 KBS 이사를 선임하고 이사들이 특별다수제로 사장을 임명 제청한다는 내용이 골자인데요, KBS 부사장 출신 정필

> 모 의원이 발의했습니다. 이 법안을 두고 여권에서는 공영방송에 대한 정치 외풍을 차단하는 모델이라고 주장하는데 일각에서는 오히려 그 반대로 정치 영향을 강화한 법안이라고 주장합니다.

정필모라는 사람이 KBS 기자 출신이었다는 게 부끄러울 지경이에요. 정필모 의원은 대한민국 자유민주주의 체제를 지탱하는 삼권분립이란 말도 모르나요? 알면서도 밀어붙이는 건가요? 행정부 산하의 방통위가 구성하는 국민위원회에서 위촉한다는 100명의 정치적 스펙트럼을 어떻게 예상하시나요? 뻔한 거 아니에요? 자기들 사람 다 채워 이제 합법적으로 자기 편드는 KBS 사장 앉히겠다는 발상 아닌가요? 언론은 입법, 행정, 사법부 밖의 제4부라는 존재로 독립성을 인정받잖아요? 그런데 그것을 내팽개치고 행정부 산하 방통위가 구성하는 무슨 국민위원회가 추천하는 인물을 KBS 사장으로 앉혀요? 그럼 KBS 사장은 행정부 수장인 대통령의 일방적인 지시를 받아도 아무런 문제가 없겠지요? 이것은 KBS가 공영방송이 아니라 1973년 한국방송공사 출범 이전의 공보처 산하 서울 남산방송국격인 국영방송으로 돌아가자는 거죠. 그래서 정필모 의원의 발상이 전형적인 사회주의적이고 공산주의적인 언론관 아니냐는 의혹이 제기되는 거죠. 공산주의나 사회주의 국가에 무슨 언론이 있어요? 모두 공산당의 지시를 받는 선전매체에 불과할 뿐이죠. 중국의 CCTV, 인민일보, 환구시보를 우리가 언론이라고 하나요? 그것은 어디까지나 공산당 선전매체일 뿐이죠. 언론의 자유가 없는 나라에서 언론기관이란 없는 거죠. 정필모 의원은 과연 이런 나라로 가자는 거예요? 정말 어처구니가 없는 법안을 발의한 거죠. 그거 통과되면 대한민국 언론자유는 심대한 훼손을 받는 중대 기로에 서는 겁니다. 그래서 야바위 법안이란 비판을 받는 거죠.

수신료 인상의 전제, '권력으로부터의 방송독립'

> 아무래도 KBS의 최대 현안이라면 수신료 인상 문제라고 볼 수 있을 것 같은데요. 이 문제가 결국 보도의 공정성 문제와도 직결돼 있는데 압도적인 의석수를 갖고 있는 여권이 강행 처리할 가능성이 있지만 여론의 반발도 만만치 않을 것 같은데 이건 어떻게 전망하시나요?

전 One nation, One Public Broadcasting 시스템이 맞다고 봐요. 한국에는 너도나도 전부 공영 언론사 하겠다고 난립니다. 이것은 아니죠. 우리보다 인구가 많은 일본에 공영언론사는 NHK, 영국은 BBC, 독일 ZDF, ARD, 프랑스 FT, 미국 PBS, 호주 ABC 뭐 이런 라인업 아닌가요? 그런데 국토도 좁고 인구도 적은 한국에 무슨 공영 언론사가 이리도 많나요? 서울교통방송사까지 시립 공영 언론사라고 하면서 김어준 씨 앞세워 온갖 편향적인 프로그램을 방송하잖아요. 이젠 솔직해져야죠. 대한민국에는 공영 언론사 하나만 남깁시다. 이게 공영방송시장 구조개편의 핵심이에요. 이게 전제된다면 저는 수신료를 대폭 올릴 필요가 있다고 봐요. 광고 없이 국민들의 수신료로만 운영되는 방송사죠. 현재 정치권이 순순히 KBS 수신료를 올릴까요? 전 부정적이에요. 우파 집권 시절에는 좌파 정당인 민주당이 반대했고 이젠 정반대 현상이 벌어지잖아요? 전 그래서 대한민국 공영방송사 시장을 구조적으로 전면 개편하고 권력으로부터의 방송독립이 전제되어야 수신료 인상도 정상적으로 논의될 수 있다고 봐요.

> 같은 맥락에서 이 문제도 논의가 필요할 것 같습니다. 전통적 미디어 플랫폼이 퇴조하는 뉴미디어 시대에 공영방송이 과연 필요한가 라는 회의적 시각이 있거든요. 특히 KBS가 역할을 하지 못할 때마다 민영화나 언론에 대한 국가 지원을 끊어야 한다는 주장 차원의 신 언론 통폐합론도 제기되는 등 이런 류의 주장이 힘을 받곤 합니다.

KBS를 민영화하면 대한민국의 언론자유가 더 잘 지켜질까요? 전 개인적으로 KBS를 국민들에게 힐링을 주고 국민들과 공감하는 'Ideology Free 방송사'로 만드는 것이 우선 과제라고 생각해요. 뭐 사상적인 그린벨트라고 할까요? 어느 편에도 서지 않는 그런 공영방송이 필요해요. 국민들이 최근 윤석열 검찰총장에 열광하잖아요? 왜 그럴까요? 윤석열은 법대로 하잖아요. 그러니 국민들이 칭찬하는 거죠. 그런데 소위 문재인 정권세력들은 윤석열이 적폐청산을 할 때는 잘 한다 칭찬하더니 그 칼이 자기들을 겨누니 추미애 법무장관을 앞세워 윤석열이 정치한다는 소리를 하며 몰아내려 합니다. 이래서는 안 되는 거죠. 법 집행자는 법대로 하는 거예요. 공영방송사도 마찬가지 아닐까요? 국민들 목소리를 최대한 반영하고 권력에 대한 비판의 목소리를 내는 게 숙명이잖아요. 그것을 던져 버리고 지금 양승동 KBS처럼 계속 하다가는 많은 국민들이 KBS 민영화하라고 할 것 같아요. 그때는 어쩔 것인가요? 그 지점에서 양승동 체제는 KBS 민영화라는 여론의 반발을 불러 일으키고 있다고 봐요. 자살골이죠.

> 말씀이 나왔으니 양승동 사장 체제에 대한 평가도 해주시죠.

그래서 양승동 체제에 대한 국민적 심판은 이미 끝났어요. 경영참사, 편향방송은 물론 국민들을 우롱하는 방송을 하잖아요. 국민의 이름으로 심판해요. 당장 해고감이에요.

> 최근 '공감으로 집권하라'는 책을 내셨더군요. 마치 조국 전 장관과 오연호 오마이뉴스 사장이 함께 낸 '진보집권플랜'이 연상됩니다. 어떤 내용을 담고 있는지 소개해주시죠.

어느 나라나 좌우 특정 정체세력이 독주하면 국민들이 불행해집니다. 극우 나치 같은 민족사회주의 세력이나 극좌 스탈린의 국제사회주의 세력이 대표적인 거죠. 그 결과는 구 소련, 중국 공산당, 북한 공산당, 나치 치하의 독일에서 경험한 대로 전체주의 국가로 가게 됩니다. 언론자유나 개인의 자유가 존중되지 않는 답답한 사회 말이죠. 전 문재인 정권이 지난 총선 때 180석 규모로 거대 여당 세력이 되면서 이제 그 길로 접어들었다고 봤어요. 입법, 행정, 사법부에다 언론권력까지 공조하면 그 나라는 전체주의 독재국가로 가는 거죠. 그런데 그것을 예방해줄 수 있는 유일한 의회 내 대안세력인 우파정당 현 국민의힘 하는 것 보세요. 그래서 평범한 시민의 입장에서 '공감으로 집권하라'는 책을 쓰게 된 거예요. 국민들의 눈높이에서 공감하는 노력을 하고 제대로 여당과 대통령 권력을 견제하고 나라를 불행하게 만들지 말아달라는 무명 언론인의 목소리예요.

이 책은 우파 정당인들은 물론 좌파 정당인들에게도 똑같이 호소하는 여론이에요. 새는 좌우 양 날개로 날아야 잘 날 수 있어요. 한쪽 날개 부러지면 바로 추락해 숨이 끊어지죠. 지금 우리나라가 그 지경인 거 같아요.

[서울=뉴스핌] 윤창빈 기자 = 이영풍 KBS 공영노동조합 부위원장(가운데)이 5일 오전 서울 서초구 서울중앙지방검찰청 앞에서 'KBS 검언유착 사건'과 관련한 고발장 접수에 앞서 발언하고 있다. KBS 검언유착 의혹사건 진상조사위원회는 "진상조사위 목적은 KBS 보도의 '검언유착' 및 '권언유착' 의혹 사건의 실체적 진실 규명 및 공개"라며 검찰 고발과 함께 KBS 이사회의 양승동 KBS 사장 해임 결의안을 요구하겠다고 밝혔다. 2020.08.05
pangbin@newspim.com

내부 고발자로, 검언유착 청부방송 사건은 결국 어떻게 되었나?

권력의 누군가가 KBS 취재진을 상대로 청부 보도 하도록 유도했다면 정상적인 언론인은 어떻게 대응해야 하는가? 권력의 누군가가 자신들에게 비판적인 반대 세력을 응징하고 악마화하기 위해 있지도 않은 사실을 가공해 이를 공영방송 취재진에게 전달하는 수법으로 공영방송을 사유화하고 조종했다면 어떻게 될까? 이는 방송법 제4조 2항 (방송편성의 자유와 독립)을 침해한 것이므로 사법 처리 대상이 될 수 있다.

이미 박근혜 정부 시절 세월호 사건 관련 해경 비판 보도를 자제해 달라는 전화를 KBS 보도국장에게 직접 걸었던 이정현 前 청와대 홍보수석에 대한 판결이 이를 잘 대변한다. 2018년 12월 서울중앙지방법원은 이 前 수석이 방송편성에 관해 규제·간섭할 수 없는 방송법 제4조 제2항을 위반했다면서 징역 1년 집행유예 2년을 선고했다. 방송법 위반으로 유죄가 인정된 최초의 사례였다. 2심에선 벌금 1000만 원으로 감형되었으나 유죄가 유지됐고, 2020년 1월 대법원이 벌금 1000만 원을 확정했다.[9] 더구나 2021년 8월 31일 '세월호 보도개입'에 따른 방송법 위반으로 유죄를 선고받았던 이정현 박근혜 정부 청와대 홍보수석이 관련 법 조항 자체가 위헌이라며 헌법소원을 냈지만 받아들여지지 않았다. 헌법재판소는 이날 일 재판관 전원일치 의견으로 해당 법률이 합헌이라고 결정했다.

양승동 KBS 체제에서 발생한 검언유착 청부 방송 사건도 본질적으로 이와 별반 다르지 않았다. 사안의 심각성 면에서 우리나라 언론사에서 큰 오점으로 남을 만한 사건이었다. 나는 당시 KBS공영노조 부위원장 자격

---

9) 헌재 "이정현 前홍보수석 세월호 방송 간섭" 방송법 합헌, http://www.mediatoday.co.kr/news/articleView.html?idxno=215272

으로 KBS노동조합 허성권 부위원장과 함께 서울중앙지검에 공동고발자로 나섰다. KBS 내부 문제를 외부의 사법기관으로 들고 나가 심판받자고 하는 것은 언론인 스스로 언론의 자유를 위축시킬 수 있다는 부담이 있었던 것도 사실이다. 하지만 아무리 느슨한 기준을 적용한다고 했을지라도 사안의 심각성에 비추어 봤을 때 이건 아니라고 생각했다. 그래서 행동했다. 2020년 8월 검찰 고발. 이후 이 사건은 2023년 1월 관련자들에 대한 수사기관의 사법 대응이 시작되면서 그 실체가 드러났다. 고발한 지 2년 6개월 만이었다.

KBS '검언유착 오보' 신성식 검사장·기자 기소

김도연 기자 | 입력 2023.01.05 12:00 | 댓글 18

한동훈 장관 명예훼손 혐의로 불구속 기소
신성식, 허위 정보 KBS 기자들에 제공 혐의
KBS 기자, 확인 절차 없이 허위 보도한 혐의

검찰이 5일 KBS '검언유착 오보' 사건 관련 신성식(57) 법무연수원 연구위원(검사장)과 KBS 기자 A씨(49)를 명예훼손 혐의로 각각 불구속 기소했다. 서울남부지검 형사6부(부장검사 이준동)에 따르면, 2020년 7월 당시 서울중앙지검 간부였던 신 검사장은 한동훈 법무부 장관이 연루된 '채널A 기자의 강요미수 사건'에 관한 허위 정보를 KBS 기자들에게 전달한 혐의를 받는다. 불구속 기소된 KBS 기자 A씨의 경우 신 검사장 발언 신빙성을 의심할 만한 사정이 다수 있었는데도 사실 확인을 거치지 않고 사실관계를 더 왜곡해 단정적으로 허위 보도한 혐의다.

검찰은 "수사 과정에서 확보한 다양한 물적 증거를 통해 이 사건 보도 경위 및 취재 과정 등을 규명했다"며 "언론 보도 책임과 한계에 관한 판례·법리 등에 대해 면밀한 검토를 진행해 허위 보도 원인을 제공한 신 검사장과 보도 과정을 주도한 A씨 혐의를 확인해 기소했다"고 했다. 검찰은 A씨 혐의에 관해 "A씨는 기자로서 약 2주 이상 관련 취재를 진행하던 상황에서, 신성식 검사 발언에 배치되는 취재 자료와 발언의 신빙성을 의심할 만한 여러 정황이 있었는데도 반론권 보장 등 사실 확인에 필요한 절차를 제대로 거치지 않고 이동재 기자가 구속된 직후 검찰수사심의위원회 개최를 앞두고 허위 사실을 그대로 기사화했다"고 설명했다.

검찰은 "A씨는 사건 관련 녹취록(한동훈 검사장-이동재 기자의 대화 녹취록)을 직접 확보하거나 그 내용을 확인한 사실이 없는데도 마치 KBS 취재를 통해 확인한 것처럼 단정적으로 보도했다"며 "신성식이 녹취록상 대화라고 언급하지 않은 신성식의 총선 관련 발언마저도 한동훈과 이동재 사이 대화 내용인 것처럼 사실관계를 왜곡해 허위 보도를 했다"고 밝혔다. 검찰은 "A씨의 보도 과정에서의 관여 정도, 역할 및 지위, 허위성 인식 정도 등을 종합적으로 고려할 때 형사 처벌이 불가피하다고 판단했다"고 밝혔다.

검찰은 보도에 관여한 나머지 KBS 기자들에 대해서는 각각 기소유예 처분을, KBS 간부들에 대해선 보도·편집 과정에 관여한 바가 없어 불기소 처분을 내렸다. KBS 검언유착 오보는 2020년 7월18일자 KBS '뉴스9' 리포트〈'유시민-총선 관련 대화가 '스모킹건'"…수사 부정적이던 윤석열도 타격)를 말하는 것이다. 이날은 한동훈 당시 검사장과 공모하여 취재원을 압박했다는 '검언유착' 의혹을 받던 이동재 전 채널A 기자가 강요미수 혐의로 구속된 다음 날이다.

KBS 보도는 두 사람의 검언유착 의혹이 사실임을 입증하는 성격의 보도였다. KBS는 이 보도 5개월여 전인 2020년 2월 13일 당시 한 검사장과 이 전 기자가 부산고검에서 만나 나눈 대화 녹취록 내용을 취재했다면서 "이동재 전 채널A 기자와 한동훈 검사장이 (2020년) 4월 총선을 앞두고 유시민 노무현재단 이사장의 신라젠 주가 조작 연루 의혹을 제기하자고 공모했다는 정황이 확인됐다"고 단정해 보도했다.

KBS는 한 검사장이 "유 이사장은 정계 은퇴를 했다", "수사하더라도 정치적 부담이 크지 않다"는 말을 했다고 보도했다. KBS는 또 "총선을 앞두고 보도 시점에 대한 이야기도 오간 것으로 확인됐다"고 단정했다. 그러나 이 전 기자가 공개한 한 검사장과의 '부산고검 집무실 녹취록' 전문에는 KBS 보도 내용은 없었다. 검찰에 따르면 이 전 기자의 당시 변호인은 KBS 취재진 문의에 "녹취록에 관련 대화는 없다. 무리 안 하는 게 좋다. 나중에 전체 내용이 공개되면 민망해질 수 있다"는 취지로 말했다.

KBS는 보도 다음날인 2020년 7월19일 "다양한 취재원들을 상대로 한 취재를 종합해 당시 상황을 재구성했지만 기사 일부에서 정확히 확인되지 않은 사실이 단정적으로 표현된 점 사과드린다"고 밝혔다. 논란을 부른 보도도 삭제했다. 한 장관은 명예훼손 등 혐의로 KBS 기자 및 보도 관계자들과 허위 정보를 KBS에 제공한 수사기관 관계자들을 서울남부지검에 고소했다. KBS 기자들을 상대로 5억원 규모의 손해배상청구소송도 제기했다.

이후 언론 보도를 통해 '검언유착 오보' 제보자와 KBS 기자 사이 녹취록이 공개되는 등 논란이 거셌다. 녹취록에 따르면, 신 검사장은 KBS 기자에게 "이동재-한동훈 녹취록 보면 한동훈이 그런 말을 해. '한번 취재해 봐. 적극 돕겠다.' 이게 뒷부분에 나와. 부산 가서 얘기한 거"라거나 "또 3말4초로 보도 시점을 조율한 대목도 있어. 한동훈하고 이동재가. 왜 조율하겠어? 선거에 영향을 미치려는 의도가 너무 명백하잖아"라고 하는 등 허위 정보를 전달했다.

이와 같은 허위 정보를 바탕으로 KBS가 "이 전 기자는 총선에서 야당이 승리하면 윤석열 총장에게 힘이 실린다는 등의 유시민 이사장 관련 취재 필요성을 언급했고, 한 검사장은 돕겠다는 의미의 말과 함께 독려성 언급도 했다", "총선을 앞두고 보도 시점에 대한 이야기도 오간 것으로 확인됐다"고 보도했다는 혐의를 샀다.

현재 서울남부지법에서 한 장관이 KBS 검언유착 오보를 이유로 기자 등 KBS 보도 관계자 8명을 상대로 제기한 5억 원 규모의 손해배상청구 소송이 진행 중이다. KBS 기자들 측은 재판에서 "보도 내용은 허위 사실이 아니다. 최선을 다해 사실 확인 후 보도했기 때문에 주의 의무 위반도 없다"고 말한 바 있다. 양승동 전 KBS 사장은 2020년 국회 국정감사에서 "채널A 기자는 정말 취재윤리 위반"이라면서도 자사 오보 논란에는 "취재윤리 위반이라기보다는 데스킹 과정에서의 실수"라고 주장했다.

출처: 〈미디어오늘〉
http://www.mediatoday.co.kr/news/articleView.html?idxno=307793

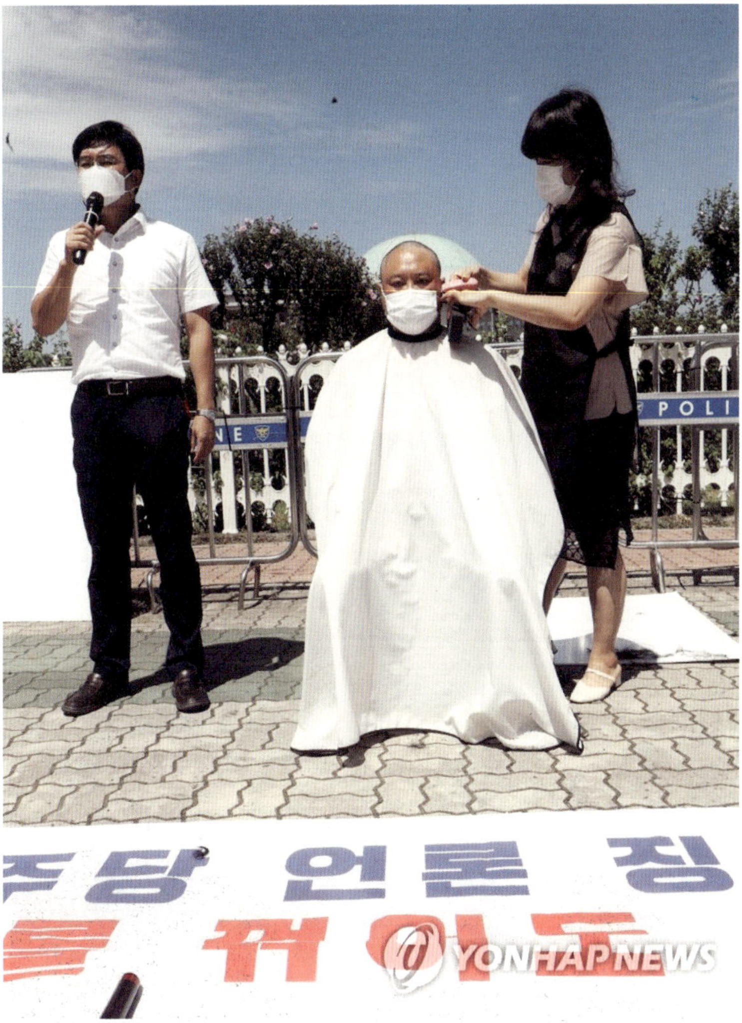

출처: 연합뉴스 언론중재법 개정안 반대 기자회견 2021년 8월

허성권 KBS노동조합 위원장의 삭발식에 동행

투쟁 동지로서의 인연...허성권 후배 기자와의 만남

세상사는 인연으로 시작하고 또 다른 인연으로 이어지는 모양이다. 그 인연이 악연이 아니라 두고두고 회고할 수 있는 좋은 만남으로 남는다면 얼마나 좋을까? 아마도 이 세상을 떠나는 그 순간까지도 그 아름다운 인연이 계속된다면 내가 복기하는 인생은 참 보람차고 흐뭇하지 않을까? KBS를 망치는 양승동 사장 체제에 맞서 싸워야겠다고 결심한 순간부터 허성권 KBS노동조합 위원장은 나와 인연을 맺게 되었고 투쟁의 동지가 되었다.

▲KBS노동조합 허성권 위원장(왼쪽)과 손성호 부위원장이 19대 위원장 선거에서 당선됐다. 사진=KBS노동조합

출처: 〈미디어오늘〉
http://www.mediatoday.co.kr/news/articleView.html?idxno=307332

허성권 후배는 취재기자로 KBS에 입사했다. 경남 진주 출신인 허성권 위원장은 원래 경남일보에서 신문기자로 언론사 생활을 시작했고 경력 기자로 KBS에 입문한 경우이다. 허성권 기자는 내가 서울 본사로 근무지를 옮긴 뒤 부산으로 배치받았기 때문에, 취재 현장에서 직접 만나지는 못했다. 그럼에도 2018년 허성권 기자가 KBS노동조합 울산지부장, 2019년 KBS노동조합 부위원장을 거치면서 자연스럽게 알게 되었다. 3자매를 키우는 딸 부자이기도 하다. 그러던 중 그가 2020년 가을 어느 날 나를 불쑥 찾아왔다. "형님, 제가 노조위원장에 출마하려고 결심했어요. 좀 도와주세요." 나는 단도직입적으로 물었다. "양승동 사장이 오고 나서 회사가 이렇게 엉망진창인데, 뭘 어떻게 할 건데?" 나도 2005년 정연주 KBS 사장 시절 KBS노동조합 부산시 지부장을 역임한 적이 있어서 노동조합의 생리를 잘 알고 있던 터였다. 정연주 사장 시절 노조 전임자로 활동하면서 낮에는 투쟁을 외치면서 밤에는 정연주 사측과 밀회하며 KBS를 망쳐온 많은 '노조꾼'을 많이 본 적이 있는지라 퉁명스럽게 대답했던 것이었다. 그러자 허성권 기자는 "형님, 제가 소송 20건 이상은 감당할 수 있습니다."라고 말하는 것이 아닌가? 나는 놀라며 "너, 진짜야? 그걸 할 수 있겠어? 진짜지? 그럼 내가 도와준다." 투쟁 동지로서의 우리의 인연은 그렇게 시작했다. 한판 붙어보겠다는 후배 기자가 뜻을 세웠는데 선배라는 자가 팔짱 끼고 뒷짐만 지고 있을 수는 없었다. "그래, 같이 한번 가보세. 결과가 어떻게 되든. 회사를 살릴 수만 있다면 뭐 내 조금 다치는 건 충분히 감수할 수 있네." 그리고 양승동, 김의철 KBS 사장 체제에 대한 우리의 연대투쟁은 그렇게 시작되었다. 스러져 버린 공영방송 KBS를 제대로 세워보자는 의기투합의 선언이었다. 이 과정에서 허성권 위원장을 돕는 손성호 부위원장도 만나게 되었다. 우리는 4살 터울로 개띠(이영풍), 범띠(손성호), 말띠(허성권)였는데 연대투쟁을 할 때 정말 죽이 잘 맞아서 신나게 싸웠다. 그것을 본 모 씨는 삼합이 너무 잘 맞는다며 찰떡궁합이라고 칭찬해주기도 했다. 나는 KBS노동조합 정책공정방송실장으로서 허성권 위원장과 손성호 부위원장, 두 후배님을 성심성의껏 도왔다.

反 양승동, 김의철 투쟁...KBS 정상화 연대투쟁

내가 허성권 위원장보다 나이로 8년 선배이니 나는 최대한 뒤에서 돕는 방식으로 허성권 위원장을 보좌하려고 노력했다. 78년 말띠인 허성권 위원장의 주력은 알아줄 만했다. 얼마나 강한 에너지가 넘치고 지칠 줄 모르는지 허성권 위원장은 전력을 다해 많은 투쟁사업을 벌여나갔다. 나는 그것을 보면서 위원장은 저런 인물이 해야 된다고 생각했다. 각종 고소, 고발 투쟁을 진두지휘한 허성권 위원장이 자랑스러웠다.

일일이 나열하기 어려울 정도의 투쟁사업이 2021년부터 2022년까지 이어졌다. KBS 양승동 사장은 결국 연임에 실패했고 후임인 김의철 사장도 노동조합으로부터 감사원에 국민감사 청구 대상이 되는 등 투쟁의 결과물도 많이 나왔다. 2년 동안의 연대투쟁을 통해 KBS와 우리나라 공영

김의철 사장 고발 국회 기자회견 2022년 4월 15일

언론의 정상화를 위해 몸을 불사른 허성권 위원장에게 다시 한번 더 감사의 연대사를 전한다. 그는 인기도 좋아서 2023년 많은 표 차이로 KBS노동조합 위원장 연임에 성공했다. 고생길이 더 이어진 것이다.

공영언론 미래비전 100년 위원회 창립…인연의 확장

허성권 KBS노동조합 위원장과의 인연은 투쟁 과정을 거치면서 이후 더 확장되었다. KBS를 비롯한 MBC, YTN, 연합뉴스 등 공영언론사 정상화를 위한 언론인, 법조인, 시민, 사회단체, 노동단체 등의 전문 활동가들과의 네트워크로 더 단단해졌다. 민주노총 언론노조가 우리나라 언론계와 한국 사회에 미치는 각종 폐해를 극복하고 새로운 차원의 패러다임과 아젠다를 설정하자는 취지에서 '공영언론 미래비전 100년 위원회'가 2022년 초 발족했고 나는 이를 돕는 간사 역할을 담당했다. 이 모임을 통해 강규형 前 KBS 이사, 박인환 변호사, 차기환 변호사, 김장겸 前 MBC 사장을 공동 상임대표로 위촉했다. 또 박소영 행동하는 자유시민 상임대표 등을 상임 집행위원장으로 위촉하며 공동 투쟁 활동을 벌였다. 특히 MBC노동조합의 오정환, 강명일 비대위원장, YTN방송노동조합의 김현우 위원장, 연합뉴스 공정노동조합의 김대호 위원장을 이 모임을 통해서 만나게 되었다. 이른바 '공영언론 노동조합 협의체'였는데 이는 민주노총 언론노조와는 다른 노선으로 그 대척점에 서서 문제점을 지적하며 미래지향적 대안을 마련해보자는 활동으로 이어졌다.

공영언론 미래비전 100년 위원회 발족식, 2022년

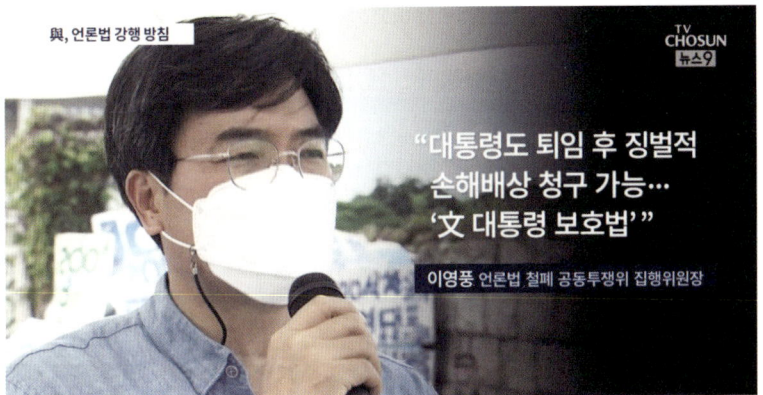

출처: TV조선 뉴스9

〈출처: TV조선 뉴스9〉

● 언론중재법 개정안[10] 반대 투쟁 선봉에 나서다

아시아권 국가에서 국정 최고 책임자인 대통령을 국민의 직접 투표로 뽑는 유일한 나라가 한국이다. 그리고 언론자유가 보장된 유일한 두 나라는 한국과 일본 두 나라 뿐이다. 2021년 8월 당시 거대 여당이었던 민주당은 대선을 불과 몇 달 앞두고 징벌적 손해배상법으로 언론의 입을 틀어막는다는 비판을 받았던 언론중재법 개정안을 강행하려고 했다. 나는 언

---

10) 언론중재법 개정안 사태: 2021년 8월 당시 여당이었던 더불어민주당이 언론의 허위, 조작 보도에 대해 징벌적 손해배상 책임을 지게 하도록 하는 언론중재 및 피해구제 등에 관한 법률의 개정안 입법을 추진하면서 발생한 논란. 세계신문협회 등 국내외 언론단체와 정치권의 강력한 반발로 법안 통과가 무산되었다.

론중재법 개정안 반대 투쟁 범국민투쟁위원장을 맡아 국회의사당 앞 범국민 필리버스터를 조직화하는 등 온몸으로 맞서 싸웠다. 많은 시민, 법조, 노동단체 대표들이 참여했던 국회의사당 앞 필리버스터 투쟁의 여파는 막강했다. 아래는 언론중재법 개정안의 문제점을 지적했던 언론 기고문이다.

천부인권과 언론의 자유
입법폭주가 초래한 언론독재 사회가 지향하는 곳은[11]

하나님은 왜 인간을 모두 다르게 창조하셨을까? 남성과 여성, 피부 색깔, 성격과 성품, 재능과 달란트, IQ와 EQ 등등. 왜 이렇게 모두 다르게 창조하셨을까? 사람의 지문을 보면 같은 사람이 하나도 없다고 하지 않는가. 그 깊은 섭리의 실체를 우리가 알 길은 없다.

그러므로 우리는 모든 인간이 어차피 서로가 각기 다르다는 점을 인정하고 살아가는 수밖에 없다. 생각도 다르고 삶의 방식도 다르다. 평화롭

---

11) 월드뷰 2021년 10월호, https://theworldview.co.kr/archives/17183

고 행복한 사회가 되기 위한 선결 조건은 나 이외의 다른 사람과 생각, 철학, 기호, 삶의 지향점이 모두 다름을 인정해야 한다는 점이다. 다른 사람을 하나님이 창조한 하나의 소중한 인격체로 존중하고 대접할 때 우리는 행복하고 평화롭고 온전한 사회를 이뤄갈 수 있다. 그러한 과정이 서로 간의 공감(共感)이고, 그 공감이 온전하게 잘 이뤄지는 사회가 모두가 행복한 사회, 평화로운 사회일 것이다.

자유민주주의 국가 vs 전체주의 국가

역사 속에서 인류는 그동안 크게 두 가지의 체제를 경험하고 있다. 하나는 언론자유가 보장되는 자유민주주의 국가체제이고 다른 하나는 언론자유가 아예 없는 전체주의 국가체제이다. 하나는 미국, 영국, 프랑스, 대한민국 등이다. 다른 하나는 북한, 아프가니스탄, 중국, 구소련 등이다. 핵심적인 차이점은 무엇일까? 전자는 종교의 자유와 언론의 자유가 폭넓게 존중받는 사회인 반면 후자는 종교 및 언론의 자유는 고사하고 천부인권이 압살당하는 체제이다. 과연 어느 체제에서 100년도 안 되는 짧은 생을 마감하기를 원하는가? 답은 이미 나와 있다. 탈레반이 점령한 아프가니스탄을 탈출한 3백여 명의 한국 정부 현지 조력자들이 왜 그 험한 길을 돌고 돌아 한국행을 선택했겠는가? 답은 명확하다. 자유다!

모두가 갈망하는 자유의 전제조건은 무엇인가. 종교의 자유를 제외하고 가장 중요한 조건은 바로 언론자유이다. Freedom of Speech. 누구나 자신의 주장과 생각을 언제, 어디서나 자유롭게 표명하고 말할 수 있는 권리. 이것을 보장하는 나라이면 자유민주주의 국가이고, 천부인권이 존중받는 사회라고 할 수 있다. 그것이 아니라면 독재국가이다. 일당 독재당의 수령, 당 서기나 소수의 독재자 집단이 나머지 모든 사람의 생각과 철학, 종교를 통제하려 드는 '1984년 조지오웰'식의 '동물농장' 같은 국가가 그것이다. 생각만 해도 끔찍하다. 전체주의 국가가 자유민주주의 국가를 점령하고 나서 제일 먼저 착수하는 작업이 왜 교회와 언론사 폐쇄이겠는가? 베트남이 그랬고, 북한이 그랬고, 중국 공산당이 그랬고, 지금 아프가니스탄의 탈레반이 그러하다.

눈과 귀, 입 모두 닫아라! 언론독재 시대 열려

"입 닫아라! 눈과 귀도 막아라!" 이런 선전 구호가 난무하는 사회로 진입하는 순간 그 사회는 법치가 지배하는 국가가 아닌 일당 독재나 소수의 인치(人治)가 지배하는 독재사회로 진입하게 된다. 야만의 시대이며, 공정과 정의, 인권이 탄압받는 시대가 열린다. 이런 식의 독재사회로 진입하는 '헬 게이트'의 문고리를 지금 대한민국 집권 여당이 열었다. 그게 바로 '언론중재법'으로 쓰지만 실은 언론독재법, 언론재갈법, 언론봉쇄법으로 읽히는 법안의 실체이다. 왜 그런가? 난해한 육법전서식이 아니라 쉽게 그 실체를 살펴보자.

즐겨보는 인터넷 기사가 수시로 차단된다. 국민의 알 권리는 무시당한다.

언론중재법에는 '열람차단청구권'이 포함됐다. 간단하다. 누구든지 자신과 관련한 기사가 자신의 명예를 훼손했거나 문제가 있다고 한다면 열람 차단을 청구할 수 있다. 얼핏 좋아 보인다. 그런데 문제는 언론이 주로 관심을 갖고 다루는 권력자들이라면 얘기가 달라진다. 진실 여부와 상관없이 일단 문제를 제기하면 인터넷 신문과 포털에서 볼 수 없게 된다. 부정부패, 비리를 저지르는 권력자의 입장이라면 이 얼마나 좋은 '도깨비 방망이'요 '손오공의 여의봉'이겠는가? 1987년 대통령 직접선거 체제를 이끌어낸 故 박종철 씨 물고문 치사 사망 사건은 공직자 한 명의 제보로 시작해 중앙일보의 특종기사를 통해 세상에 알려졌고, 그 이후 동아일보를 시작으로 많은 언론의 경쟁 보도로 그 실체가 드러났음은 주지의 사실이다. 그런데 만일 지금 집권 여당이 통과시키려고 하는 언론중재법이 그때 있었다면 아마도 박종철 씨 사망 사건의 진실은 영원히 밝힐 수 없었을 것이다. 취재 초기에 기사 출고부터 불가능했을 것이다. 이렇듯 집권여당이 지금 밀어붙이고 있는 언론중재법이 실행되는 순간 국민의 알 권리가 고스란히 차단당하고 무시당하는 결과를 빚을 것이다.

취재원이 다 드러나 언론에 제보할 길이 막막해진다.

이 법에는 또 징벌적 손해배상의 대상이 되는 '고의 또는 중과실' 사유를 예시했다. 이를 근거로 소송이 제기되면 언론사의 기자나 피디는 보도 내용이 사실이란 점을 입증해야 하는데 여기서 문제가 발생한다. 그 의혹이나 범죄사실을 제기한 취재원을 고스란히 공개해야 한다는 점이다. 한변(한반도 인권과 통일을 위한 변호사 모임) 김태훈 대표 변호사는 "기자가 제보자를 공개하게 되면 향후 어느 누가 권력자들의 비리를 언론에 제보하겠는가?"라며 이 법의 본질적인 폐해와 문제점을 지적한다.

권력을 견제하는 언론사들의 탐사보도 끝장난다.

이 법은 다른 언론사의 보도내용을 인용하는 길도 막아놓았다. 정정, 추후보도 내용이 포함된 기사를 "별도의 검증 없이" 인용하면 허위, 조작 보도로 볼 수 있게 했다. 더구나 인터넷 신문은 정정, 반론 청구만 있어도 이를 표시하도록 의무화했다. 언론사들의 릴레이식 탐사보도는 복잡한 베일에 가려져 있는 거대권력이나 우리 사회를 병들게 하는 마피아 세력의 비리나 범죄를 드러내 법치의 심판을 받게 하는 소금의 역할을 한다. 그런데 이 법의 통과로 취재원이 다 드러나 권력 내부의 심층적인 접근이 아예 차단되는 것부터 문제이고, 이제는 인용 보도가 불가능해져서 이러한 형태의 다양한 탐사보도도 불가능해졌다. 당연히 국민의 알 권리도 폭넓게 차단된다.

징벌적 손해배상제는 권력자들의 전략적 봉쇄소송 수단으로 전락한다.

이 법은 피해 주장액의 5배까지 징벌적으로 손해배상을 요구할 수 있도록 했고 초기 법안 개정안에는 그 기준 하한선도 언론사 매출액의 1만 분의 1부터 시작한다고 규정했었다. 연간 매출액이 1조3천억 원 규모인 KBS의 경우 사건 당 1억3천만 원, 연간 매출액 3천억 원 규모인 조선일보의 경우 사건 당 3천만 원에서부터 손해배상금이 시작될 수 있다는 의미이다. 하루에 보도되는 기사 건수를 고려한다면 이 법을 악용해 무분별한 소송전을 펼칠 가능성이 큰 권력자들에게는 너무나도 안성맞춤인 법인 셈이다. 반면 언론사는 거의 매일 천문학인 손해배상 위협에 시달린 나머지 보도를 제대로 못 하는 위축 효과 및 자체검열 부작용에 빠질 것이 자명하다. 이는 곧 언론자유의 위축으로 이어지고 결국 국민의 알 권리가 침해당한다.

'전직 고위공직자는 제외', 이 법의 최대 꼼수인가?

이 법 초안에 대해 각종 반발여론이 심화되자 집권 여당은 대통령과 국무총리, 국무위원, 국회의원 등 현직 고위공직자를 제외한 수정안을 마련했다. 그런데 빠져나갈 구멍이 있다. 고위공무원들도 퇴직하고 나면 이 법을 '도깨비방망이'처럼 악용할 수 있다는 점이다. 가령 문재인 대통령도 이 법이 실행되는 내년 5월 이후면 이 법을 '손오공 여의봉'처럼 악용할 가능성이 생긴다. 대통령이나 국회의원도 퇴임 후 전직 신분이면 고위

공무원 예외조항의 적용을 받지 않는 효과를 톡톡히 보게 되는 셈이다.

가짜뉴스 잡는 척, 진짜 뉴스 죽이는 법

이 법을 통과시킨 집권 여당은 언론중재법이 가짜뉴스를 잡는 법이라고 주장했다. 그런데 사실은 진짜 뉴스 죽이는 법이 아닌가? 가짜뉴스는 현행 언론중재위원회의 반론 보도와 정정 보도 청구, 민, 형사 손배소 제기, 방송통신심의위원회 이의신청 등의 제재절차를 통하면 충분히 잡아낼 수 있다. 그런데 왜 여당은 이런 강경 무리수는 둔 것인지, 아무리 생각해봐도 이들에게는 대한민국 헌법이 존중하고 보호하려는 천부인권과 언론의 자유라는 헌법 가치는 안중에도 없는 모양이다. 이들이 노리는 것은 결국, 내년으로 다가온 대통령 선거전에서 유리하게 언론자유를 위축시키고 셀프검열하게 만들려는 것 아니겠는가. 퇴임 후 국정 최고 책임자의 안위에만 신경 쓰는 것이 아니겠는가.

서로 다름을 인정하는 언론자유 보장되어야

지난 8월 폭염 속의 언론독재법 반대 투쟁 현장에 매일같이 나갔다. 그런데 그곳에서 특정 보수언론을 당장 폐간시켜야 한다고 주장하며 언론

독재법 시위를 방해하는 난동 시위꾼들을 만날 수 있었다. 왜 자기와 다른 주장을 하는 사람을 보면 그리도 참지 못하고 훼방을 놓으려고 할까? 나와 다른 주장을 하는 상대방을 인정하지 못하고 악마화하는 순간 그 빈틈바구니를 열고 스며든 세력은 바로 소련의 스탈린이나 독일 나치의 히틀러 같은 극단적 전체주의 세력이었음을 벌써 잊었나? 언론의 자유, 종교의 자유가 탄압받고 인권이 파탄 나는 그런 사회로 과연 가고 싶은가. 아니면 다른 속셈이 있는 것인가. 언론중재법 개정안은 바로 그 점을 우리 국민에게 묻고 있다.

민노총 미디어의 좌절과 역사적 교훈

KBS는 국민의 수신료로 운영되는 국민의 방송이다. 따라서 때로는 공영방송으로 존중받거나 때로는 국가기간방송으로 불리며 사회적 권위와 영향력을 인정받아왔다. MBC도 방송문화진흥위원회라는 공적 기구에 의해 감독받는 공영방송으로 분류된다. 하지만 KBS MBC가 초심을 잃고 특정 정치세력에 편향적으로 돌변하며 그들의 선전매체로 전락할 경우 이는 국민을 배신한 것이 된다. 이를 국민이 가만히 두고 보고 용납하겠는가? 지난 6월 초부터 여의도 KBS 주변에서 벌어진 KBS 김의철 사장과 남영진 이사장 사퇴를 촉구하는 국민들의 근조화환 배송 투쟁이 이를 잘 보여준다. 국민들은 이미 자신을 배신한 공영방송 KBS는 더 이상 국민의 방송이 아니라 민노총 노영방송, 민노총 왕국방송이라며 규탄한다. 북한 간첩단 사건 보도실종, KBS 9시 뉴스 앵커의 옷 바꿔치기 가짜뉴스 등 불공정, 편파, 왜곡방송의 사례는 차고도 넘친다. 이를 보다 못한 시청자 국민들의 처절한 복수가 시작됐다. 수신료 분리 징수, KBS 2TV 폐지 등도 거론됐다. 모두 대한민국 공영방송의 근간을 뿌리부터 해체하는 이슈들이다.

누구의 책임인가? 국민들이 잘못했나? 결코 아니다. 공영방송을 위해 봉사하고 헌신하며 머슴 노릇을 했어야 할 세력이 공영방송의 주인 행세를 하며 민노총 노영방송으로 타락시켰기 때문이다. 이제 그 대가를 치러야 할 때가 온 것이다. 대대적인 수술작업이 벌어질 것이다. 뼈 때리는 수준의 공영방송 혁신과정에서 발생하는 고통은 공영방송 직원들 모두에게 영향을 줄 것이다. 설사 본인들이 민노총 세력이 아니었다고 해도 면책되지 않을 것이다. 민노총 세력의 전횡과 횡포에 침묵했거나 방관했다면 이는 공영방송 타락과 몰락에 적어도 동조했다는 지적에서 결코 자유롭지 못함이 아닐까?

에필로그

'노블리스 오블리제 (Noblesse Oblige)'를 떠오르게 한 그날의 논쟁

이 영 풍

친구들과 식사 자리에서 예상치 못한 논쟁이 붙었다. 왜 우리나라 좌파들은 일사분란하게 기획하고 행동하는데 우파 세력은 왜 그렇지 못할까? 문재인 정권 초기 여름 광화문 인근 중식당에서 벌어진 논쟁이었다.

친구1의 주장은 이러했다. "좌파들의 족보로 따지자면 가장 최근 할아버지가 마르크스, 레닌과 스탈린으로 이어졌잖아? 그리고 핵심 이념이 프롤레타리아 계급혁명 하자는 공산주의잖아? 그 이념에 따르면 이른바 노동자 농민은 노예들이었겠지? 그러니 노예들 사이에 무슨 차이가 있었겠어? 오히려 서로 못났다면서 돕자고 했겠지? 그러니 자연스럽게 상부상조하는 문화가 생길 거 아닐까?" 친구2도 거들었다. "맞아. 우파의 본류는 개인의 인권을 존중하고 각자 능력대로 알아서 살고 그 책임을 또 각자 알아서 진다는 거 아니겠어? 그러니 옆 사람이 뭐라고 하든 별로 신경 쓰지 않고 자기 일에만 매진하고 집중해서 인생을 산다는 경향이 있는 거 같아. 그러니 협동이 잘 안되는 거 같기도 하고." 친구3은 또 이렇게 분석했다. "그런데 한국 우파세력의 경우 그동안 인력배출을 어떻게 했을까? 경찰, 사관학교, 행정고시, 사법고시, 그리고 유력 언론 등등. 이게 다 어찌보면 학교 다닐 때 공부 잘 한 아이들이 모인 곳이잖아? 니들도 기억나지? 전교 1등 하면 전교생 조례할 때 나가서 상장 받는 거. 지금은 평등교육 외치는 전교조 교사들이 난리쳐서 못할 거 같은데 말이야. 하여튼 이런 아이들이 모인 세력이 우리나라 우파세력의 지도부 아닐까?"

친구4가 그때 듣다 보다 못해 한마디 거들었다. 넉살 좋은 친구. 친구4의 성적은 학교 다닐 때 중위권이었다. "야, 니들부터 반성해. 니들은 나보다 다들 공부 잘했잖아? 내 기억으로는 그래서 선생님들이 니들만 좋아하신 거 같은데. 그래서 니들이 왕자병 생긴 거 아냐? 그리고 니들부터 친구 경조사 나면 부조금 잘 내고 친구들 잘 챙겨보는 노력 더 해라. 니들이 그동안 선생님들로부터 받은 사랑을 생각하면 니들은 우리 사회에 더 베풀어야 할 거 같다." 순간 식사 테이블이 썰렁해졌다. 이를 예상이나 한 듯 친구4는 "그래도 내가 지금은 니들보다 돈을 더 잘 버니 오늘 밥값은 내가 쐈다 벌써. 지갑 열지마." 그리고 우리는 한바탕 웃었다. 역시 친구란 이래서 좋은 거다.

집으로 오는 버스 안에서 생각해봤다. 순간 키워드가 떠올랐다.

"노블리스 오블리제" – "사회 고위층 인사에게 요구되는 높은 수준의 도덕적 의무"

대한민국 우파세력이 융성해지는 방법은 바로 "노블리스 오블리제"가 아닐까? 친구4의 예리한 비판대로 한국의 우파세력 내부에는 소위 잘 나가는 인물들이 많다. 많아도 너무 많다. 유력 집안의 계보이거나 장, 차관 출신이거나. 소위 명문대 출신들이 즐비하다. 이를 나무랄 수는 없다. 다들 각고의 노력 끝에 정상의 자리에 올랐을 테니까. 하지만 거기까지이다.

각 분야의 리더들을 함께 모아서 끌고 가려면 자발적인 헌신, 봉사, 희생 정신이 필요하다. 이를 위해 자기 자신을 더 낮추고 양보하는 자세가 필요하지 않을까? 이런 것이 소위 30여년 전 운동권 세계에서 유행했다는 "품성론 교육" 아니었을까? 물론 운동권의 품성론 교육의 정체란 것이 30여 년을 지나보니 가증스러운 두 얼굴의 위선이란 것이 드러났지만.

두 개의 나라. 그리고 문재인 정권과 갈라치기 통치행태에 염증을 느끼는 많은 국민들이 새로운 세상을 원한다. 그럼에도 그 출구는 잘 보이지 않는다.

등잔 불 밑이 어둡다고 하지 않았나? 멀리 갈 것 없이 바로 우리 주변부터 잘 살펴보자. "나는 이 나라를 위해서 무엇을 봉사했나? 나는 내가 살고 있는 지역을 위해 무엇을 헌신했나? 나는 내 월급을 주는 나의 소중한 직장에 너무 과도한 요구만을 한 것은 아니었나? 나는 요구만 했지 사랑과 봉사를 베풀지 못한 것은 아니었을까?"

좌우파 진영을 떠나 두 개의 나라를 합치고 새로운 세상을 열어가는 그 첫 걸음은 바로 "노블리스 오블리제 정신이어야 하지 않을까?" 라는 깨달음이 들었다. 그리고 보니 그 깨달음을 준 친구4는 우리 모임 멤버 가운데 학창시절 제일 공부를 못한 친구였다. 더 많은 지식보다는 더 깊이 지혜로워야 하겠다는 또 다른 깨달음을 친구4는 우리에게 주었다.

이 책을 공동 집필한 우리도 마찬가지 아닐까?